# 现代经济管理基础研究

郭玉芬◎著

线装书局

图书在版编目（CIP）数据

现代经济管理基础研究 ／ 郭玉芬著. -- 北京：线装书局，2021.10
　　ISBN 978-7-5120-4708-2

　　Ⅰ．①现… Ⅱ．①郭… Ⅲ．①经济管理－研究 Ⅳ.①F2

中国版本图书馆 CIP 数据核字 (2021) 第 202878 号

**现代经济管理基础研究**
XIANDAI JINGJI GUANLI JICHU YANJIU

作　　者：郭玉芬
责任编辑：林　菲
出版发行：**线装書局**
　　　　　地　址：北京市丰台区方庄日月天地大厦 B 座 17 层（100078）
　　　　　电　话：010-58077126（发行部）010-58076938（总编室）
　　　　　网　址：www.zgxzsj.com
经　　销：新华书店
印　　制：北京四海锦诚印刷技术有限公司
开　　本：787mm×1092mm　16开
印　　张：13.5
字　　数：260 千字
版　　次：2022 年 8 月第 1 版 第 1 次印刷

定　　价：58.00 元

线装书局官方微信

# 前　言 >>>

伴随着知识经济时代的初现端倪,生产结构、就业结构和社会结构正在发生重大变化,知识型劳动者从后台走向前台,成为决定生产系统产出的显著变量。个人的知识水平和能力决定着就业起点和收入,知识结构决定着就业方向,知识积累决定着工作的进步;知识不仅仅是力量,更是机会。现代经济管理知识是高素质创新创业人才的知识结构中必不可少的重要内容。人才不仅是创业活动的承担者,同时也是管理者。经济管理素质是时代发展赋予创业者必须具备的基本素质,尤其是在科学技术高度综合化、集成化的时代,人才的经济管理素质和能力就显得更为重要。经济学科和管理学科所提供的知识及分析问题的思路对站在更高层次做好工作都是非常重要和必需的,其能使人们从制度、人、活动三个角度去认识和把握有关社会经济活动的基本规律。丰富的经济管理知识是提高人才的经济意识和组织管理能力的必备基础。只有具备必备的经济管理知识,才能更好地在知识经济时代,有敏锐的经济意识,把握自己的价值取向。在生产和经营中,战略决策、研究开发、市场分析、企业策划、形象设计等软科学功能的作用越来越显著。掌握好经济管理知识,将大大提高研究开发人员、工程技术人员和其他从业人员在知识经济较量中的竞争力。

知识经济时代的产品是知识不断开发创新的结果,是高科技人才不断创新的结果。这对我国的教育改革和人才培养是一个划时代的挑战。我国教育过去培养的学生虽有较好的科学技术知识基础,但经济头脑和组织管理能力相对缺乏,搞产品开发较少考虑经济成本,擅长个人攻关而不适应团队协同作战。在实施素质教育和知识创新工程的过程中,我们必须充分重视复合型人才的培养,充分重视经济管理素质的培养和经济管理知识结构的完善。只有科学技术教育与经济管理教育互相渗透,才能培养出既有较高的科学技术水平,又有良好的市场经济意识和管理组织能力的人才。

本书共九章:通过对经济管理、宏观经济管理、区域经济的发展、现代企业管理等多方面分析当前企业经济管理中的一些理论、问题及对策,之后对企业经济管理信息化理论、信息化管理技术选择和发展策略,以及企业经营管理、国际化战略管理和企业创业战略管理进行研究。为读者在经济发展、管理方面提供一些借鉴。

在编写本书过程中,参考和借鉴了一些知名学者和专家的观点及论著,在此向他们表示深深的感谢。由于作者水平和时间所限,书中难免有不足之处,希望各位读者和专家能够提出宝贵意见,以待进一步修改,使之更加完善。

# 目　录 ≫

# 第一章
## 经济管理基础理论 >>>

## 第一节　经济管理概述

### 一、经济管理的性质和原则

福利经济学和微观经济学构成公共部门经济学学科的理论和方法论基础。根据荷兰学者汉斯·范登·德尔和本·范·韦尔瑟芬在《民主与福利经济学》一书中的说法，福利经济学的核心主题是一个团体中的个人的共同福利（共同福利包括由经济所决定的团体的幸福），它包含三种因素：各种条件的公式化约束；关于以上条件如何被团体中的机构加以实现的研究；对于现存的团体机构的贡献及现存的团体福利政策的批判性评价。福利经济学不仅关心公共政策对于社会价值的分配，而且关注由此带来的社会收益和社会成本问题，从稀缺性方面观察社会价值的分配。

福利经济学是围绕"共同利益问题""公共分配问题"和"社会福利问题"构建起来的，在关注社会财富增长的同时，更关注在其基础上的财富分配即社会福利问题。尽管有阿罗的"不可能性定理"及来自各方面的批评，但在公共部门经济学当中大量使用"效用""效用函数""帕累托改进""帕累托最优"及"社会福利函数"等福利经济学中的基本术语。福利经济学还是对公共部门经济活动进行规范分析的理论基础。

福利经济学从抽象的角度来说，主要讨论的是社会选择标准的界定、收入的再分配及资源的优化配置。从现实的角度来说，福利经济学利用这种标准来评价以不同制度（主要是政府和市场）为基础的经济，以便确认最理想经济的学科。福利经济学的框架建立在社会选择标准的基础之上，这包括配置效率和帕累托效率。满足这项原则的必要条件、公平理论及实施的原则、社会福利函数及各个学派的公式、社会最优选择等。

公共部门经济学运用福利经济学的有关理论分析了政府现实的经济制度中，从微观经济层次角度，对垄断、外部性、公共产品、收入不公平等社会现象进行剖析，提高政策运行效率，由政府针对市场中存在的"市场失灵"等问题，制订微观经济政策，实现收入的公平分配；从宏观经济层次的角度，在封闭的经济中，制订货币政策、财政政策、收入政策和价格政策，保证经济的平稳运行。在开放的经济中，政府通过对货币及汇率制度进行国际标准化的管理，实现国际收支平衡。

微观经济学考察作为消费者的个人和公司在市场中的行为（而宏观经济学研究总体或集合经济并检查如通货膨胀和失业一类的政策问题）。微观经济学研究家庭和企业如何做出决策，以及他们在某个市场上的相互交易；宏观经济学研究整体经济现象。在经济分析中以单个经济主体（作为消费者的单个家庭、作为生产者的单个厂商、作为消费者和生产者完成交易的单个市场）的经济行为作为研究对象的，称为微观经济学。微观经济学将经济行为的基本主体分为两大类：个人和企业。个人一方面是消费者，另一方面是生产要素（劳动、土地、才能）的所有者；企业即生产单位，一方面是商品的生产者，另一方面是生产要素的需求者。微观经济学研究这些经济行为主体，如何在一系列既定的假设条件下，在市场机制中，通过价格机制，最终实现自己利益的最大化和资源的最佳配置，并使经济达到一般均衡。

微观经济学框架即通过对微观个体经济单位的经济行为的研究，来说明现代西方经济市场机制的运行和作用，以及改善这种运行的政策途径。这一框架由以下理论构成：消费者行为理论、均衡价格理论、生产和成本理论、市场结构理论、生产要素收入分配理论、一般均衡理论等。这些理论为公共部门经济学的实证研究提供可以直接使用的分析工具。公共部门经济学的发展，是限制在微观经济学理论的知识范围内的。微观经济学理论，尤其是一般均衡分析的发展，在20世纪50年代使公共部门经济学发生了质的飞跃。公共部门经济学目前的理论发展，应直接归功于微观经济理论。

借助微观经济学理论和分析工具，公共部门经济学家根据最基本的前提条件，运用演绎法和数学模型，运用各种行政手段，解决在市场经济运行中存在的"市场失灵"问题，使各种资源得到最优化的配置，以社会效用最大化为目的来讨论政府的微观行为。其中包括估算政府制定政策的机会成本与沉淀成本和取得社会效益的最大化以及指导其他微观主体的社会行为，等等。微观经济学是使公共问题的争论转化为实证分析的有效途径，目的在于提高公共决策的科学性和合理性程度。

经济管理是指管理者或管理机构为了达到一定的目的，对社会经济过程进行预测、决策、计划、控制和监督等各项实践活动的总称。经济管理是人们进行共同劳动的客观要求。经济管理是一个庞大而复杂的系统，是一个统一的有机整体。经济管理具有二重性，即自然属性和社会属性。前者是指经济管理反映协作劳动、社会化生产和生产力发展需要的性质；后者是指经济管理反映社会生产关系发展需要的性质。经济管理的二重性原理是由马克思首先提出的。管理的二重性是由生产的二重性决定的。经济管理的自然属性是经济管理的共性，经济管理的社会属性是经济管理的个性，经济管理的二重属性是同一管理过程的两个不同方面。学习和掌握经济管理的二重性原理，有助于我们探索和认识社会主义经济管理的客观规律，发展和完善中国特色社会主义经济管理学；有助于我们在社会主义现代化建设和社会主义市场经济的发展中坚持正确的方向。

经济管理的原则，是经济管理中观察和处理问题的规范及标准。经济管理的基本原则主要有：遵循客观规律的原则、物质利益原则、最佳效益的原则。

## 二、现代管理的基本原理

企业管理的基本原理是人们在长期的企业管理实践中总结出来的，具有普遍意义的管理工作的基本规律。它是对企业管理工作客观必然性的揭示，对企业管理者的管理活动具有指导性和规范性。企业管理者如果违背了管理原理，就会受到客观规律的惩罚，就要承受严重损失。

### （一）系统原理

所谓系统，就是由相互作用和相互依赖的若干部分（要素或子系统）结合而成的、具有特定功能的，并处于一定环境中的有机集合体。系统是普遍存在的，从不同的角度划分，系统可分为不同的类型。

任何管理对象都是一个特定的系统。现代管理的每一个基本要素都不是孤立的，它既在自己的系统之内，又与其他系统发生各种形式的联系。为了达到现代科学管理的优化目的，必须对管理进行充分的系统分析。这就是现代管理的系统原理。

运用系统原理研究管理问题，必须明确：系统由哪些要素组成；系统内外部之间的作用方式和联系方式；系统及其要素具有的功能；系统的生产、发展过程对现存系统的影响，以及发展的趋势；维持、完善与发展系统的源泉和因素；完善系统功能的途径。

管理的决策和措施就是建立在上述的系统分析基础之上的，其中特别重要的是要把握好系统的四个特性，即目的性、整体性、层次性、环境适应性。

### （二）人本原理

所谓人本原理，是指一切管理活动均应以调动人的积极性，做好人的工作为根本。在我国社会主义现代化建设中，必须遵循人本管理原理，从保护人的根本利益出发，尊重人的合理意愿，维护人的基本权益，促进人的全面发展，采取各种有效措施，把各级各类管理人员和所有劳动者的积极性、主动性和创造性充分调动起来，才能实现我们的奋斗目标。因此，一要建立适宜的体制，二要创造良好的环境，三要树立正确的人才观，积极促进人才流动。

### （三）责任原理

在管理活动中，要在合理分工的基础上明确规定每个部门和个人必须完成的工作任务并承担相应的责任，同时要处理好责任、权力、利益之间的关系。管理过程就是追求责、权、利统一的过程。职责、权限、利益是三角形的三个边，是相等的。能力是等边三角形的高。在实际管理中，能力略小于职责，从而使工作富有挑战性。这样，管理者的能力与其所承担的职责相比，常有能力不够的感觉，会产生一种压力，从而促使管理者加强学习，不断学习新知识，并且可以发挥参谋、智囊的作用。使用权力时，会做到谨慎小心，工作本身就是工作的一种动力。当然，能力不能过小，以免承担不起职责所需要的能力。也有人认为，高层次应是能力略大于职责，而中低层管理人员职责能力略小于职责好些。

### （四）效益原理

管理活动的出发点和归宿，在于利用最少的投入或消耗，创造出更多更好的效益，对社会做出贡献。"效益"包括"效率"和"有用性"两方面，前者是"量"的概念，反映耗费与产出的数量比；后者属于"质"的概念，反映产出的实际意义。效益表现为量与质的综合，社会效益与经济效益的统一，其核心是价值。效益原理强调千方百计追求管理的更多价值。追求的方式不同，所创造的价值也不同，一般表现为下列情况：耗费不变而效益增加；耗费减少而效益不变；效益的增加大于耗费的增加；耗费大大减少而效益大大增加。显然，最后一种是最理想的目标。为了实现理想的管理效益，必须大力加强科学预测，提高决策的正确性，优化系统要素和结构，深化调控和评价，强化管理功能。

### （五）创新原理

创新是组织要根据内、外环境发展的态势，在有效继承的前提下对传统的管理进行改革、改造和发展，使管理得以提高和完善的过程。创新原理是对现有事物构成要素进行新的组合或分解，是在现有事物基础上的进步或发展，是在现有事物基础上的发明或创造。创新原理是人们从事创新实践的理论基础和行动指南。创新虽有大小、高低层次之分，但无领域、范围之限。只要能科学地掌握和运用创新的原理、规律及方法，人人都能创新，事事都能创新，处处都能创新，时时都能创新。

（六）可持续发展原理

可持续发展既不是单指经济发展或社会发展，也不是单指生态持续，而是指以人为中心的自然–经济–社会复合系统的可持续。可持续发展是能动地调控自然–经济–社会复合系统，使人类在没有超越资源与环境承载能力的条件下，促进经济发展、保持资源永续和提高生活质量。可持续发展没有绝对的标准，因为人类社会的发展是没有止境的。它反映的是复合系统的动作状态和总体趋势。可持续发展包括生态持续、经济持续和社会持续，它们之间互相关联而不可分割。孤立追求经济持续必然导致经济崩溃；孤立追求生态持续不能遏制全球环境的衰退。生态持续是基础，经济持续是条件，社会持续是目的。人类共同追求的应该是自然–经济–社会复合系统的持续、稳定、健康发展。

（七）动力原理

所谓动力原理，就是指管理必须有很强大的动力，而且只有正确运用动力，才能使管理持续而有效地运行。

管理的动力，大致有三类，即物质动力、精神动力和信息动力。物质动力是管理中最根本、最重要的动力，是通过利用人们对物质利益的追求，对经济活动实施管理；精神动力，就是用精神的力量来激发人的积极性、主动性和创造性；信息动力，就是通过信息的交流所产生的动力。

现代管理中正确运用动力原理应注意把握三点：一要综合、协调运用各种动力，二要正确认识和处理个体动力和集体动力之间的辩证关系，三要在运用动力原理时，要重视"刺激量"这个概念。

（八）能级原理

现代管理中，机构、人员的能量有大小之分，当然也就可以分级。所谓分级，就是建立一定的秩序、一定的规范和一定的标准。现代管理的任务，就是建立一个合理的能级，使管理的内容动态地处于相应的能级之中。这就是现代管理的能级原理。

现代管理中科学运用能级原理，应注意把握三点：一是能级管理必须按层次进行，并且有稳定的组织形态，二是不同的能级应表现出不同的权力、责任、物质利益和精神荣誉，三是各类能级必须动态地对应。

（九）时空原理

所谓时空原理，是指现代管理是在一定的时间和空间内进行的，只有充分地把握时空变化情况，科学地、合理地、高效地利用时间和空间，才能取得管理的高效益。

由于时间空间的变化与运动着的物质状态密切联系，所以，在现代管理中观察任何事物运动的时候，就一定要注意其时空变化，时空的变化一般有以下几种情况：一是系统结构随时间的变化而变化，二是系统结构随着空间的变化而变化，三是系统运动状态变化的速度与时间空间的变化是一致的，四是时空与空间可以变换。

# 第二节　经济管理的职能、内容与方法

## 一、经济管理的职能

我国已建立的社会主义市场经济体系，既具有市场经济的共性，又具有自己的独到之处——与社会主义连接在一起。当前，我国的经济在取得飞速发展的同时也面临着严峻的挑战：物质基础比较薄弱、总体的发展比较低等。如何平衡一个国家的宏观调控和市场调节对经济的作用是重中之重。

我国现阶段的经济环境有以下两个特点：第一，生产力发展很快，物质基础较为雄厚。第二，生产力发展水平总体还不高。主要表现在生产社会化、现代化水平不高，总体能力差，劳动生产效率低下，人均产值低于世界平均水平；农业仍是国民经济的薄弱环节，不能满足经济发展和人民生活水平提高的要求。因此，政府如何履行经济管理职能，做到"有所为，有所不为"，以促进经济的发展。

### （一）要明确政府的经济管理职能有哪些

#### 1. 预测职能

经济预测，就是对客观经济过程的变化趋势所做出的预料、估计和推测。经济预测是经济决策和经济计划的科学前提，是正确认识经济环境及其变化的必要条件，是提高经济效益的必要保证。经济预测应遵循的原则：系统性原则、连续性原则、类推原则。经济预测的一般程序和步骤：确定预测的目的和任务；收集和分析有关资料；选择预测方法，进行预测计算；对预测结果进行评定和鉴别。经济预测的方法有两类，一是定性分析预测法，二是定量分析预测法。

#### 2. 决策职能

经济决策，是指人们在经济管理活动中，对未来经济和社会发展目标、发展规划、行动方案、改革策略和重大措施等所做出的选择和决定。经济决策的程序：调查研究，提出问题；确定目标，拟订方案；方案评估，择优决断；实施决策，追踪反馈。经济决策具有重要的意义和作用：经济决策是经济管理的核心内容，它决定着不同层次、不同范畴的经济活动的发展方向；经济决策贯穿了经济管理的整个过程；决策的正确与否，决定着经济建设的成败和经济效益的高低；经济决策对社会和人们的心理也产生重大影响。

3. 计划职能

经济计划，是指人们按照经济的内在联系，对未来经济活动的发展过程所做的具体安排与部署。经济计划在我国的经济管理活动中仍具有重要的作用。我国的社会主义计划体系是由经济发展计划、社会发展计划和科学技术发展计划等多种计划系列所组成的。计划职能是指根据组织的内外部环境并结合自身的实际情况，制定合理的总体战略和发展目标，通过工作计划将组织战略和目标逐层展开，形成分工明确、协调有序的战略实施和资源分配方案。其步骤为：选定目标；确定前提条件；发掘可行方案；评估方案；选定方案；拟定辅助计划；进行相应的预算，用预算使计划数字化；执行计划。经济计划的原则为：长期计划、中期计划与短期计划相结合；稳定性与灵活性相结合；可行性与创造性相结合；量力而行与留有余地相结合。

4. 控制职能

经济控制，是指为了保证决策目标的实现和计划的完成，而对经济活动过程进行检查、监督和调节的管理活动。经济控制必须具备三个前提条件，即控制要围绕目标、控制要按标准进行、控制要有组织机构。经济控制，按控制的系统关系可分为自力控制和他力控制；按控制的实施方式可分为直接控制和间接控制；按控制活动和经济运行过程中实施的时间不同，可分为预防控制、现场控制和反馈控制。以上三种控制方式的具体内容不同，因而实施控制的效果和要求也是不同的。经济控制的方法有会计控制、预算控制、审计控制、人员行为控制等。

5. 监督职能

经济监督，是指对经济活动的监察或督导。监察就是监督和检查经济活动参与者的经济行为是否符合各种法律、政策、制度等有关规定；考察经济活动是否符合原定目标的要求，如不符合，则需要查明出现偏差和导致失误的原因。督导就是对经济活动的督促和引导，纠正偏差，确保经济活动的有效运行。

对社会经济活动实行经济监督，有其客观的必要性。这种必要性可以主要从生产力和生产关系两个方面来考察。在我国市场经济发展的现阶段，要保持正常的经济活动的进行，仍需要进行经济监督。因为在我国目前还存在着多种所有制形式，而不同的所有制经济组织之间，必然存在着不同的经济利益；在分配方面我国贯彻的是"各尽所能，按劳分配"的原则；从我国的现实情况看，在发展社会主义市场经济的整个过程中，还会有各种破坏社会主义经济秩序的违法犯罪活动发生；等等。

经济监督的内容是多方面的，就当前我国的实际情况来看，经济监督的主要内容有计划监督、财政监督、银行监督、工商行政监督、质量监督、安全监督、财务监督、审计监督等。

经济监督的实施过程中需要注意以下问题：要加强经济监督的组织建设、制度建设和思想建设；要严格按照经济监督的过程进行监督；要在经济监督过程中，搞好计划、核算、分析和检查四个环节。

6. 激励职能

激励职能就是管理者运用各种刺激手段，唤起人的需要，激发人的动机，调动人的内在积极因素，使其将储存的潜能发挥出来的管理活动。

激励职能的特点为：作用的普遍性和持续性、变化性和差异性、不可测定性。激励职能的类型有：目标激励、奖罚激励、支持激励、关怀激励、榜样激励。激励理论主要有：ERG 理论、期望理论、公平理论。

（二）完善监督制度，充分发挥行政体系内部的监督和行政体系外部的监督的作用

通过监督可以及时反映政府"越位"或"错位"等的行为，使相关部门能早发现、早纠正。通过完善监督制度，使政府相关部门在干预经济时始终保持警惕心理，牢牢把握其经济管理的权限，在经济发展过程中，把该管的管好，不该管的就不要管，不至于造成政府干预经济发展过多的局面；同时也能促使政府工作人员提高工作效率，在处理经济问题时保持高效。这是政府在经济管理时做到"有所为，有所不为"的重要保证。

（三）政府在进行宏观调控时要抓好软硬两个环境的优化

政府的实体管理和程序管理都必须公开、透明，特别是与人民群众利益密切相关的行政事项，除涉及国本、国家机密、经济安全和社会稳定的以外，都应向社会公开，给行政相对人以更多的知情权和监督权，增强透明度和公众参与度。特别是要加强政策法规的透明度，包括对政策法规的宣传力度，建立统一有效的政策信息网络，做到政策法规信息的及时发布、及时宣传、及时更新。行政管理的手段要以便捷、多元化为标准，充分利用现代科技和联络方式，如邮寄、电话、传真、网络等，实现具体行政行为，如行政审批、许可、确认、给付的管理高效。在行政审批制度改革中，要遵循低成本、高效率的原则，把多级审批改为一级审批，把多部门分别审批改为整体联动审批，把数次审批改为一次审

批，并提供规范的标准化流程。另外，要抓好基础设施硬环境的改善。本着"规划超前、布局合理、功能完善"的原则，加快城区建设，提升城市品位，完善城市功能，增强对外吸引力。搞好水、电、路和通信等基础设施建设，高标准、高起点地建设行政区、文体活动区、商住区、工业区、商贸区，把县城建设成一个具有现代气息的新型城市格局，为招商引资创造良好条件。

## 二、经济管理的内容

管理经济学是应用经济学的一个分支，管理经济学为经营决策提供了一种系统而又有逻辑的分析方法，这些经营决策关注于既影响日常决策，也影响长期计划决策的经济力，是微观经济学在管理实践中的应用，是沟通经济学理论与企业管理决策的桥梁，它为企业决策和管理提供分析工具及方法，其理论主要是围绕需求、生产、成本、市场等几个因素提出的。

### （一）对人力的管理

人力资源的概念：人力资源有狭义和广义之分，从狭义上讲，人力资源是指一个国家或地区在一定时期内所拥有的处在劳动年龄阶段、具有劳动能力的人口。从广义上讲，人力资源是指一个国家或地区在一定时期内客观上所存在的人口，包括在该时期内有劳动能力的人口和无劳动能力的人口。研究人力资源要防止表面化和简单化，要对人力资源进行全面的、动态的研究。

人力资源的特点：能动性和创造性，时效性和连续性，动态性和消费性，再生性和适度性。

我国搞好人力资源开发与管理工作应采取的措施：实行计划生育，为人力资源开发创造良好的先决条件；发展教育事业，提高人口质量；广开就业门路，以创业带动就业，发挥人力资源潜力；建立人力资源开发的市场机制，达到人尽其才；挖掘企业劳动者潜力，充分调动其生产积极性。

现代人力资源管理的基本原理。

同素异构原理：总体组织系统的调控机制。同素异构原理一般是指事物的成分因在空间组合关系和方式的不同，即在结构形式和排列次序上的不同，会产生不同的结果，引起不同的变化。例如，在群体成员的组合上，同样数量和素质的一群人，由于排列组合不同而产生不同的效应；在生产过程中，同样人数和素质的劳动力因组合方式不同，其劳动效率高低也不同。同素异构是化学中的一个重要原理，最典型的例子就是金刚石与石墨，其构成是同样数量的碳原子，但由于碳原子之间在空间上的排列方式与组合关系的不同，形成了在物理性质上存在极为明显差别的两种物质：金刚石坚硬无比，而石墨却十分柔软，在色泽与导电等方面两者也迥然不同。通过观察金刚石与石墨两张元素结构图，就足以证明企业人力资源管理同素异构原理的科学性与现实性。在组织中同样一群人，由于领导者与被领导者组合排列方式上的差别，会产生不同的结果。在现实活动中，可以举出大量此类案例。由此可以说明构建完善组织系统的动态调节机制的重要意义。根据这一原理，企业必须建立有效的组织人事调控机制，根据企业生产经营的需要，重视组织内部各种信息的传递和反馈，不断地对组织与人员结构方式进行调整，以保证系统的正常运行。

能位匹配原理：人员招聘、选拔与任用机制。能位匹配原理是指根据岗位的要求和员工的能力，将员工安排到相应的工作岗位上，保证岗位的要求与员工的实际能力相一致、相对应。"能"是指人的能力、才能，"位"是指工作岗位、职位，"匹配"是一致性与对称性。企业员工聪明才智发挥得如何，员工的工作效率和成果如何，都与人员使用上的能位适合度成函数关系。能位适合度是人员的"能"与所在其"位"的配置程度。能位适合度越高，说明能位匹配越合理、越适当，即位得其人、人适其位、适才适所，这不但会带来高效率，还会促进员工能力的提高和发展，反之亦然。根据这一原理，企业必须建立以工作岗位分析与评价制度为基础，运用人员素质测评技术等科学方法甄选人才的招聘、选拔、任用机制，从根本上提高能位适合度，使企业人力资源得到充分开发和利用。

互补增值、协调优化原理：员工配置运行与调节机制。互补增值、协调优化原理是充分发挥每个员工的特长，采用协调与优化的方法，扬长避短，聚集团体的优势，实现人力、物力和财力的合理配置。人作为个体，不可能十全十美。而作为群体，则可以通过相互结合、取长补短，组合成最佳的结构，更好地发挥集体力量，实现个体不能达到的目标。在贯彻互补原则时，还应当特别注意主客观因素之间的协调与优化。所谓协调，就是要保证群体结构与工作目标相协调，与企业总任务相协调，与生产技术装备、劳动条件和内外部生产环境相协调；所谓优化，就是经过比较分析，选择最优结合方案。互补的形式是多层次、多样化的，如个性互补、体力互补、年龄互补、知识互补、技能互补、组织才干互补、主客观环境和条件互补等。

效率优先、激励强化原理：员工酬劳与激励机制。效率优先、激励强化原理是指将提高效率放在首要位置，通过有效激励，使员工明辨是非，认清工作的目标和方向，保持持续不竭的内在动力。在企业中一切工作都要以提高效率为中心，时时处处将提高效率放在第一位，各级主管应当充分有效地运用各种激励手段，对员工的劳动行为实现有效激励。例如，对员工要有奖有惩、赏罚分明，才能保证各项制度的贯彻实施，才能使每个员工自觉遵守劳动纪律，严守岗位，各司其职，各尽其力。如果干与不干、干好与干坏都一样，那么就不利于鼓励先进、鞭策后进、带动中间，把企业的各项工作搞好。通过企业文化的塑造，特别是企业精神的培育，教育、感化员工，以提高组织的凝聚力和员工的向心力；通过及时的信息沟通和传递，以及系统的培训，使员工掌握更丰富的信息和技能，促进员工观念上、知识上的转变和更新。

公平竞争、相互促进原理：员工竞争与约束机制。公平竞争、相互促进原理是在企业的人事活动中坚持"三公"原则，即待人处事、一切人事管理活动都必须坚持"公正、公平和公开"的原则，提倡起点相同、规则相同、标准相同，考评公正、奖惩公平、政务公开，采取比赛、竞争的手段，积极开展"比、学、赶、帮、超"活动，激发员工的斗志，鼓舞员工的士气，营造良好的氛围，调动员工的积极性、主动性和创造性。在企业中，为了促进生产任务的完成，应当提倡员工相互比赛、相互竞争。在社会主义市场经济条件下，企业要为全体员工搭建一个体现"三公"原则的大舞台，将绝大多数员工吸引到这个"效率优先、平等竞争"的舞台上，使他们能够大显身手，施展本领，发挥自己的才能。在企业中，应创造一切条件鼓励员工在生产的产量、质量、技术操作等方面相互比赛、相互竞争，使员工在竞争中得到充分开发和利用。

动态优势原理：员工培训开发、绩效考评与人事调整机制。动态优势原理是指在动态中用好人、管好人，充分利用和开发员工的潜能和聪明才智。在工作活动中，员工与岗位的适合度是相对的，不适合、不匹配是绝对的。因此，应当注重员工的绩效考评及员工潜能和才智的开发，始终保持人才竞争的优势。社会一切事物和现象都是处于变动之中的，企业的员工也处于变动之中，"流水不腐，户枢不蠹"，从优化组织的角度看，企业员工要有上有下、有升有降、有进有出、不断调整、合理流动，才能充分发挥每个员工的潜力、优势和长处，使企业和员工个人都受益。

## （二）对财力的管理

财力及其运动：财力是指在一定时期内一个国家或地区所拥有的社会总产品的货币表现。财力的运动过程可以概括为：财力的开发（生财）、财力的集聚（聚财）和财力的分配使用（用财）三个环节。财力运动的这三个基本环节，相互联系、相互制约、相互促进。生财是运动的起点和归宿，是聚财和用财的前提；聚财是运动的中间环节，是生财和用财的制约因素；用财是为了生财，用财和生财互为目的。

财力的集聚与使用：财力集聚的对象，就是国内社会总产品的价值和国外资金市场中的游资。财力集聚的主要渠道有财政集资、金融机构集资和利用外资。在我国目前的市场经济发展中，除了搞好财政集资外，尤应重视金融机构集资和利用外资。财政集资的主要特点是强制性和无偿性，金融集资的主要特点是有偿性和周转性。财力使用应坚持的原则：统筹兼顾，全面安排；集中资金，保证重点；量力而行，留有余地；搞好财力平衡。

### （三）对物力的管理

物力的概念和物力管理的内容：物力是能够满足人类生产、生活需要的物质的总称，包括物质资料和自然资源两大部分。物力管理的内容有两方面：一是物力的开发、供应和利用；二是自然资源的保护。

物力管理的基本任务：遵循自然规律和经济规律，按照建设资源节约型、环境友好型社会的要求，结合经济发展和人民生活的需要，开发、供应、利用和保护好物力资源，形成节约能源资源和保护环境的增长方式、消费模式，以合理地、永续地利用物力，促进经济和社会事业的不断发展，推动人类文明和进步。

对自然资源开发利用与管理工作的要求：根据国家主体功能区的划分，制定自然资源开发利用与管理规划；按照可持续发展要求，适度开发利用；发展循环经济，综合利用资源，提高资源利用效率；建设生态文明，有效保护自然资源，搞好环境保护工作。

### （四）对科学技术的管理

科学技术的概念：科学是人类实践经验的概括和总结，是关于自然、社会和思维发展的知识体系。技术是人类利用科学知识改造自然的物质手段和精神手段的总和，它一般表现为各种不同的生产手段、工艺方法和操作技能，以及体现这些方法和技能的其他物质设施。

科学技术管理的主要内容：制定科学技术发展规划，着力突破制约经济社会发展的关键技术；组织科技协作与科技攻关，积极推广应用科研成果；注重提高自主创新能力，抓好技术改造与技术引进；加强创新型科技人才队伍建设。

### （五）对时间资源的管理

时间资源的特性：时间是一切运动着的物质的一种存在形式。时间资源具有不可逆性；具有供给的刚性和不可替代性；具有均等性和不平衡性；具有无限性和瞬间性。

时间资源管理的内容：时间资源的管理，是指在同样的时间消耗情况下，为提高时间利用率和有效性而进行的一系列控制工作。时间资源管理的内容，概括地说包括对生产时间（即从生产资料和劳动力投入生产领域到产品完成的时间）的管理和对流通时间（即产品在流通领域停留的时间）的管理。

时间资源管理的基本途径：规定明确的经济活动目标，以目标限制时间的使用；制订详细的计划，严格控制时间的使用；优化工作程序，提高工作效率，充分挖掘时间潜力；保持生产、生活的整体合理安排休息和娱乐时间。

（六）对经济信息的管理

经济信息的概念与特征：经济信息是指反映经济活动特征及其发展变化情况的各种消息、情报、资料的统称。经济信息的特征：社会性、有效性、连续性和流动性。

经济信息的分类：按照经济信息的来源，可以分为原始信息和加工信息，按照经济信息所反映的内容，可以分为内部信息与外部信息，又分为有关过去的信息和有关未来的信息，按照经济信息取得的方式，可以分为常规性信息和偶然性信息。

经济信息管理的基本程序和要求：经济信息管理的基本程序：广泛收集、认真加工、及时传递、分类储存。经济信息管理的要求：准确、及时、适用。

## 三、经济管理的方法

组织的经济管理方法和行政管理方法本身有其自身特点，组织具有综合效应，这种综合效应是组织中的成员共同作用的结果。组织管理就是通过建立组织结构，规定职务或职位，明确责权关系，以使组织中的成员互相协作配合、共同劳动，有效实现组织目标的过程。

（一）经济方法

经济方法的含义及特点。经济方法是指依靠经济组织，运用经济手段，按照客观经济规律的要求来组织和管理经济活动的一种方法。正确理解经济方法的含义，需要把握以下要点：经济方法的前提是按客观经济规律办事；经济方法的实质和核心是贯彻物质利益原则；经济方法的基础是搞好经济核算；经济方法的具体运用，主要依靠各种经济杠杆；运用经济方法，主要依靠经济组织。经济方法的特点是利益诱导性或引导性、平等性、有偿性、作用范围广、有效性强。

经济方法的科学运用。经济方法的科学运用，在很大程度上也就是经济杠杆的科学运用。为了科学有效地运用各种经济杠杆，加强对经济活动的管理，要注意解决好以下几个重要问题：必须充分认识和认真研究各种经济杠杆的不同作用领域及具体调节目标。税收杠杆的调节触角可以深入社会经济生活的各个方面，实现多种调节目标；信贷杠杆是在资金分配过程中发挥作用的，其调节目标从宏观上看可以促进社会总需求与总供给的平衡，从微观上看可以促进企业发展，减少资金占用，加速资金周转，提高生产经营活动的经济效益，等等。必须使各种经济杠杆有机地结合起来，配套运用。要注重科学地选择经济杠杆和掌握经济杠杆的运用时机与限度。

## （二）法律方法

法律方法的含义及特点。经济管理的法律方法，是指依靠国家政权的力量，通过经济立法和经济司法的形式来管理经济活动的一种手段。法律方法的特点：权威性、强制性、规范性、稳定性。

经济管理中使用法律方法的必要性，法律方法是国家管理和领导经济活动的重要工具，在经济管理中之所以要使用法律方法。从根本上说，是为了保证整个社会经济活动的内在统一，保证各种社会经济活动朝着同一方向、在统一的范围内进行，落实依法治国基本方略。具体来讲：为了保护、巩固和发展以公有制为主体的多种经济成分的合法利益；为了保证国家经济建设方针政策的贯彻执行，保证社会经济发展计划的实现；为了推动科学技术的发展，保证科技成果的有效应用；为了推动和发展我国对外经济关系，加强国家间的经济技术合作；为了维护经济秩序，保证经济体制改革的顺利进行。

## （三）行政方法

行政方法的含义及特点。经济管理的行政方法，是指依靠行政组织，运用行政手段，按照行政方式来管理经济活动的一种方法。行政方法的特点：强制性、直接性、无偿性、单一性、时效性。

行政方法的作用和局限性。行政方法的作用表现在：科学的行政方法是动员广大劳动群众和经济组织完成统一任务的重要手段；科学的行政方法，有利于国家从宏观上控制国民经济的发展方向和发展过程；科学的行政方法，有助于完善社会主义市场体系。

行政方法的局限性表现在：容易造成经济活动的动力不足；容易割断经济的内在联系；容易造成无偿调拨、无偿供应、无偿支付的现象。

行政方法的科学运用。深入调查研究，一切从实际出发，把行政方法建立在符合客观经济规律的基础之上；要严格规定各级组织和领导人的职责和权力范围，正确处理各级组织的关系；要精简机构，建立健全行政工作责任制，提高办事效率；要依靠群众，发扬民主，一切从人民群众的利益出发。

## （四）建立合理的经济管理组织的基本原则

合理的经济管理组织是管理者履行各种管理职能，顺利开展各项管理活动的必要前提条件。建立合理的经济管理组织应坚持的基本原则：坚持有效性原则，即管理组织结构的建立，包括它的结构形态、机构设置和人员配备等，都必须讲效果、讲效率；坚持权力与责任相对称的原则，即各级经济管理机构和管理人员，根据所管辖范围和工作任务，在管理经济活动方面，都应拥有一定的职权，与此相对应，还要规定相应的责任；坚持管理层级及幅度适当的原则，一般来说，管理层级与管理幅度呈反比例关系，即幅度宽对应层较少，幅度窄则对应层较多；坚持统一领导、分级管理的原则；坚持稳定性和适应性相结合的原则；坚持执行与监督的分设原则。

## 第三节　经济管理者的素质和培养使用

所有直接参与经济管理活动的人员都可称为经济管理者。经济管理者应具备的基本素质，主要有五个方面的内容，即思想素质、知识素质、心理素质、业务素质和身体素质。根据我国的实际情况，培养经济管理者应从以下几方面考虑：努力发展教育事业，为经济管理者的培养打下良好的基础；动员社会各方面的力量培养经济管理者；从我国实际出发，在实践中培养经济管理者。选拔经济管理者，是正确使用经济管理者的前奏。能否选拔出合格的经济管理者，关系着一个国家、部门和企业经济发展的成败。选拔经济管理者，要坚持正确的选拔标准；破除论资排辈观念；不论文凭，要论才能。经济管理者的培养、选拔和使用，是一个有机的整体，

三者缺一不可，培养和选拔是手段，只有使用才是目的。使用经济管理者应做到：知人善任、拟唯贤、大胆使用、追踪考评。作为新经济核心的创新，不仅包括技术创新、观念创新、制度创新、组织创新和营销创新等方面的内容，更重要的还应该有企业经营管理者的创新。

新经济时代必须有众多的新型经济管理人才，全面树立新观念、掌握新知识、运用新方法，才能提高我们企业的整体素质，从而面对新经济和日益复杂多变的全球化竞争的挑战。

管理者的创新意识。新经济是以高科技为主导，以网络和信息为主要载体的经济。与传统经济的主要差别是，知识在经济发展中的作用大大增强，科技成果产业化、市场化的速度加快，传统产业必须运用高新技术的成果进行技术改造，提高效率，开发新产品，提高产品质量。

管理者的人格魅力。电子商务、网络经济给企业带来了新的运作模式，通过电子化管理和技术，企业各个部门，企业与上下家的合作伙伴不再是条块分割、各自为政，而是形成了环环相扣的链条。这种新的运作模式对业务员、业务经理提出了更高的要求，如在谈判中必须确信自己的观点清晰、准确、有效；自信靠自己的交际能力和技巧能够战胜对手，只有具备这样的心理素质和人格魅力，才能展现有别于他人的风采，就会给对手传递

一种感知感觉的信息。人在感官上的互相交流是十分重要而又极其微妙的。

同样，新型经济管理人才作为企业领导者，无论是从企业员工队伍的管理，从目标设定到业绩考核，还是从激励措施到行为规范，都必须贯穿独特的、充分展示自己人格魅力的领导方法和手段。才能将全体员工凝聚在一起，共同为提高自己企业的产品实力和服务质量奉献光与热。

管理者的团队精神：从无数著名企业的成败案例中，我们可以发现这样一个真理，即在新经济条件下，企业管理者必须发扬团队精神，群策群力，才能"众人拾柴火焰高"，美国新经济工商实务丛书《如何做好销售》一书中指出的："当开始从事某种职业的时候，你拥有什么并不重要，重要的是掌握推销、说服和与人交流的技能""为了取得销售成功，必须具有合作精神和良好的倾听技巧，而且还要把别人的需要放在首位。"兼听则明，偏信则暗。管理是一门科学，新经济时代的企业管理者。更需要在打破传统企业的管理模式下，创造自己全新的能够解决在创办和经营过程中，从容面对各种障碍与问题的全新方式，从管理的基本技能，如策划、授权、领导等，到人力资源管理、团队建设又运用高科技手段研发产品，占领市场份额的过程中，紧紧依靠企业领导一班人，靠车间科室、班组的中层干部和骨干力量，充分发扬团队精神，利用大家的智慧。去为企业的发展壮大出力，从而掌握经营现代企业的技巧，认真借鉴和汲取西方现代企业的有益经验，采用他们的管理技术、方法和手段，把自己企业的经营管理和竞争能力提高到新水平。

经济管理重在提高企业的竞争实力。新经济是以高科技为主导，网络和信息为主要载体的经济。与传统经济的主要差别是，知识在经济发展中的作用大大增强，科技成果产业化、市场化的速度加快，科技从潜在生产力向现实生产力转化的速度加快，使企业提高竞争实力。调整产业结构，开拓市场，起着相当重要的作用，正如企业家们形象地比喻，科学技术是企业保持健康发展、步入良性循环的火车头，而企业的全体员工特别是经营管理者，更像是驾驶火车头的司机。企业整体素质的高低，决定着企业的兴衰成败，决定着能否在日趋白热化的国际市场竞争中，始终占有一席之地。因此，新型经济管理人才必须在产品开发、企业计划、咨询、管理、投资、商务谈判、市场营销、客户服务以及网络经营、企业文化等一系列问题上通晓新经济，掌握新知识，努力提高企业的竞争实力，才能满足现代企业发展的需要，把我国企业经营管理和竞争能力提高到新水平。

要全面促进企业的技术创新。在新经济条件下，企业必须面向市场进行研究开发，把市场需求、社会需求特别是广大消费者的需求，作为技术新的基本出发点，而且在创新全过程的各个环节都要贯彻营销观念即技术创新必须为市场竞争所需要，必须能给企业和市场购买者、广大消费者带来实实在在的利益。

要全面推动营销观念创新。所谓营销观念，也就是企业在开发市场营销管理的过程中，在处理企业、顾客和社会三者利益方面所持的各种思想及经营哲学，顾客对企业的取舍会在瞬间完成，决定作用是企业的市场营销绩效，包括市场份额、品牌美誉度、顾客满意度和顾客忠诚度等；企业经营管理者必须清醒地认识到，市场营销是当今商务活动中最重要的事情，因为市场营销是以各种各样的方式存在，包括吸引顾客、使他去放心购买、买得舒心、用得称心，再购买或通过他们的嘴去向其他顾客宣传，形成良性循环，做生意还有比这些更重要的吗？难道企业家还能做没有顾客的生意不成？

要全面实施新型配合资源共享的企业发展战略，国家信息产业部有关专家指出，我国的企业经营管理者认识到新产品的研究开发只是技术和产品成功的一个环节，一个创新技术要真正获得市场意义上的成功和客户的认可，必须将生产市场销售服务这些有机的环节通过管理形成一个成功的链接关系，才能保证其真正的成功。因此，企业的发展战略应是新型经济型人才充分调动全体员工的工作热情，实现新型配合、资源共享，从而将其才干、知识、技术得以发挥最大化。

要让用户更实惠、更满意。面对以用户需求为中心的新经济时代的来临，新型经济管理人才必须在充分了解市场需求的前提下，以务实的精神积极为用户提供更实惠、更满意的服务，因为实用、时尚、个性等销售需求，已悄然成为当今时代市场经营的中心点，让用户真正成为交易的最大受益者，将是市场营销活动中一种全新的经营理念，必将现代规范化的企业管理理念融于产品之中，根据用户的实际信息应用能力，充分挖掘各种有效的企业管理资源，如在计算机软件的延伸服务方面，根据用户特定的业务应用环境，如相应的网络应用环节、计算机操作平台、业务系统管理、账务系统管理、操作人员素质等多方面因素，为用户提供诸如企业计算机化管理方案、人员培训、技术支持、顾问服务和在线咨询等多种人文化的企业财务业务管理解决方案，最大限度地满足用户的实际应用需求。

新经济时代的到来和发展，突破了传统经济学的若干原理和规律。新经济条件下出现的许多经济现象，用传统经济学难以圆满解释，新经济呼吁着新的经济学出现，更呼唤着众多通晓新经济、掌握新知识的新型经济管理人才涌现，肩负起我国大中型各类企业管理的重任，从容面对国际一流竞争对手的挑战，从而进一步加快我国经济现代化的步伐。

## 第四节　经济管理的效益及评价

经济效益是指经济活动投入和产出的比较。投入是指经济活动中的劳动消耗和劳动占用，产出是指劳动的成果。经济效益的大小，与劳动成果成正比，与劳动消耗和劳动占用成反比。经济效益有三种表示方法：比率表示法、差额表示法、百分率表示法。评价经济效益的依据主要有三个方面，即宏观经济效益、中观经济效益与微观经济效益的统一；近期效益与长期效益的统一；经济效益、社会效益与环境效益的统一。

企业的经营活动都是为了获得经济效益而进行的，经济管理是企业管理制度中的重要一环，采取有效对策对企业经济运行进行管理，能够促进企业的健康发展。在论述企业经营效益的基础上，分析了有关改善经济管理的对策，旨在为企业强化自身的管理水平，为实现更高的盈利做好准备。

## 一、把经济管理当作企业经营管理的中心

加强资金管理。资金管理是企业经济管理最重要的内容，资金经济标准是衡量企业经营水准的重要参数，因此，科学有效地利用资金、减少所用花费、提高资金应用效率、优化资金配置等方式可以加强企业的经济管理，增加其经营效益，为企业能够立足于竞争日益激烈的市场环境提供强大的物质条件。

坚持着重资金运转管理的思想。企业经济管理目标就是策划资金的运转、力求减少所用资金费用、促使资金使用的科学化、增加资金的运转速度，进而提高企业经营效益。把经济管理作为企业管理的核心，并不是将相关的管理部门作为中心，而是企业上下全体员工都应坚持着重资金运转管理的思想，将资金规划作为企业发展的重大决定因素，强调对企业生存发展的重要影响。

定期开展经济预算。按时开展有关的经济预算活动是经济管理常用的重要管理措施，这就需要企业在日常经营中应该根据自身的资金情况与实际状况，对企业经济及所得盈利规划经济管理设计方案，合理做出相关的有效经济预算，为企业中重大发展决策指明方向。

强化收支管理机制。做好经济资金的收支管理工作，企业仅设置一个基础账户，禁止建立多个账户、分散资源、掩藏资金等行为。企业所有开支及收入应该共用一个账户，严禁有关部门或者个人对资金进行运转中断操作或者无理由使用资金。企业资金的开支应由负责人来管理审批，其他职工并没有相关权力进行支配。

做好成本控制。成本控制一直是经济管理的重要内容之一，加强成本费用的控制工作就是调节各部门间的费用信息，将竞争力很强的产品指标经有效拆分，在各个部门中间进行严格贯彻，设立为全体职工努力达到的目标，采用最为先进的技术管理手段力求减少企业经营每个流程所用成本，尽可能地节省资金，增强企业商品的竞争力度。

策划经济方案。在经济管理时，相关管理人员要对全年或者是未来某个阶段做好对应的经济规划工作，设计资金应用方案，预算经济效益，实施资金管理措施，解决经营中的多重难题，有利于管理经济。

研究经济管理的结果。对经济管理的结果进行深入的分析研究，总结先进经验，从中找到改进的措施，不断完善经济管理，进而可以达到掌握资金、利用经济、做好预算、固定企业的经济效益，最终提高企业各方面的发展。

## 二、增强经济管理的力度，有效提高企业的经营效益

经济管理要与企业日常经营活动相结合。经济管理在企业管理制度中一直占有重要地位，在企业日常经营的各个环节都能体现经济管理的作用。对经营活动的不足要加强资金预算，科学合理地应用资金对缺陷环节进行补救，保证企业经营的正常运行，有效减缓资金供应的压力。引起企业资金周转不畅的因素较为复杂，主要有以下几个方面：一是所支持的账目资金一直处于较高的水平；二是相关工作人员经济管理意识不足，在工作时疏忽大意；三是客户拖款欠款现象严重。因此，根据这些因素，采取相应的处理对策，建立专项管理团队，定期开展收回欠款的活动。经济管理的工作不只是企业财务的经营任务，还需要各部门提供帮助，从而能够更好地控制成本预算，调节企业产品的价格定位，降低所花费的成本，提高企业经营效益。

做好经济规划，指明投资方向。经济规划在企业经济管理中的作用不言而喻，其对企业的发展方向有着巨大的指导意义。如果经济规划方案不切实际，盲目设计，就可能让企业经营活动陷入泥潭，以致倒闭。因此，要想做好企业经济规划，为企业谋取利益，企业经营管理人员必须要做到以下几点。

首先，掌握企业资金大体流通规律。要全面了解市场行情，深入调查商品的价值与使用价值波动现象，指明投资方向，调节产品价格范围，不要只顾当今人情世故，冒险地进行投资，以致自酿苦酒，悔恨不已，应当按照客观的市场经济规律，做出翔实的经济规划。

其次，应该进行充分科学调研，依法经营。经济方案的规划离不开企业实践运营的情况，要实事求是，开展全方位的调查分析，要求做到无漏点、无盲点，充分了解投资一方的诚信、资金、管理等多个方面的内容，依法签订投资相关手续文件，切不可留下投资风险。

再次，厘清投资过程，科学民主地进行经济管理。投资的形式不同，其获得的经营效率也有很大的差别，要厘清投资的流程，经相关机构批准之后方可进行投资理财。

最后，建立风险预警机制。企业投资的最终目标就是为企业带来更多的盈利，所以，企业在规划经济方案时，应该强化对成本费用的控制工作，注意每一个投资细节，尽可能地降低投资理财过程中的风险隐患。

强化资金管理，优化经济配置。在日常的企业经营活动中，资金是怎样运转流通的？

企业经营中，货币形态的资金流通从预算开始，经收集、生产、完工、结账环节，再到回收利用，进而以"滚雪球"的形式形成一个良性循环，达到可持续发展的目的，提高企业的经营效益。

体现经济监督，促使资金增值。建立健全企业法人制度体系，全面体现经济监督管理的影响作用，确保资金能够升值。企业要想在经济市场中站稳脚跟，应该建立健全绩效管理体系，组设一个团结友爱、开拓创新、严肃活泼的领导小组，强化资金使用的监督管理工作，制约相关人员的行为，体现经济监督的重大意义。经济管理人员必须要具备高度的责任感，对违反企业规章制度的行为，要严加制止，并及时向上级领导反映，对整个企业资产管理负责，坚守自己的职业道德，保障职工的合法利益。

科学分配企业盈利，体现杠杆原理。在经济管理中，如何科学合理地对企业所得的赢利进行规划配置，影响着企业多个方面的关系。盈利分配能够体现杠杆作用，它能够有效协调企业各部门的利益，激发全体职工工作的积极性，对企业整体发展有着重要的现实意义。目前，大部分企业都会受到自身经济规划方案的影响，实施"按劳分配"的原则，而事实上都是平均分配，降低了员工的工作积极性，使他们产生得过且过的思想，导致很多国有企业陷入泥潭，经营不善，难以运行。

根据经济管理的内容，企业决策人员可以设置分红、股票期权激励、年薪制等形式来改善盈利分配方式，体现杠杆的控制调节作用，使得企业各方面保持一个微妙的平衡状态，从而实现科学分配盈利，让企业更好更快发展的目的。

要想全面体现企业经济管理的引导效果，如果只是依赖相关工作人员对经济成本进行核算、设计资金计划方案来控制支出，就不能达到增加企业经营效益的目的。因此，建立一个超前、科学、合理、可行及有效的经济管理体系，企业财务部门就应该与其他部门一起分析研究论证，实施管理对策，全面提升企业员工的整体素质，采用先进的计算机信息管理系统来进行经济成本分析、资金核算、经济控制、投资规划等，提高经济管理工作效率，还要加强对经管人员各方面的培训工作，最终提高企业的管理水平，增加企业的经营效益，为企业的发展做出贡献。

# 第二章

## 宏观经济管理 >>>

我国的宏观经济管理一直对外贸出口有着较强的依赖性，而本国的金融体系改革却发展缓慢，造成了我国经济结构严重失衡。在全球经济一体化趋势不断加强的今天，我国只有根据国际经济变化的趋势，对宏观经济管理进行创新策略的调整，才能够适应国际经济发展的实际需要。

## 第一节  宏观经济管理的特点

在社会主义市场经济条件下，统一、开放、竞争、有序的现代市场体系对宏观经济运行具有基础性的调节作用和推动作用。市场能对社会资源进行有效的配置；客观地评价企业经济效益的好坏；能自动调节商品供求关系；能及时地反映和传递各种经济信息。

### 一、宏观经济管理

#### （一）宏观经济管理的必要性

为弥补"市场缺陷"，有必要加强宏观经济管理。市场机制不是万能的，具有自身内在缺陷，如市场机制调节的盲目性、滞后性、短暂性、分化性和市场调节在某些领域的无效性，这就需要通过国家宏观经济管理，弥补市场缺陷；为维护市场秩序，有必要加强宏观经济管理。市场经济条件下，发挥市场配置资源优越性的条件之一，就是要保证市场竞争的公平。但单靠市场自发调节，并不能确保市场竞争的公平，还容易形成市场垄断和过度投机，破坏公平竞争机制，造成市场秩序混乱。政府通过建立、维护和保障市场经济有序运行和公平竞争的制度规范，进行严格的市场监管，保障市场公平交易；为促进国民经济持续快速健康发展，有必要加强宏观经济管理；为更好地发挥公有制的优越性，有必要加强宏观经济管理；为维护公平分配和国家整体利益，有必要加强宏观经济管理。

### （二）宏观经济管理目标

宏观经济管理目标是指凡有工作能力并愿意工作的人，都能在较合理的条件下找到适当工作的一种社会状态。充分就业并不意味着"全部就业"和"人人都有工作"。只有非自愿失业才算真正的失业。失业率过高，不仅造成人力资源的严重浪费，而且造成失业者及其家庭生活困难。因此控制失业率，实现充分就业，成为世界各国政府宏观经济管理的重要目标。宏观经济管理职能，是指国家政府在管理国民经济中所应担负的职责和发挥的功能。

社会总供给：是指一个国家或地区在一定时期内（通常为一年），全社会向市场提供的可供购买的最终产品和劳务的价值总和。它包括国内生产提供的部分与进口的商品和劳务总量。

社会总需求：是指一个国家或地区在一定时期内（通常为一年），全社会通过各种渠道形成的对产品和劳务以货币支付能力的购买力的总和。按社会总需求性质划分，可分为消费需求、投资需求和出口需求三部分。

社会总供求平衡：是指一个国家或地区范围内，同一的计算口径、同一时期内，社会总供给与社会总需求在总量和结构上的协调的一种经济状态。这种状态包括总量平衡和结构平衡。

社会总供求平衡的意义：社会总供求平衡是国民经济的持续、快速、健康发展前提条件。持续、快速、健康发展国民经济是宏观经济管理的基本目标，而社会总供求平衡是国民经济持续、快速、健康发展的前提。在这里，社会总供求量上的平衡，则保证了国民经济持续有序运行的可行性和现实可能性，而社会总供求机构上的平衡，则保证了国民经济能按比例、协调健康地发展。

社会总供求平衡是优化资源配置和经济结构的基础。资源配置合理和经济结构优化，既是社会经济效益提高的主要保障，也是宏观经济管理的重要目标之一。在社会总供求基本平衡的条件下，国民经济各部门、各行业之间有一个大体平均的利润率，生产要素在各部门间、行业间的流动处于一种比较稳定的状态，有利于促进社会资源合理配置和经济结构的优化及国民经济效益的不断提高。同时，社会总供求基本平衡，也是进行经济结构调整的有利时机。这时，供给的压力和需求的拉力同在，企业为了获得更多利润，会主动地进行产业结构和产品结构的调整，以更好地适应需求结构的变化；社会总供求平衡是提高城乡居民生活水平的重要保证。在社会总供求基本平衡的条件下，和广大城乡居民生活息息相关的物价基本稳定，就业比较充分，商品供给充裕，服务周到，收入水平稳步增长，居民的物质文化生活水平得到不断提高。

社会总供求平衡是实现社会经济发展战略目标的重要条件。任何一个国家都有其社会经济发展战略目标，要保证这些战略目标的实现，需要一个良好的社会经济发展环境。只有社会总供求基本平衡，国民经济才能持续、快速、健康地发展，进而才能在社会经济发展的基础上，促进经济、社会、生态、人的全面发展等诸多发展战略目标的实现。

经济波动：是指经济总量扩张与收缩的一种经济运动现象。

经济周期：是指因经济波动而使宏观经济运行呈现出繁荣、衰退、萧条、复苏的周期性运动过程。

按经济周期波动性质，一般可分为绝对周期和增长周期。绝对周期是指经济总量绝对水平的波动，主要表现为经济衰退中经济总量绝对水平的下降；增长周期是指经济总量相对水平的波动，主要表现为经济衰退中，经济总量水平增长的同时经济增长率的下降。

宏观经济计划是国家为了实现一定的经济发展目标而对未来一定时期国民经济发展主要方面所做的总体战略部署和安排，其特点有：宏观性、战略性、政策性。

宏观经济计划的地位。是国家管理和调节国民经济的基本依据，在宏观经济管理体系中居中心地位。宏观经济计划是宏观管理的基本依据。宏观经济计划规定着未来一个时期经济社会发展的基本目标，规定着宏观经济运行的速度、比例和效益等基本走势，一切宏观经济管理活动都要以实现宏观经济计划为主要目标。正是这种计划主导型的宏观管理模式，决定了宏观经济计划是宏观经济管理的起点和归宿；宏观经济计划是宏观经济管理的中心环节。从宏观经济管理职能看，宏观经济计划是宏观决策的具体化，体现着事关国民经济发展大局的社会经济发展目标、发展战略、重大方针政策等，决定着事关社会经济发展全局的长期规划、产业结构、区域布局、国家投资、国民经济等重大经济问题，是宏观经济管理的中心职能，在宏观经济管理中居于主导地位，其他的宏观经济管理职能，都要服从宏观计划职能，围绕宏观经济计划的实现而展开；宏观经济计划是协调各种宏观经济管理手段的中心。为了实现宏观经济管理目标，需要借助一系列的宏观经济管理手段，其中包括：计划手段、经济手段、法律手段和行政手段等。这些手段无疑都是宏观经济管理的重要手段。但这些手段如何协调一致、形成合力，共同实现宏观经济管理目标，则必须以宏观经济计划为中心。这是因为宏观经济计划是宏观经济管理的基本依据和宏观经济管理的中心环节，也统领宏观经济管理中各项重大的经济活动。

产业政策是国家根据国民经济发展的内在要求和一定时期内产业现状及变动趋势，以市场机制的作用为基础，通过调整和优化产业结构，提高产业素质，从而提高供给总量的增长速度，并使供给结构能够有效地适应需求结构要求的政策手段和措施的总称。

产业政策的核心是产业结构的质态升级。产业政策作为落后国家赶超发达国家而出的赶超政策，其核心是通过对产业结构的自觉设计和调整，促进产业结构的高度化和合理化，进而推动国民经济持续、快速、健康地发展。

## 二、财政政策工具

国家预算：国家财政收入与支出的年度计划。

税收：国家凭借权力参与社会产品分配的重要形式，是政府组织财政收入的重要手段。

公债：即国家信用，是国家举借的内、外债的总称，是国家以信用方式筹集财政收入的一种手段。

购买性支出：政府利用财政资金购买商品和劳务的支出。

转移性支出：即转移支付，是政府把财政资金的一部分无偿地、单方面地转移到社会保障和财政补贴等方面的支出。

法定存款准备金政策：法定存款准备金政策是中央银行在国家法律所赋予的权力范围内，通过规定和调整法定存款准备金率，调节存款准备金和货币乘数，调控货币供应量的一种政策手段。

再贴现政策：再贴现政策是指中央银行通过规定或调整再贴现率和商业银行等金融机构向中央银行申请再贴现的票据种类资格，干预和影响货币市场的供给与需求及市场利率，以调节货币供给量的一种政策手段。

公开市场业务：公开市场业务是中央银行在货币市场上通过买卖有价证券活动调节基础货币，从而调节货币供应量的一种政策手段。

## 三、紧的货币政策和紧的财政政策

这一政策组合即"双紧"政策，紧的货币政策主要通过提高法定存款准备金率、再贴现率等收缩信贷支出规模，以及利用公开市场业务减少货币供应量，进而抑制社会总需求；紧的财政政策主要通过增加税收、削减财政支出规模和国家信用，以及财政盈余等来抑制社会总需求的扩张。如果需求膨胀，物价持续上涨，一般应采取"双紧"政策。"双紧"搭配方式对经济的影响与"双松"搭配恰好相反，其积极一面，可以有效抑制社会总需求，缓解通货膨胀压力；其消极一面，在抑制社会总需求的同时，供给也会受到抑制，整个经济有可能陷入萎缩状态。

## 第二节　宏观经济的总量平衡

宏观经济总量平衡是宏观经济运行的基本要求，也是宏观经济管理的主要目标。社会总供给与社会总需求是宏观经济运行与管理中的两个最重要的指标。在宏观经济管理中，宏观经济运行的各种变量最终都要归结为社会总供给与社会总需求两个总量。通过对这两个总量进行科学的调节和控制，可以促进国民经济健康协调发展。

社会总供给是指一个国家或地区在一定时期内（通常为一年）提供给社会可供最终使用的产品和劳务总量。其中，包括国内生产提供的部分和进口的商品及劳务总值。

社会总需求是指一个国家或地区在一定时期内（通常为一年）通过各种渠道形成的对产品和劳务的货币购买力。按需求性质划分，包括消费需求、投资需求和净出口需求三部分。

理解社会总供求平衡这一问题，应注意以下几点：第一，总供求平衡不是指绝对相等，而是指两者的基本平衡或基本协调；第二，总供求平衡不仅包括静态平衡，更重要的是指动态平衡；第三，总供求平衡既包括总量平衡也包括结构平衡；第四，总供求平衡既包括短期平衡，也包括长期平衡。影响短期总供求平衡的因素主要有：财政收入平衡、信贷收支平衡、国际收支平衡。

影响长期总供求平衡的因素主要有：社会资源的配置状况，技术水平和管理水平的高低，产业结构是否合理，经济管理体制是否科学、合理。

实现总供求平衡是宏观经济管理的最终目标。实现总供求平衡对宏观经济的顺利运行具有重要意义，具体来说：第一，实现总供求平衡是保持国民经济持续、快速、健康发展的基本条件；第二，实现总供求平衡有利于社会资源的合理配置和经济效益的提高；第三，实现总供求的基本平衡有利于经济体制改革和产业结构的调整。

## 第三节　宏观经济的周期性波动

经济周期是指宏观经济在运行的动态过程中，其运行扩张与收缩的交替变动。宏观经济周期性波动是一种客观必然现象。

经济周期通过经济增长率、工业生产指数、就业水平、收入水平等综合指标的波动显示出来。经济周期包括萧条、复苏、高涨和衰退四个紧密联系的过程，具体表现为谷底、扩张、顶峰和萎缩四个阶段。

经济的周期性波动，是由于社会总供求的矛盾及许多其他矛盾共同作用的结果。从新中国成立后经济的历次周期性波动中，可以发现我国经济周期波动有以下主要特点：第一，我国经济周期波动比较频繁，时间间隔不规则；第二，我国经济周期的波动受政府行为影响较大；第三，我国经济周期波动与固定资产投资及通货膨胀（或紧缩）因素息息相关；第四，我国经济周期波动与产业结构不合理有很大关系。经济的周期性波动会影响宏观经济的正常运行，造成经济震荡。为保持国民经济持续、稳定、快速、健康地发展，在宏观经济管理中，需要做到以下几点：第一，要科学地制订宏观经济政策，确定合理的经济发展速度；第二，适当地控制固定资产投资规模，特别要注意优化投资结构；第三，综合运用各种手段，对宏观经济进行调控。

经济在沿着经济发展的总体趋势增长过程中，常常伴随着经济活动的上下波动，且呈现出周期性变动的特征，即经济活动沿着经济发展的整体趋势经历有规律的扩张和收缩。这种现象被称为周期性的经济波动。

## 一、我国宏观经济周期性波动概述

经济周期波动是现代经济社会具有的一种普遍现象。马克思指出：经济周期是"现代工业特有的生活过程"。这种过程实质上反映了宏观经济在运行过程中反复出现的对其均衡状态的偏离与调整过程。按照西方经济学的理论，经济周期是指经济活动沿着经济发展的总体趋势所经历的有规律的扩张和收缩。经济周期大体经历周期性的四个阶段：繁荣、衰退、萧条和复苏。

我国国民经济发展历程表明，经济增长始终与经济波动相伴而行。特别是改革开放以来，因受世界经济格局、经济体制基础、经济运行机制、经济结构和宏观调控政策等内外部因素变化的影响，我国的经济周期性波动特征更加明显。

从总体趋势看，波谷的不断上升表明我国经济发展增强了抗衰退能力；波峰的不断下降表明我国经济在一定程度上减少了扩张的盲目性，增强了发展的稳定性；平均位势的提高表明我国经济克服了"大起大落"，总体水平有了显著提高；周期的扩张表明我国经济发展有了更强的持续性。总的来说，我国经济的周期性波动在体制变革与经济增长的相互作用中，波动振幅趋于平缓，经济增长形态有了较大的改善。

## 二、宏观经济政策变化对银行业产生重大影响

经济发展呈现周期性波动是客观存在的。只有认识规律、掌握规律、合理利用规律，才能有效地促进银行业持续、良性发展。这其中，国家根据经济运行状况实施的宏观经济

调控，对银行业影响最深刻。国家宏观经济的调控按性质划分包括放松银根和紧缩银根两种。宏观调控放松银根对银行的影响是积极的，而宏观调控紧缩银根给银行带来的更多是冲击与考验，其对银行的影响主要体现在以下几方面：银行信贷供求矛盾突出。国家实行宏观经济调控后，受国家宏观调控和产业政策调整的影响，银行在减缓发放贷款特别是流动资金贷款的同时，也加快了清收力度，银行的信贷供给受到压缩，但是市场上的信贷需求由于是刚性的并没有立即相应地缩减，这种供求矛盾必将影响企业的经营，影响银行的效益，银行的信贷风险加大。宏观调控对于泡沫经济的影响给银行带来的冲击更是剧烈的。

信贷结构不合理现象加剧：一是大户贷款风险集中问题突出。宏观调控实施后，出于控制风险考虑，银行将贷款营销对象进一步锁定在少数规模相对较大、当期效益较好的大型骨干企业。当效益较好的企业随着行业景气度下降或新一轮宏观调控影响而出现问题，会给银行带来集中风险。并且，银行"扎堆"竞争营销大企业贷款，可能还会带来贷前调查的放松、贷款条件及流程的简化等违规行为。二是贷款行业结构趋同现象突出。目前，不少银行机构在贷款投向上，偏好电力、电信、教育、交通等行业和建设项目，各家商业银行贷款结构趋同现象加剧。由于这些授信对象大多具有项目工期较长、资金需求量大、受政策影响较大等特点，存在严重的风险隐患。三是贷款结构长期化和存贷款期限不匹配问题突出。"重营销、轻风险""重余额、轻结构"等状况给信贷资产带来隐患。

不良贷款攀升，经营难度加大：一是银行新增贷款对不良贷款率的稀释作用明显减弱。二是企业资金紧张的心理预期，可能加剧信贷整体风险。在银根总体抽紧、流动资金供应相对减少的情况下，一些企业担心得不到银行稳定的资金支持，在有还贷能力的情况下"惜还"或"拒还"贷款，增加银行贷款风险。一些企业在银行收回贷款、原材料涨价和应收账款增加的夹击下，可能会产生资金链条断裂的危险，影响到企业的正常经营，进而影响到上下游企业和关联企业的经营，最终可能引起整个银行业金融机构不良贷款的上升。此外，银行受约束限制，正在或准备对部分授信客户实施压缩或退出，如果方式不当或力度过大，也可能产生连锁反应。三是考虑到宏观调控措施对一些行业和企业影响的时滞因素，潜在风险将会在更长一段时间内逐步显现，不良贷款在一定范围内可能有所反弹。

作为经营货币特殊的金融企业，银行是典型的宏观经济周期行业，不管是利率、汇率变动，或是全球经济波动，银行都会首当其冲，暴露在风险之下。在我国间接融资占主体的融资框架下，商业银行信贷资产在不同的经济周期，风险大相径庭，在经济繁荣时期，因为企业盈利情况良好，贷款质量往往不会发生问题；但在经济衰退时期，除直接影响银行经营收入外，还可能因为企业经营与效益受较大影响，给银行带来新一轮的不良资产。

此外，商业银行贷款规模的扩大成为我国固定资产投资高速增长的重要推动力量，但在经济过热随之而来的宏观调控，又让银行成了风险的重要承担者，银行信贷规模增长速度和投向受到"压制"，必将给银行的经营带来较大的风险。

## 三、银行业应对经济周期变化的对策建议

### （一）加大对经济形势和国家宏观政策的研究，建立宏观经济周期变化的提前反应机制

建立服务于决策层的专门机构负责研究国家的财政政策、货币政策、产业政策等宏观政策。加强宏观经济运行情况分析，把握金融监管当局的政策取向，了解全国各地区的经济发展情况，提出商业银行业务发展的重点区域、行业。密切关注国家产业政策的变化，加强行业及其信贷投放的跟踪分析，准确把握贷款投放行业的发展前景、市场空间及市场容量，强化行业信贷授信的总量研究与控制，并以此为基础建立提前宏观经济变动的反应机制，化解宏观经济周期波动造成的系统风险，避免因与国家或监管当局的政策抵触而导致的政策风险，从战略高度确定银行业务发展的重点方向。

### （二）调整优化信贷资产结构，建立适应宏观经济周期变化的"最优"资产组合

要减少宏观经济周期变化的冲击，关键要转换存量，优化增量，增加宏观政策支持或景气上升期的行业的信贷资产，减少受宏观调控影响大或处景气下降期的行业的信贷资产，建立一个多元化的有利于风险分散与效益最大化的资产组合。

1. 结构性调整新增资产

从总量入手，着力解决结构性的问题，一方面控制部分行业的过度投资和盲目发展；另一方面大力支持和鼓励一些薄弱行业的发展。即使对于过热行业，在政策上也不搞"一刀切"，该控制的坚决控制，该支持的大力支持。结构调整主要从以下三个方面着手：行业结构调整、客户结构调整、资产结构调整。

2. 针对性优化存量资产

对于经济周期转向萧条或者宏观调控而使得风险程度增加的贷款要执行信贷退出政策，将风险性贷款转换为现金或者较为安全的贷款。对已经转化为不良资产的贷款要转入不良资产的处置程序。对风险程度较高、出现一定支付危机的企业，应果断对其停止贷款，并通过采取多种措施积极回收贷款，无法回收贷款的要采取资产保全措施。对出现风

险因素但还有正常的现金流量和支付能力的企业，要本着以收回贷款为导向采取以进促退、逐渐退出的策略，通过增加贷款、增加抵押物和担保来保证贷款的安全。在信贷退出的时候，可以借鉴国外经验，采取贷款交易的形式，通过将贷款出售来实现。

### （三）加强利率风险管理，构建顺应宏观经济形势的资产负债管理体系

#### 1. 经济周期与利率的关系非常密切

一般来说，在周期的萧条阶段，利率水平最低；当经济走向复苏时，利率开始缓慢回升，到繁荣阶段达到最高。随着我国金融体制改革的进一步深入，利率市场化成了我国金融市场的改革方向，利率管理必将对商业银行经营与发展产生深远的影响。商业银行应审时度势，强化利率风险管理，及时调整自身的经营战略，实现高质量的持续健康发展。

#### 2. 建立科学高效的利率定价机制

强化利率管理分析，科学准确地预测利率变动方向、水平、结构和周期特点等，形成对金融市场的快速反应能力，尽量减少因利率变化而引起的负面影响。不断改进利率定价方式，根据金融市场总体利率水平，以及贷款费用、贷款收益、风险差异、同业竞争情况等因素，确定全行的基准利率，并根据不同的市场及客户信用状况授权一定的浮动幅度，提高利率管理的效力。

#### 3. 建立完善利率风险控制体系

强化管理，建立严格的利率管理规章制度，规范操作行为。加大对利率执行情况的调查、检查和监督力度，防范利率风险。

构建以利率风险管理为核心的资产负债管理体系。强化利率风险管理意识，逐步确立利率风险管理在资产负债管理中的核心地位，确保资产与负债总量平衡与结构对称。明确有关部门在利率风险管理规划、识别、计量、监控、评价等方面的权利和职责，引入利率敏感性分析和缺口管理技术，建立利率风险限额管理体系，确保利率风险头寸控制在可以接受的范围之内，把利率变动造成的负面影响降到最低，确保商业银行经济效益的稳步提高。

### （四）建立全方位的风险监管体系，加强宏观经济周期变化的风险控制

建立完善的风险管理体系，切实防范和化解金融风险，既是银行风险管理的重中之重，也是应对经济周期变动、实现可持续发展的一种现实选择。

#### 1. 建立前瞻性的风险监管体制，加强风险预测

以周期为基础来评估信贷资产的当前风险和未来风险，预测信贷项目的违约概率和未来可能发生的消极影响，并按照理性支持业务发展的要求，根据宏观经济形势、竞争态

势，及时调整风险管理政策、程序和方法，全面提高风险管理政策的前瞻性与适应性，提高风险管理的效率和有效性。

2. 建立立体化的风险监控体系，加强风险管理

进一步完善公司法人治理结构，明确董事会与经营层之间的权利和责任。董事会通过风险管理委员会实现对风险管理进行整体战略决策的管理；通过独立而权威的风险管理部门实现对银行内各机构风险的有机统一管理；通过科学完整的风险识别、衡量、监测、控制和转移实现对风险的全过程监理；通过合理明确的职能划分来实现风险管理职责在各业务部门之间、上下级之间的有效协调、联动管理。

3. 建立完善的风险准备制度，提高抗风险能力

国际上的大银行都把风险准备制度作为防范风险损失的最后堤防和生存的保障。当前，我国商业银行的风险管理体系并不完整，风险管理水平也不高，风险准备制度对于银行的持续经营就更为重要。因此，商业银行应当利用宏观经济繁荣的有利时期，建立足够的风险准备金，抓住盈利空间扩大的机遇，提高拨备覆盖率，防止未来的风险损失给银行持续经营带来影响。

（五）利用经济周期变化，提高不良资产的处置回报率

经济衰退期，往往是不良资产大量暴露的时期，也是商业银行急于处置不良资产的时期。但是，有一个事实是客观存在的，一些行业或项目在这个经济周期是不良资产，到下一个经济周期可能又转化成了优良资产，这有一个不良资产处置的时机问题。金融业必须要把握好经济周期变化的规律和特点，善于利用经济周期变化处置不良资产。要建立一种评估和盘活机制，对一些看准的行业或项目，宁可牺牲资金的时间价值，也不可盲目处置。

（六）加快金融创新，增强适应宏观经济周期变化的竞争能力

创新是企业生存与发展的动力。当今世界，在金融创新的实践过程中产生了前所未有的新工具、新技术和新市场，很大程度上革新了金融业传统的业务活动和经营方式，改变了金融总量和结构，促进了金融和经济的快速发展。在传统的银行经营理念下，银行经营更多地体现在存、贷款业务上，由于业务单一、产品匮乏，造成银行业受经济周期变化的影响极大，如果排除国家信誉这一保障因素，在经济剧烈波动的情况下，银行经营都将难以为继。因此，银行业必须加大业务创新的研究力度，不断探索出趋利避害的产品和措施，以更好地适应经济周期的变化。

### 1. 经营模式创新

简言之，就是要加快发展投资银行业务，实行"混业经营"。所谓"混业经营"，是指商业银行经营保险、证券等金融业务；广义上是指银行除经营保险、证券等金融业务外，还持有非金融公司的股份。按照当前我国金融发展的实际，银行可以采用金融控股公司模式进行混业经营，满足多元化的经营需求。当务之急要大力发展投资银行业务，利用我国市场发展的有利时机，把证券筹资者、投资者、券商、基金及其他中介机构作为重点，为证券发行、证券交易、融资融券、委托代理等方面提供服务，同时要注意为今后进一步的混业经营积累经验。时机成熟以后，有选择性地通过控股子公司，经营保险、证券等金融业务。

### 2. 业务方式创新

随着外资银行的进入，国内银行垄断竞争的态势进一步被打破，传统资产负债业务的利润空间将进一步被压缩，银行不可避免地要进入微利时代。因此，必须加大业务创新力度，以创新应对经济周期的变化和市场竞争的变化。业务方式的创新包括资产业务创新、负债业务创新、表外业务创新等方面。

### 3. 品牌管理创新

现代金融市场竞争是品牌竞争。一般来说，品牌不随着经济周期的变化而变化，是银行刚性的竞争力，也是银行应对经济周期变化甚至是经济危机冲击的最稳定的基础。要想让品牌具有长久旺盛的生命力，要制定推广品牌战略，通过持续不断的创新，促进产品更新、换代升级，培育新的品牌增长点，不断提高银行的竞争力和品牌价值。

## 第四节 宏观经济管理的主体

根据国民经济发展目标，制定和实施国民经济和社会发展的长短期规划；宏观调节，即运用各种政策和手段，协调国民经济发展的重大比例关系，协调各方面的利益关系；宏观监督，即通过制定各种法规，维护社会和经济秩序，促使宏观经济目标的实现；宏观服务，即通过提供信息、公共设施、社会保障等各种服务，为企业生产经营和人民生活创造良好的环境。

## 一、政府在宏观经济运行中的基本职能

### (一) 维护产权制度

产权明确界定及其保护，是市场经济存在与发展的基本前提。因为，市场经济是一种交换经济，交换的顺利实现，从而保证市场经济的正常运行，必须以产权的明确界定为基础，以产权保护为条件。实践证明，市场经济越发展，经济关系越复杂，产权界定和保护越重要。我们看到，现代国家的宪法都把保护财产权作为一项重要原则加以明确，但是在实践中，产权界定问题并没有完全解决。在市场经济不断发展的过程中，会形成新的产权关系，出现新的产权问题，使产权界定和保护的难度加大。如公共产权问题、知识产权问题等，都需要以新的思路，探索新的办法加以解决。

### (二) 维护市场秩序

市场经济是竞争经济。在市场经济条件下，逐利或追求利益的最大化，是商品生产者和经营者的直接动机，而为了实现利益的最大化，就可能出现竞争不择手段问题，导致市场无序和经济震荡，使市场经济无法正常运行。另外，市场竞争作为优胜劣汰的过程，其结果是市场份额逐步向少数优势企业手里集中，最终市场被少数乃至单个企业所控制，形成垄断。而在垄断条件下，垄断企业不必通过改进技术，降低成本，加强和改善管理，只要控制垄断价格，就可以获得垄断利润，结果使经济发展失去活力和动力。可见，无论是无序竞争，还是垄断，都不利于市场经济的健康发展。为此，作为宏观经济管理主体的政府，必须从经济发展的全局出发，承担起维护正常市场秩序的责任。通过制定规则，约束市场竞争主体的行为，对任何破坏市场秩序的竞争行为实施打击；通过制定法律，限制市场垄断，以保持市场竞争的活力。

### (三) 调节社会总供求关系

社会总供给与总需求的平衡，是市场经济正常运行的根本条件。社会总供给与总需求的平衡，实际上包括相辅相成的两个方面，即总量平衡和结构平衡。总量平衡是结构平衡的前提，结构平衡是总量平衡的基础。在自由竞争条件下，社会总供求的平衡是通过市场机制的自发作用实现的。但实践表明，仅靠市场的自发作用，要经常保持社会总供求的平衡是困难的，而且要付出沉重的代价，因为市场机制的作用具有盲目性。作为市场活动主体的企业，由本身地位所局限，很难通过全面掌握经济活动信息来正确预测和把握整个经济发展的方向和趋势，并使自己的投资行为与之相符合。当这些盲目行动在一定条件下汇

集成强大合力的时候，经济失衡就不可避免地发生了。为了避免出现严重的经济失衡或一旦失衡能尽快恢复平衡，就需要由了解和掌握经济发展全局的政府对社会总供求关系进行主动调节。

## 二、政府在市场失灵领域中的职能

### （一）抑制垄断势力

经济学理论认为：企业规模大会带来效率，但它也会带来市场权势和免于竞争的压力。竞争的自由可能蜕变为串通的自由或吞并竞争对手的自由。所以，政府需要采取措施来抑制垄断势力。政府常常控制垄断企业的价格和利润，如对地方公用事业的控制，禁止合谋定价等。

### （二）控制外部效应

当社会人口更加稠密时，而且当能源、化学制品和其他原材料的生产量更快增长时，负数溢出效应（或负外部效应）就由微不足道的损害而增长成为重大威胁。这就是政府参与所具有的意义。政府必须制定法规（如反污染法、反吸烟条令）来控制外部效应，如空气和水的污染，不安全的药品和食品，以及放射性的原材料。尽管批评者抱怨声称：政府的经济活动是不必要的强迫。可是现在大多数人都赞成：需要政府来控制由于市场机制而引起的一些最坏的外部效应。

### （三）促进社会财富公平分配

市场经济既然是以承认差别为前提的竞争经济，那么在竞争基础上出现收入差距甚至差距不断拉大就是一种合乎规律的经济现象。必须看到，没有差距就没有效率，否定收入差距，就不可能有真正的市场经济。但是，收入差距过分拉大，反过来会影响效率，影响经济的稳定发展，引起社会两极分化及不同阶级和利益群体的严重对立。单靠市场机制来调节收入分配，无法形成既能够促进经济效率不断提高，又能促进社会和谐、稳定的公平合理的社会分配关系。市场调节的不足，需要由政府主导的收入再分配来弥补和纠正。政府的收入再分配职能，主要通过财政收支来实现；随着政府收入再分配职能的系统化、规范化发展，社会保障制度逐步建立健全起来，成为政府对收入分配关系实施调节的重要途径。

## 三、政府在开放经济中的职能

开放经济条件下，后进国家在经济发展中所面临的首要任务是赶超先进国家。从历史上看，先进国被后进国赶超的例子不少。作为近代经济史上的第一个先进国——英国，其经济霸权地位最终被美国这一后进国所取代，其后又被众多其他后进国相继超越；美国在20世纪50年代初期，其经济占据全球经济的主导地位，经过几十年变化，日本和德国都缩小了与美国的差距，而今天的日德两国又开始面临其他更多后进国家对它们的赶超。对于后进国家，政府正确地认识到作为后进国所面临的优势与劣势，并在相应的赶超过程中扬长避短是最为重要的。为此，就需要政府在以下几个方面发挥其积极的干预作用。

（一）根据国际贸易条件，确定合理的主导产业

这通常需要考虑这样一些因素，即国际上先进国已有生产者的竞争力所带来的劣势，国际市场的有利条件，国内要素的结构。只有如此，才能建立起一批能够参与国际竞争的主导产业，并通过国际贸易获得利润而实现资本积累，进而增加就业机会，带动国内其他相关产业的发展。当已经建立起来的主导产业其市场（国内外）趋向于饱和时，便需采取果断措施进行产业的调整，以便通过主导产业的更新换代来保持不衰的国际竞争力。

（二）吸收先进国的技术优势，加快经济发展

当然，吸收的技术要符合本国的禀赋结构和产业特征，不合适的则要加以改进。吸引外资发展本国经济被证明是一条可行的途径，但外资所有者与后进国政府在合作中必然存在利益的矛盾，如何管理外资、发展本国产业是个关键的问题。

（三）为国内企业家参与国际竞争提供必要的支持

开放经济使国内市场与国际市场连在一起，如果没有政府给予企业家必要的支持，那么国内企业无论是在本国发展还是向国外投资都将面临很大的风险。

（四）建立符合本国的制度安排并使这些制度安排与国际接轨

发展中国家使本国的制度安排尽可能地与国际接轨主要有以下两个方面的好处：一是可以提高国际竞争力；二是可以减少对外开放的交易费用。

## 四、政府在经济转型期的职能

这些国家的政府在市场经济的建立、完善和管理上，在社会环境的改善等方面有许多特殊的工作要做，主要是：

### （一） 推动市场体系的建立和完善

作为一种制度性安排的市场经济是无法完全靠自然、自发的力量，不花任何代价就能在短期内实现的。当市场体系尚未建立和完善的时候，政府不发挥积极的作用，可能会导致更多的经济问题和社会问题。因此，政府不仅要积极推动社会变革，而且还要尽快促进市场体系的形成和完善。

### （二） 促进社会保障体系的形成

经济转型国家中与市场体制相适应的社会保障体系往往不健全。尤其像中国这样一个人口大国，原来在社会保障方面的基础比较薄弱，依靠的是国有企事业单位的微薄力量来维持就业和基本生活保障。而大量国有企业经营效率低下，在改革中企业破产、兼并、重组的进行必然会出现人员裁减，剩余劳动力大量流向社会，造成失业队伍迅速扩大，这就向我国的社会保障体系提出了挑战。不解决好这些问题，不能够保持社会的稳定，就会影响改革的顺利进行。因此，建立、健全我国的社会保障体系，积极筹集和合理分配养老金、失业金、医疗保险金、贫困救济金等，单靠企业或个人的力量是难以做到的，政府在其中有着任何其他社会组织无法替代的作用。

### （三） 国有资产的有效管理

原来的计划经济体制国家中，国有资产都有相当大的规模，国有经济一般占据着国民经济的主导地位。因此，在改革的过程中，如何防止国有资产流失，实现国有资产保值和增值，提高国有资产的运营效益，是政府义不容辞的责任。

### （四） 自然环境和社会环境的治理

环境是一种公共物品。在许多国家的发展过程中，尤其是像中国这样经济持续快速发展的国家，自然环境和社会环境都有不同程度的恶化。这实际上是对未来的一种"透支"。人们现在不但要忍受环境污染和社会秩序恶化所带来的种种短期后果，还将在未来为此付出更高的代价。因此，从长远和全面的角度来看，政府应该责无旁贷地对此采取积极的管理措施。

# 第五节　宏观经济管理目标

宏观经济管理目标是指一定时期内，国家政府对一定范围内经济总体进行管理所要达到的预期结果。宏观经济管理目标是宏观经济管理目标的出发点和归宿点，也是宏观经济决策的首要内容。从我国社会制度、经济体制和目前的国情出发，我国宏观经济管理目标总的概括应是，在有利于发挥市场基础调节作用和企业自主经营、增强活力的情况下，通过正确发挥政府宏观经济管理职能，保证整个国民经济持续、快速、健康地发展，以达到不断取得较好宏观效益、提高人民物质和文化生活水平的目的。宏观经济管理目标有四个方面的内容。

## 一、经济稳定目标

宏观经济调控是社会主义市场经济的重要组成部分。国家明确地将促进经济增长、增加就业、稳定物价和保持国际收支平衡，作为宏观调控的四大主要目标。实现这些目标，对完善社会主义市场经济体制，促进全面建设小康社会具有重要的意义。宏观经济管理目标是宏观经济管理的出发点和归宿点，也是宏观经济决策的首要内容。宏观经济管理目标主要有经济稳定目标、经济增长目标、宏观效益目标、生活水平目标等。

### （一）经济总量平衡

经济总量平衡是指社会总供给与社会总需求在总量和主要结构上的基本平衡。其中，总量平衡主要是指一定时期内国内生产总值和国外商品、劳务输入与投资需求、消费需求和国外需求的平衡。结构平衡主要是指投资品与投资需求、消费品与消费需求的平衡。在宏观经济调控中总量能否平衡是一个主要矛盾。抓住这个主要矛盾把总量控制住，就不会造成大的经济波动，以引导整个国民经济健康运行，为微观经济创造一个合理顺畅、公平竞争的宏观经济。从我国近些年的经验数据分析，我国社会总供需差率一般要控制在5%左右。

### （二）国际收支平衡

国际收支平衡是指一国对其他国家的全部货币收入与货币支出持平或略有顺差或逆差。货币往来是指经济交易。国际经济交易按其性质分为自主性交易和调节性交易。随着对外开放政策的深入贯彻，我国经济对外联系日益扩大，使对外经济关系出现了新变化，主要表现为国际收支平衡与国内经济稳定增长。国内经济平衡与国际收支平衡存在相互依存、相互制约的关系。国内经济可以把不平衡的矛盾适度转移到国际收支环节，以利于维持国内经济在一定时期内的稳定增长。

### （三）物价稳定

物价稳定主要有三种含义：一是指物价总水平的稳定；二是指主要商品特别是某些主要消费品物价总水平的稳定；三是指物价上升水平稳定地低于居民平均收入增长的水平。保持物价总水平的相对稳定，其衡量的主要指标是物价总指数。我国市场经济的价格机制绝不是政府对价格撒手不管。物价总指数的上升趋势，使各种商品的比价在动态中变化，有利于价格体系的改革，有利于经济结构的调整，但价格改革必须在国家宏观调控之下，以防引起通货膨胀。只要物价上涨的幅度是在社会可容忍的范围内，不超过3%~5%的年率，即认为物价稳定。

## 二、经济增长目标

宏观经济管理不仅要稳定整个国民经济，更重要的还要促进其不断发展。

### （一）适度投资规模

这是影响经济增长的直接因素。所谓适度，就是既能满足一定的经济增长需要，又充分考虑一定时期内人力、物力、财力的可能。

### （二）合理的产业结构

产业结构合理，经济良性循环，经济效益提高；反之，经济运行阻滞，经济效益下降。调整产业结构主要有两条途径：一是调整投资结构，通过增减对某种产业的投资而影响其发展速度；二是改变现有企业的生产方向，促使一些企业转产。

### （三）科学技术进步

要促使经济增长，必须要重视科学技术的发展。

## 三、宏观效益目标

宏观经济管理所追求的效益是指宏观效益。

## （一）宏观经济效益

宏观经济效益既表现为一个国家一定时期内国民生产总值或国民收入的增加，又表现为一个国家一定时期内人民物质文化生活水平的总体提高。宏观经济效益是国民经济各部门、各单位微观经济的综合。因此，在一般情况下宏观经济效益与微观经济效益是统一的，但在有些情况下也存在矛盾。因为有些经济活动在局部看来是合理的，但全局看来是不合理的，因此其局部经济效益的提高就不会促进宏观经济效益的提高。在这种情况下，国家政府就要运用一定的宏观经济管理手段，引导其行为，使微观经济效益与宏观经济效益尽量达到统一。

## （二）社会效益

社会效益是指在经济发展中，某些经济行为如产品的生产、利润的增加、技术的采用等，对整个社会的发展和进步所产生的作用及影响，主要表现在精神文明建设方面。如果某些经济行为对社会发展和进步，对人类精神文明建设有积极作用和影响，称为正社会效益，否则就是负社会效益。宏观经济管理不仅要追求较好的宏观经济效益，而且也要追求较好的社会效益。

## （三）生态效益

生态效益是指经济发展对生态平衡、环境保护所产生的影响。现代化生产为自然资源的合理开发创造了条件，但是也为环境污染和生态平衡的破坏提供了可能。环境保护、生态平衡是关系资源再生和人类生存的大事，因此在宏观经济发展中不仅要追求经济的快速发展、先进技术的采用和劳动效率的提高，而且要注意生态效益，使经济发展有利于环境保护和生态平衡。

## 四、生活水平目标

不断满足广大人民日益增长的物质文化生活水平的需要是社会主义的生产目的，也是宏观经济管理的最高目标。在整个国民经济发展中，经济稳定、经济增长和宏观效益的提高都是人民物质文化生活水平不断提高的直接影响因素和前提条件。

## （一）提高民族素质，适度控制人口

要使人民物质文化生活水平不断提高，必须要一方面通过发展经济提高国民生产总值和国民收入的水平；另一方面也要控制人口的增长，提高民族素质。否则，如果人口增长速度超过国民生产总值或国民收入的增长速度，那就意味着人均国民生产总值或人均国民收入的下降，意味着人民物质文化生活水平的降低。

### (二) 充分就业

充分就业通常指凡有能力并自愿参加工作者，都能在较合理的条件下，随时找到适当的工作。一般把失业率低于 3%～5% 看作该社会能够充分就业。市场经济下可以有失业，可以有下岗，优胜劣汰。但是，下岗不是目的，政府通过再就业工程，通过培训，使下岗职工找到适合自己的工作，并使其有竞争压力。我国劳动就业问题比较突出，必须认真对待，它不仅关系到经济的发展，而且是实现社会安定的重要一环。

### (三) 公平分配

市场机制不可能自动实现社会公平，它只能在等价交换意义上实现机会均等的平等精神。我们一方面是利用市场机制，把利益得失作为竞争的动力，鼓励一部分人靠诚实劳动、合法经营先富起来，推动社会进步；同时也要重视我国目前还处于低收入水平阶段，必须把社会各阶层人民生活水平普遍提高作为社会主义制度优越性的体现。要通过税收等政策手段消除由于客观条件所造成的苦乐不均现象，防止地方、企业及个人收入之间差距悬殊，并通过社会保障体系解决低收入阶层的基本生活。

### (四) 建立和完善社会保障体系

社会保障体系包括社会保险、社会救济、社会福利、优抚安置、社会互助和个人储蓄积累等保障。

## 第六节　宏观经济的监督

对宏观经济进行监督的形式和内容主要有：第一，依靠综合经济管理部门进行经济监督；第二，依靠行政手段对经济活动进行监督；第三，依靠法律手段进行经济监督。要依照依法治国的基本方略，加强宏观经济的监督。首先，需要完善各种经济法律法规，做到有法可依；其次，要加强执法和监督力度，提高执法水平，切实做到有法必依，执法必严；最后，推进司法体制改革，建立权责明确、行为规范、监督有效、保障有力的执法体制。

随着时代的不断发展，我国已经进入高速发展的新时期，而随着市场经济的深入影响，·我国经济体制也发生着日新月异的变化。而宏观经济政策一直以来都是我国主要的经济调控手段，一方面它可以保证大部分公民获得稳定的就业，遏制物价上涨和下跌，同时也能够保证经济进入稳定的增长阶段，保证净出口收入支出的均衡。而对于宏观经济政策的调控主要取决于国家审计机关的合理监督和管理，这也是保证社会安定的重要基础。

## 一、界定职责，创造审计条件

针对目前审计部门在审计风险及审计职责范围方面存在的问题，首先，政府部门需要修订目前的《审计法》，并且在法规中明确界定国家审计部门对国际宏观经济政策的实施具有监管职能，能够参与到宏观经济调控政策、经济项目、国企发展等重要项目的决策和修改，从而为审计部门创造基本的审计条件，保证对于经济政策的审计监管能够有效达成。

## 二、加强范围，保证全面监管

对于目前审计情况而言，需要对审计部门的审计范围进行扩大，坚持以预算审计为中心，同时加强对财政政策方面的审计监管，如对财政税收政策和政府决策的落实情况进行监管，同时对于政府方面的债务情况进行审计，保证审计过程的有效性和合法性，让审计能够更加全面和完善。

## 三、关注扶助，保证政策落实

对于目前审计存在的问题，审计部门首先需要重点关注一些国家扶助产业的政策落实与监管情况，保证中小型企业的优惠政策得到推广和落实，让中小企业得到长久的发展，同时普及国家减负政策，让企业坚持按照政策履行自身的社会责任及义务，同时对于乱收费现象进行遏制与杜绝，保证审计的质量及效率。

## 四、公开流程，接受民众监督

为了保证审计的公平性及透明化，审计部门应当酌情对审计流程进行筛选，对于涉及国家机密及信息安全的流程不予公开，而对于一些宏观经济调控政策或者惠民扶助政策的审计都需要通过公告进行公示，从而让群众对审计的流程和内容都有知情权与监督权，也能更好地体现出宏观经济政策本身就是服务于人民的基础思想。

审计工作本身就是一个比较注重效果及流程的工作，对于审计部门而言，要想提升审计的有效性，首先就需要提升自身的审计要求，扩大审计的范围以及监督管理的力度，对于国家一些扶助政策要进行关注和监管，保证政策的合法性和切实性，同时保证审计的流程公开化、透明化，让审计工作能够更好地推动国家的发展，为人民服务。

# 第三章
## 区域经济发展理论与战略 >>>

## 第一节　区域和区域经济

### 一、区域概述

#### （一）区域的界定

"区域"是区域科学研究中的核心概念，英文用 Region 一词来表示区域。"区域"是一个意蕴广泛而又相对的概念。如何界定和划分区域，这是区域经济理论研究中首先面临的一个重要问题。学术界对"区域"一词并没有明确的定义，其大小也完全取决于研究的目的和问题的性质。"区域"概念之所以难以界定，主要源于以下几个原因：一是根据研究问题的重要性和类型，区域的大小可以在相当大的范围内变动；二是区域的邻接性问题，即在把国家划分成区域时，不能出现"飞地"；三是许多学科涉及区域问题，不同学者从本学科的研究目的出发，对区域的界定和划分往往有不同的看法。

从更一般的角度看，区域是指根据一定的目的和原则而划定的地球表面的一定范围的空间，是因自然、经济和社会等方面的内聚力而历史奠定，并具有相对完整的结构，能够独立发挥功能的有机整体。

#### （二）区域的特征

##### 1. 地域性

地域是一个地域空间概念，是某个整体中的一部分，是局部的概念。它指的是人类经济活动及其必需的生产要素存在和运动所依赖的"载体"——地域空间，这种经济活动的载体由于自然、社会、历史、经济、文化等诸因素作用，形成一个复杂的有机结合体。地域空间的概念还有水平延展变化的特性，这是从平面上划分经济区域的依据所在。每一项经济活动都必须落实在一定的区域上，从空间维度来分析，考察经济活动就构成了区域经济学的根本出发点，这是理解与解决区域问题的关键。

2. 结构性

结构性主要表现为以下三个方面。

(1) 层次性

如城镇体系就是一种区域的典型的层次结构，中心城市控制次级城市，次级城市控制小城镇，小城镇控制农村；层次性还体现在区域有大小之分，大的系统包含次一级小的系统。

(2) 自组织性

自组织性主要表现为区域的竞争和集聚等方面，它往往反映了区域的系统性的一面。

(3) 稳定性

稳定性是指区域的客观性及地域上的不变性，如果区域是不稳定的，那么区域的整体性难以体现。

3. 可度量性

每个区域都是地球表面的一个具体单元，可以在地图上被画出来，它有一定的面积，有明确的范围和边界，可以度量。区域的边界可以用经纬线和其他地物控制。

与可度量性紧密联系的是区域和区域之间在位置上的排列关系、方位关系和距离关系。

4. 系统性

区域是系统的，区域的系统性反映在区域类型和区域内部要素的系统性两个方面。区域的性质取决于具体客体的性质，具体客体的多样性决定了区域类型的多样性，地表上的几何自然客体、社会经济客体都要落脚到一定的区域。

每个区域都是内部各要素按照一定秩序、一定方式和一定比例组合成的有机整体，不是各要素的简单相加。

5. 开放性

一个独立的区域并不是一个封闭的区域，它是在一国总体目标的指导下，不断与外界进行物质与能量交换、优化调整自身组织结构、发挥自己独特功能的单位。没有对外的开放性，就很难找准其生存的位置；失去总体目标的导向，就会走向无序、无度，陷于盲目、封闭、僵化、停滞之中。通常，各区域在发挥各自比较成本优势、追求自身利益最大化的同时，也会随之建立起一套各具特色、专业化突出的经济结构，塑造自身在整体中的地位与形象。

（三）区域的分类

在研究区域经济问题时，应根据不同的目的和需要，分别从均质区域、规划区域和极化区域的角度去划分区域。

1. 均质区域

均质区域是指形态上内部性质相对一致，而外部差异性最大的地表连续的形态。一个区域内部绝对的一致性是不存在的。采用均质区域方法就是在研究区域经济问题时，着眼于区域内部的共性及区域相对于广域而言的个性，重点把握每个地带的特点、作用及相互之间的差别。

2. 规划区域

规划区域亦称计划区，是指政府在经济决策时，按照政策的目标而界定的区域。规划区域即政府实施经济决策的地区，这实际上赋予该地区一种同一性。规划区域一般建立在均质区域或结节区域基础之上的。区域内自然条件、社会和经济特点的相似性，以及各组成部分之间经济联系的紧密程度，是政府确定规划区域的两个重要依据。如果规划区域的划分没有考虑到区域内各地域单元的经济特点和功能联系，规划区域不加选择地界定，那么包括在规划区域之内的某些地区可能会与区域外的节点有着更高的相互依赖程度，这样将会影响规划决策的有效性。一般情况下，结节区域就是理想的规划单元。从这一点来说，结节区域与规划区域是一致的。

由于任何一项区域政策的实施都需要执行的权力，而这种权力更多是由政府而不是私人机构掌握，因此规划区域的划分还必须考虑到行政区划因素。其边界的确定一般以现有行政区域体系为基础，适当照顾到行政区域的相对完整性，以有利于基本数据的收集和政策的贯彻实施。正如埃德加·M·胡佛（美国区域经济学家）在论述区域的性质时所指出的："最有用的区域分类，也就是那些遵循行政管理范围的边界划分而成的区域了。"

为了便于政策的实施，提高政策的效果，规划区域一般要求有明确的界线，其地域规模也不宜太大。否则，如果地域界线不明，各项政策措施将难以具体落实到地区，因而也就难以真正得到有效的实施；如果规模太大，政府在制定和实施政策的过程中，将会感到心有余而力不足，因为政府的能力终究是有限的。

3. 极化区域

"这是中心地与周围地区在经济上相互关联和相互作用的异质连续的经济地理范围，通常是指由中心城市作为增长极，其影响沿交通线向周围地区辐射、扩散而形成的区域。"中心城市是极化区域经济的重心，周围地区得益于中心城市的带动作用而发展。在中心城市的引力作用下，中心以外的各个部分向它聚集，形成相互间紧密联系和一体化的经济区域，其中的核心即佩鲁增长极理论中的"发展极"。采用极化区域方法研究区域经济问题，是要突出区域的经济重心，通过区域中心地与周围的联系来认识区域。把握好区域经济重心的发展；同时，在研究区域与其他区域的相互关系时，把握好区域之间相互作用的着力点，即中心地。此时，可将极化区域看作一个点，故极化区域又可称为节点区域。

## 二、区域经济概述

### （一）区域经济的界定

区域经济是国民经济的子系统，是具有鲜明区域特色的国民经济，是在经济上有密切相关性的一定空间范围内的经济活动和经济关系的总称。它是以客观存在的经济地域单元为基础，按照地域分工原则建立起来的具有区域特点的地域性经济。

### （二）区域经济的特征

#### 1. 区域性

区域经济是一个国家经济的空间系统，主要从空间角度研究经济活动规律。经济活动不管何种部门（产业）和处于什么发展阶段，都必须落实到一定的区域空间。

把经济活动置于空间维来考察，这是理解区域经济的"钥匙"。正因如此，"区域"和"空间"在区域经济学文献中往往成为可以相互换用的名词。因此，区域性是区域经济最基本最显著的特征，也是与国民经济、产业经济最显著的区别。在区域经济看来，区域是能够在国民经济分工体系中承担一定功能的经济区。各个区域的不同特性，使区域经济烙上强烈的地域性特点。

#### 2. 综合性

区域经济是一个相对独立而内部又有密切联系的有机系统。区域经济的构成要素既有地域要素，又有产业要素；既有经济要素，又有非经济要素。区域经济既涉及生产领域的活动，又涉及非生产领域的活动。区域经济联系表现为产业间和地区间经济联系的综合与交叉，因此任何区域的经济活动尽管各具特色，但都具有一定的综合性。

#### 3. 发展的不平衡性

由于自然、社会、经济条件的影响，区域经济发展具有空间不平衡性。有自然资源的差异，包括地理位置与气候、地质地貌、土壤、植被、地下矿藏、水力、森林等；有经济活动的差异，包括劳动力、资金、技术等要素流动与配置的差异，生产发展水平高低与规模大小、产业结构与成长演进、市场容量与发育程度、经济活动成本与效率的差异，等等。此外，还有人文环境与其他非经济因素的差异，包括人口的数量、素质、密度，以及民族信仰、历史文化传统、社会发育程度、居民性格特征、风俗习惯等方面的差异。这些差异的存在必然导致区域间经济发展的不平衡性，表现为区域间在经济实力、经济增长速度、经济发展水平和人民群众生活水平上的不平衡。

# 第二节　区域经济发展理论

## 一、马克思、恩格斯的区域经济发展理论

### （一）生产力平衡分布论

平衡布局生产力是马克思主义经典作家在设想未来社会主义社会资源配置的主要模式。他们认为："任何事物的发展都是渐进性与飞跃性、前进性与曲折性的统一，都经历由不平衡到平衡，再由平衡到不平衡的过程。"

恩格斯在《反杜林论》中首先提出未来的社会主义社会，地区经济要统筹规划、平衡布局的思想。他指出："从大工业在全国的尽可能平衡的分布是消灭城市和乡村的分离的条件这方面来说，消灭城市和乡村的分离也不是什么空想。"

恩格斯提出的"平衡分布"，是指通过生产力的合理布局，尽可能地在更大范围内建立起科学的合理的地域分工和区际联系，把各地的自然资源、劳动力资源、科学技术，吸引到国民经济发展上来。并通过生产力的平衡布局，充分合理地利用各地区的自然资源、人力资源和经济资源，逐步消灭各地区间在经济技术上的巨大差距，为最终消除城乡之间、工农之间和体力劳动与脑力劳动之间的差别，实现各尽所能，按需分配的共产主义社会创造必要的条件。

### （二）城市经济理论

1. 城市是经济中心论

（1）城市是工业生产和商品交换集中的地方

马克思和恩格斯指出："城市本身表明了人口、生产工具、享乐和需求的集中。"城市的这种集中归结起来即工业生产和商品交换的集中。马克思和恩格斯不仅揭示了城市经济集中的特点，还深刻论述了城市经济集中的客观必然性。这种集中是分工协作的需要，它给开办企业以便利。恩格斯指出："城市越大，搬到里面来就越有利，因为这里有铁路，有运河，有公路，可以挑选的熟练工人越来越多；这里有顾客云集的市场和交易所，这里

跟原料市场和成品销售市场有直接的联系。这就决定了大工厂城市惊人迅速的成长。"恩格斯所说的,一般来说对小城市也是适用的。

(2) 城市是社会经济活动的纽带

马克思和恩格斯就当时英法等国的状况,深刻地揭示了中心城市、城市体系与全国经济活动的内在联系。他们首先指出,城市的分工联系,冲破了地域限制。"城市彼此发生了联系,新的劳动工具从一个城市运往另一个城市,生产和商业间的分工随即引起了各城市间在生产上的新的分工,在每一个城市中都有自己的特殊的工业部门占着优势。最初的地域局限性开始逐渐消失。"只有依赖中心城市,才能建立完整的工业体系。

2. 城乡融合论

马克思和恩格斯的城乡融合论具体体现在以下几个方面:消灭城乡之间的对立取决于许多物质前提。"城乡融合"在经济发展水平相当高的条件下"不仅是可能的",而且"成为工业生产本身的直接需要";实现"城乡融合"有利于"解决大城市发展中存在的环境问题,有利于促进经济、社会、生态环境的协调发展"。因此,有城市学研究工作者认为,恩格斯所提出的城乡融合实质上与城乡一体化完全是一个含义。

## 二、其他经济学的区域经济发展理论

### (一) 增长极理论

增长极理论是由法国经济学家佩鲁首次提出的,最初概念的出发点是抽象的经济空间,以部门分工所决定的产业联系为主要内容。佩鲁着重强调产业间的关联推动效应,认为增长是以不同的强度首先出现在某些增长部门,主要是规模大、创新能力高、增长快速、居支配地位的且能促进其他部门发展的推进型单元,即主导产业部门,通过不同渠道向外扩散,从而推动整个经济的增长。布代维尔(法国经济学家)将增长极概念推广到了地理空间,认为经济空间不仅包含了经济变量之间的结构关系,也包括了经济现象的区位关系或地域结构关系。增长极既指推进型主导产业部门,又指区位条件优越的地区。增长极的作用主要是:第一,区位经济。区域的集中,可使劳动力市场、原材料市场、产品供应市场形成共享,加强了企业之间的技术交流和共同承担新产品开发的投资,从而使经济活动活跃,形成良性循环。第二,规模经济。企业由于经济活动范围的增大而获得内部的节约,使边际成本降低,从而获得劳动生产率的提高。第三,外部经济。这是增长极形成的重要原因及结果。经济活动集聚往往使一些厂商免费获得某些产品和劳务,从而获得整体收益的增加。

增长极形成与发展过程会产生极化效应和扩散效应,其中极化效应促使生产要素向增长极的回流和聚集，扩散效应促使生产要素向周围不发达地区的扩散。在增长极的形成阶段，极化效应占主要地位，增长极发展到一定程度后，极化效应削弱，扩散效应加强。增长极效应是一种多种效应的综合，如上下游效应、集聚效应和互利效应等，因此，增长的过程是一个由点到面、由局部到整体依次递进、有机联系的过程。在实际应用增长极理论时，首先，必须要认真挑选增长极所位于的产业与区域，产业必须具有明显规模经济效应，该地区内应当存在具有创新能力的企业群体和企业家群体，还要有适宜经济与人才创新发展的外部环境，如良好的基础设施、恰当的经济政策与人才引进机制等；其次，针对现代市场充满垄断和不完善，无法自行实现对推进型企业的理性选择和环境管理问题，政府应对某些推进型企业进行补贴和规划；最后，在经济发展到一定程度时，政府应积极进行干预，加强增长极的扩散效应，推动增长极周边区域的经济发展，避免陷入循环因果累积。

## （二）"核心—边缘"理论

"核心—边缘"理论是弗里德曼在其学术著作《区域发展政策》一书中正式提出来的，该理论的基础是经济发展的阶段性和区域发展的不平衡性。该理论认为，核心与边缘是区域的基本构成要素。核心区是社会地域组织的一个次级系统，能够产生和吸引大量的革新；而边缘区是另外一个次级系统，它与核心区之间相互依存，其发展方向主要取决于核心区的发散效应的大小。核心区与边缘区共同构成一个完整的区域空间系统，而且核心区在该系统中居于支配地位。核心区与边缘区之间有两种不同的联系，即前向联系和后向联系。一方面是核心区与更高层次的核心区之间的联系，以及核心区从边缘区获取原料；另一方面是核心区向边缘区提供商品流、信息流和技术流。通过这两种联系，可以发展核心区，带动边缘区。在区域经济发展的过程中，核心区对边缘区可以产生两种完全不同的效应。一种是正效应，即核心区的发展所取得的成效可以扩散到边缘区，使边缘区升级成为次级核心区，即核心区的扩散效应；另一种是负效应，即由于核心区本身的利益驱使和吸引，使边缘区的劳动力、资金、技术和人才等要素流入核心区，逐渐削弱边缘区的发展机会，即核心区的极化效应。

## （三）循环累积因果理论

20世纪50年代，瑞典经济学家缪尔达尔提出循环累积因果理论。该理论认为，某一社会经济因素的变化会引起另一社会经济因素的变化，而第二轮变化又会反过来推动最初的那个变化，导致社会经济过程沿着最初的那个变化的方向发展。因此，从消极意义上看，落后地区经济循环体系的运行若不摆脱恶性循环，就有可能不断积累导致落后的因素而不能自拔。从积极意义上看，区域内有生命力的增长点的出现会通过乘数效应而逐步扩展，并创造出新增长点或扩大增长中心。这个过程循环不已，一旦启动，就像滚雪球一样越滚越大，引致区域经济的快速发展。

该理论认为，经济发展过程首先是从一些较好的地区开始，一旦这些区域由于初始发展优势而比其他区域超前发展时，这些区域就通过累积因果过程不断积累有利因素继续超前发展，导致增长区域和滞后区域之间发生空间相互作用。发达地区（城市或增长极）在经济循环累积过程中同时存在回流和扩散两种不同的效应，这两种效应对增长极周边地区的经济发展产生阻碍作用或推动作用。

回流效应也称极化效应，对增长极周边地区的经济发展会产生阻碍作用。回流效应表现为各生产要素向增长极聚集的过程，即资金、物资、能量、信息和人才等向发达地区集中的过程。这种集聚过程造成了周边地区原本就稀缺的资源因向发达地区集中而更加稀少，从而使落后地区经济发展因生产要素的不足而降低发展速度，区域经济差异因此而不断扩大。

扩散效应对增长极周边地区的经济发展产生推动作用。扩散效应表现在当发达地区经济发展水平达到一定程度时，会产生"聚集不经济"，从而促使产业向四周扩散，各生产要素从发达区域向不发达区域流动，从而促进落后地区的发展，使区域发展差异得到缩小。

# 第三节　区域经济发展战略的准则

## 一、区域经济发展战略简述

### （一）区域经济发展战略的概念

"战略"一词最早是军事方面的概念。战略的特征是发现智谋的纲领。在现代，"战略"一词被引申至经济领域，其含义演变为泛指统领性的、全局性的、左右胜败的谋略、方案和对策。区域经济发展战略是指为一个国家或区域在一个较长历史时期，对其经济、社会发展的总目标、总任务以及实现总目标、总任务的关键性对策所做的全局性、长远性和方向性的谋划。

（二）区域经济发展战略的特征

1. 主动性

作为决定全局的谋划的区域经济发展战略，其本质特征在于争取、保持和发挥全面的主动性，主动性之所以成为战略的本质特征，是因为其反映了区域经济这一系统全局的一种品质和性能，反映了系统保持和提高自身生存的能力。掌握主动性，系统会由弱变强或强而越强；丧失主动性，系统会由强变弱或弱而越弱。主动性的表征是系统保持和提高自身生存的能力，与系统生存的稳定性、适应性和有效性有关。通过战略研究，可以把握系统发展的主动性，使系统达到一种具有主动性的结构和状态，从而在环境变化时保持其稳定性和适应性，并表现出较强的自组织性、自适应性，显示出强大的内聚力和吸引力，使系统的整体功能得到最大限度的发挥。主动性体现在战略的筹划之中，要靠战略的实施来实现。

2. 预见性

预见性即具有较强的预见性或前瞻性。预见性有狭义和广义之分，狭义的预见性是指在制定远景目标时，对经济发展的规模、速度和水平等指标的预测，其特点是时间越短，预测误差就越小；而时间越长，预测误差就越大。广义的预见性还要预测未来产业结构变动的基本态势，把握区域政策变动的方向及区域发展趋势。

3. 全局性

一个区域的经济建设是丰富多彩、包罗万象的。经济发展战略必须反映出经济运动各方面的要求，能够总揽全局，协调各方面的发展，兼顾各方利益，而不能有片面性，更不能只及一点、抓小弃大。经济发展战略必须从宏观上达到区域内部和外部进入的资源最有效地配置与利用，以实现区域经济最大的宏观效益。

4. 政策性

经济发展战略一经确立，就必须通过政府权力系统的运作加以实施。因此，战略必须具体落实到政府的一系列政策和具体法规、措施上，尤其是在财政政策、金融政策、产业政策、投资政策、外经贸政策、价格政策、劳动就业政策和收入分配政策等方面体现出发展战略的指导原则，在社会经济运行中发挥切实的政策性效应，产生宏观调控的作用。

## 二、区域经济发展战略的准则

区域经济发展战略的准则主要有均衡准则、协调准则、速度和效益并重准则、经济和社会统一准则、对策与目标统一准则和可持续发展准则六项。

## （一）均衡准则

从全球范围来看，中心和边缘就是发达国家和发展中国家之间的关系；从一国之内来看，就是发达地区和欠发达地区之间的关系；从一个地区来观察，就是城乡之间的关系；从一个城市来观察，就是市区和郊区的关系。

中心和边缘的存在有其相互依存的一面，如城市里集中了工业和商业，相应地也会集了科技文教事业；而农村里则主要经营农业。这种产业分工格局使城乡之间在经济上有一种内在联系，农村为城市提供粮食、原料和劳动力，而城市则为农村提供日用工业品和机器设备。城市里的商业和服务业则为城乡之间的交流服务。这是城乡之间，即中心和边缘之间相互促进、相互依存的一面。但是，更突出的是城乡之间，也即中心和边缘之间的差别、摩擦和矛盾。

### 1. 生产力发展水平的差别

现代的先进的生产力集中在中心地带，而传统的相对落后的生产力则集中于边缘地带，因而中心和边缘的生产方式迥然不同。

### 2. 社会文明程度的差别

现代的科学技术、高等教育、文学艺术和时尚的文化理念等都集中在中心地带，传统的手工技术、初等教育、过时的理念和缺乏文化气息等则集中在边缘地带。中心和边缘的社会发展水平差异甚大。

### 3. 居民收入水平的差别

中心和边缘地带居民收入水平的差别比较明显。居民收入水平的差别不应只看数字的多少，更应注重由收入水平的差别而引发的教育水平、生活方式、文化修养和心理素质等方面的差别。

## （二）协调准则

协调准则主要是指优势资源开发和区域经济发展的有机协调，具体包含以下四个方面。

### 1. 结合区域优势，发展特色区域经济

发展各具特色的区域经济结构的客观依据在于：区域自然条件的差异和自然资源分布的不均衡性；原有的经济发展水平、特点和各种社会经济因素的区域差异；充分利用生产专业化、集中化、联合化的效益；各区域自然地理、经济地理、运输地理和国防地理位置的差异。

这些不均衡性和差异性派生出区域分工、区域互补和区域协调。各个区域都会利用供

给量大、生产成本较低的产品换取本区域需要的、短缺的或者生产成本较高的产品，从而实现关联区域的共同发展和整体区域的资源效益整合。

2. 正确处理发挥区域优势与全面资源观的关系

经济发展资源包括四类：社会资源、经济资源、技术资源和自然资源。随着经济全球化、信息技术的发展和物流网络的形成，促进了社会的发展，区域经济发展对自然资源的依赖程度呈现出削弱态势。各种资源的结合程度、方式不同，产生的区域经济发展效果截然不同。全面的资源观应当是在突出依靠技术资源的基础上，追求认识和处理自然资源优势和其他资源优势的关系。

3. 区域经济与国民经济协调发展

区域经济与国民经济的协调发展要求正确认识历史优势与现实优势、潜在优势与现实优势的关系。区域经济优势不是一成不变的，要着眼于区域优势的培育和开发，既要激发区域自身优势的潜力，又要依托与关联区域的协作。

4. 结合区域综合优势与区域比较利益

比较利益原则以发挥区域优势、追求分工利益、实现更加整体利益和区域局部利益最大化为出发点。长期以来，在资源低价，甚至是无价的状态下，经济欠发达地区往往以低附加值的初级产品换取经济发达地区高附加值的深加工产品，资源优势所产生的利益在很大程度上反而由他人通过技术资源优势享用，区域差距拉大是自然的事情。只有多种资源优势整合，才能挖掘区域的自身发展力。

（三）速度和效益并重准则

区域经济增长不仅表现为增长的速度，更应该表现为增长的效益。我国区域经济发展曾有深刻的教训，即经济建设往往重速度、轻效益，结果是指标上的速度很高，而人民群众和社会得到的利益并不多。区域经济发展必然要表现为一定的增长速度，对不发达地区来说，由于同发达地区存在较大的经济技术"位势差"，因此争取一定的增长速度是合理的，但是这种速度必须是建立在经济效益不断改善的基础上。如何在战略上体现这一原则，使速度和效益能经常地保持下去，这个问题涉及区域经济发展中的许多方面，但关键在于完善区域经济系统结构，把速度和效益建立在优化的结构基础上。结构问题必须从战略的角度加以考虑。通过优化区域经济系统结构来贯彻速度和效益并重的原则，是区域经济发展战略中的重大问题。

（四）经济和社会统一准则

这里所说的经济与社会是指经济生活和经济以外的其他各项社会生活。经济的发展在一定程度上要依赖于科学、技术、文化、教育等社会事业和社会管理体制等的发展与完善，也依赖于社会风尚、文化观念及人的综合素质。没有这一切，经济是孤立发展的。同时，经济的发展、社会财富的增加，又为科学、技术、文化和教育等社会生活的发展提供了物质基础。所以，经济与社会二者相辅相成，在研制区域战略时要使二者相结合，不可偏废。

## （五）对策与目标统一准则

一个区域经济的发展战略是对策和目标相统一的发展战略。战略目标是理想、愿景和发展指标的统一。"理想"是最高层次的，它是区域战略主体的最终追求，因而它是抽象的，不具有形态、情景和期限。战略目标是以共同理想为指针、由愿景和发展指标相整合而形成的。战略对策与战略目标不同，它是实现战略目标的手段、途径和方法等。

战略目标和战略对策实际上就是目标和手段的关系。目标和手段必须相结合、相统一。但其不是目标和手段的简单统一，而在于如何在既定目标的条件下，使手段和对策更具有创新性。因为创新是一项战略决策的灵魂，所以创新应该贯穿于战略决策的各要素，包括战略目标的创新、战略重点的创新和战略阶段的创新等。创新还应渗透于战略研制和实施的各个环节，包括战略方案研制、战略实施、战略调控和战略评估等。

创新更应体现在战略对策的设计和选择上。只有掌握了具有创新性的战略对策，才能更有效地保证战略目标的实现。战略对策的创新性不仅表现在它的多样性，更重要的是使它具有能保证战略目标又好、又快、又多、又省地实现的性能和机制。而要做到这一步，又取决于战略对策的科技含量的高低和理念是否先进，以及各种战略手段能否优化组合等。总之，在研制和实施区域经济发展战略时，必须遵循创新特别是战略手段创新这一准则。

## （六）可持续发展准则

有些地区提出的经济发展战略目标和步骤往往不考虑人口、资源和环境保护问题，自认为经济的增长可以以牺牲生态环境为代价；还有的提出"先污染，再治理""先开发，再保护"的思路。这种只顾经济增长，不顾环境保护的观念导致了严重的恶果。事实上，强调生态环境的保护，从短期看由于对资源再利用等方面加以限制，会减缓经济增长的速度；但从长期的整体利益看，只有这样才能保证经济和社会同步健康发展，才是从"以人为本"的原则出发的根本目标。当前，我国由于许多环境资源被排除在市场体系之外，没有明确界定产权，没有定价，没有被纳入经济指标中，因此这方面的损失没有被计算，并在名义的经济增长额中加以扣除，所以人们对此也不加重视。有些环境问题一旦出现，几乎是不可逆的；这种不可逆性给后代人所带来的危害和损失是难以计量的。因此，只有符合可持续发展的原则的战略，才是科学合理的发展战略。

# 第四节　各类型地区区域经济发展战略研究

## 一、城市经济发展战略

### （一）城市经济发展战略的概念

城市经济发展战略是指对城市经济系统或特定城市内部经济结构要素和外部经济环境的状况进行分析估量，提出城市在一定时期内的发展目标，以及实现这个目标所必须采取的途径、措施和部署。

### （二）城市经济发展战略的制定原则

城市经济发展战略的制定一般需要遵循以下原则。

1. 关联原则

关联原则是制定城市经济发展战略的基本原则，主要包括三个方面的内容：

第一，供需之间的关联。城市经济发展实际上是供给与需求两个系统相互作用的过程。供给系统形成是生产要素不断组合成企业和产业的过程。供给系统的变化体现在生产要素组合关系，即生产函数变化上，具体是由土地及自然资源、劳动力、技术、管理等组成的产品生产与服务供给体系；需求系统则是由消费、投资与区外需求（包括出口）所组成。

第二，供给要素之间的关联性。在制定城市发展战略时，要全面分析各种生产要素之间的匹配性，并考虑获取各种资源的难易程度。找出有市场潜力且具有要素供给比较优势的产业和产品，确立为城市发展的支柱产业或主导产业。

第三，产业之间的关联性。一方面，城市经济发展要妥善处理市域范围内第一产业、第二产业与第三产业之间的相互关系；另一方面，城市经济系统作为一个有机体，存在若干主导产业及支柱产业、相关辅助产业与基础产业部门间的比例关系，主导及支柱产业是商品输出型产业，对城市经济增长具有根本拉动作用，因地制宜培育、适时转换更选主导及支柱产业是城市经济保持持续增长的关键。

2. 实事求是原则

一方面，不同城市在资源、地理条件、人口素质、城市交通、基础设施等方面的具体条件不同，制定城市经济发展战略时必须立足于本城市的基本条件，抓住本市的优势和特点，这样才能制定出既切合本市实际，又发挥本市特长的可行的城市发展战略；另一方面，城市的经济发展既要从自身特点出发，又要根据国民经济的需要来确定其发展方向，这样才能既保持城市发展应有的特色，又使城市的经济活动纳入整个国民经济运行轨道中。

### （三）城市经济发展的战略措施

1. 坚持产业优先原则

产业是城市经济的支撑，也是发展城市经济的核心。要重视培育壮大主导产业和支柱产业，扩大主导产业和支柱产业规模，努力提升产业结构层次、产业集中度和产业外向度，不断延伸中心城市产业链条。城市经济内其他城市则应按照产业链条延伸、产业相互依存和关联的要求，主动承接中心城市辐射，积极发展与区域主导产业、支柱产业协作配套、上下游配套的相关产业。同时，要注重发挥各个城市的优势，发展地方特色产业，促进城市经济产业布局、产业结构的合理化，避免因产业结构单一而造成恶性竞争。要通过城市经济内主导产业、支柱产业与特色产业的优势互补、协调发展，形成布局合理的产业构架和板块经济，创建多层级经济网络体系。

2. 实现观念的转变，树立全面开放的市场发展观

城市经济要从区域经济整体利益出发，进一步开阔思路，注重区域性市场与国内市场、国际市场的接轨，增强大开放、大市场观念，既开放区域内市场，又对区域外开放市场，从而在全国统一市场的大框架下，建设立足区域、面向国际国内的开放型市场。

3. 加强制度建设，创造良好的制度环境

首先要建立完善的市场体系，根据各成员城市的基础条件，在区域范围内发展和培育物流、人才、劳动力、资金及信息资源等各类市场，建立健全市场网络。同时要营造良好、规范的市场秩序，制定措施，强化整治，真正消除行政分割和地方保护。各城市地方职能部门要切实转变职能，以服务市场主体为己任，坚持依法行政、文明执法、优质服务，合力营造有利于区域性城市经济发展的良好政策环境、信用环境、服务环境和执法环境。

4. 积极推进文化建设，促进城市经济文化融合

在尊重城市历史文化传统的基础上，发现城市文化的共性和相似点，通过兼容、融合，提炼出新的区域性文化品质，提升城市文化精神，营造先进文化发展的氛围。此外，

要充分发挥先进文化在城市经济中的领军和渗透作用，以崭新的文化形态扩大城市影响力，并大力发展文化产业，创造精品名牌，加速实现文化与经济的交融。总之，城市经济的发展，不仅涉及经济的协作与发展，更涵盖了文化、地理等方面的因素，是一个各方面因素相互作用和协调的过程。随着全面建设小康社会目标的提出，我国区域经济发展开始发力，城市经济的兴起和大力发展成为大势所趋。因此，消除现存阻碍城市经济发展的不利因素，为城市经济的发展创造一个良好的环境，是促进区域经济快速发展的客观要求。

## 二、农村经济发展战略

### （一）农村经济发展战略的概念

农村经济发展战略是指农村经济发展过程中那些全局性和长远性的筹划和指导，主要是确定一个地区的经济发展目标、指导思想和基本方针。

### （二）农村经济发展战略的制定原则

1. 从实际出发原则

从实际出发是制定农村经济发展战略的根本原则，即从具体的国情、区情出发，切忌脱离实际。我国基本国情是人口众多、人均占有资源不足、劳动力相对充足、幅员辽阔、地区差异大等，这些制约着我国农村经济的发展。因此，只有因地制宜、扬长避短，发挥地区优势，经济才可能有较快的发展。

2. 定性与定量相结合原则

确定农村发展战略目标时要遵循定性和定量相结合。在我国，农村发展战略目标的确定必须坚持社会主义方向，这是定性的基本要求；定量的基本内容是要规定农村社会总产值和工农业总产值的增长数量及比例，特别是国民收入的增长速度和农村居民可能达到的生活水准，以及农村经济、社会发展的其他指标。在确定地区农村经济发展战略时，必须与全国发展战略目标相适应，同时与具有相似条件的地区进行横向比较，求得比较先进而可靠的战略目标。

### （三）农村经济发展的战略措施

1. 发展农村科技战略

鉴于农业和农村科技水平低又具有较强公益性，以及农民经济活动分散、对科技成果的支付和吸纳能力弱等特点，必须加强政府的组织、支持和引导，强化宏观调控和管理，做出前瞻性和全局性的战略措施安排，着力解决制约农业和农村科技进步的机制、体制和政策因素，构建适应形势需要的新型农业科技创新和推广应用体系，把农业和农村经济社会发展转向依靠科技进步和提高劳动者素质的轨道上。

2. 开发农村资源战略

农村资源的合理开发与利用是实现农村现代化的一个重要的实践与理论问题，它不仅关系到整个农村经济社会的发展，也关系到人类的生存与生活。农村资源的合理开发与利用对农村经济发展的意义主要表现在：合理开发与利用农村自然资源，不断提高自然资源的质量，是农业经济持续发展的重要保证；农村资源的丰裕程度与质量的高低将直接或间接地影响农村食品加工、林木加工、建材、水电、矿产加工、观光、休闲和旅游等事业的发展速度、规模与模式；开发农村资源是解决人口增长与人均自然资源不断减少这一矛盾的需要。

## 三、山区经济发展战略

### （一）山区经济发展战略的概念

山区经济发展战略是根据对山区经济发展各种制约因素的分析，从山区全局出发制定的一个较长时间内山区经济发展和山区人民生活提高所要达到的目标以及实现这一目标的根本途径和方法。

### （二）山区经济发展战略的制定原则

1. 优化效益原则

效益指的是有益的效果。发展经济的根本目的就是收到对人们有益的效果，包括经济效益和社会效益。根据提高经济效益的原则选择经济发展目标和开展经济活动，是制定山区经济发展战略的本质要求。

2. 客观性原则

山区经济发展战略的制定首先要客观地分析山区区情，尊重客观现实。正确认识和评价山区的自然环境、资源特点和社会经济特征，认识本山区的自然经济区位特征，明确本山区的优、劣势，弄清楚山区农林牧副渔、农工商等业的发展潜力、内在联系和制约性。在此基础上，选择山区的发展方向。我国对北方半干旱的山区县进行规划时曾提出"保护性林业、自给性的农业、开发性的畜牧业和系列性的乡镇业"的发展方向。由于各山区差异较大，因此具体的发展方向应根据各自的特点来定。

（三）山区经济发展的战略措施

1. 发展特色产品战略

特色产品集中表现在其特殊的优良品质、特殊的使用价值和供给的稀缺程度上。发展特色产品的战略应做到：①要围绕有优势、有潜力的产品，加大要素聚集力度，加强保护和扶持，提高市场意识、公关广告意识，形成产品开发、产品升级、市场自然垄断的良性循环；②要把关键点放在特色产业的培植上，发展特色经济，产业的专业化整合是关键；③要把支撑点放在特有资源的转化上，没有特有的资源，特色经济的发展便是无源之水、无本之木。资源是稀缺的，这种稀缺性要求对资源进行最合理的开发和利用，用特有的资源生产特有的产品。

因此，应该全面认识和了解山区情况，开发现有资源，挖掘潜在资源，同时要破除"就资源论资源，产资源卖资源"的自然经济观。没有资源培植资源，已有资源再生资源，使资源生生不息，多次利用，形成新的财源和富源，不断促进山区特色经济的形成和发展。

2. 对外开放战略

山区实行对外开放需要进一步扩大招商引资的力度，大力发展以旅游业为主的商贸流通业，要加大旅游基础设施的建设，改善旅游交通条件，坚持生态旅游、文化旅游、民族风情旅游相结合，以旅游促开放，以旅游促扶贫，以旅游促发展。山区不仅有丰富的矿产、林牧等自然资源，而且有着瑰丽缤纷的自然景观，独特、多彩的民族文化艺术，旅游资源极为丰富，便于开辟民族风情类旅游服务项目或旅游购物类型的服务。发展山区特色旅游有利于思想观念的改变、科技的交流，有利于交通运输业的发展，饭店、旅店等相关行业的兴起，进而带动整个山区经济的发展。

3. 改善环境战略

改善环境可为发展山区外向型经济创造条件。要在认真落实好上级政策的前提下，制定适合山区实际情况的具体规定，对出口创汇企业，要从税收、信贷、能源、物资供应、人才分配等方面给予优先照顾，并实行保护价格。同时，还要做好环境建设，改善投资环境。在投资软环境方面，做好外经、外贸人才的培养和引进，加强与海内外的联系和经济技术交流，拓宽利用外资的渠道；在投资硬环境方面，重点做好交通、邮电通信、电力和旅游设施建设，进一步改善对外接待环境，为发展外向型经济创造有利条件。

# 第四章
## 现代企业管理 >>>

现代企业管理理论认为，企业管理的对象包括人、财、物、信息、时间五个方面，企业管理的职能包括计划职能、组织职能、指挥职能、控制职能、协调职能、激励职能六个方面，企业管理的环境包括经济环境、社会环境、技术环境、自然环境等方面，企业管理的基本原理包括系统原理、人本原理、责任原理、效益原理四个方面，企业管理的方法包括经济方法、行政方法、法律方法、数理方法、心理学与社会学方法、教育方法六个方面。所有者与经营者相分离是现代企业产生的基础和条件，现代技术和现代企业管理是现代企业的两大支柱，三者相辅相成，是现代企业不可或缺的特征。现代企业就是所有者和经营者分离，达到技术和管理现代化的企业组织形式。现代企业管理是适应现代生产力发展的客观要求，运用科学的思想、组织、方法和手段，对企业的生产经营进行有效管理，创造最佳经济效益的过程。

## 第一节　现代企业的特征和责任

企业，是指为满足社会需要来组织和安排某种商品（包括物质产品和非物质产品）生产、流通和服务活动，实行自主经营、自负盈亏、独立核算，并具有法人资格的基本经济单位。现代企业具有下列特征：企业是一个从事生产经营活动的经济组织，企业是一个社会性组织，企业是一个独立法人，企业必须自主经营和自负盈亏。

企业的责任主要包括：①对国家的责任，如服从国家的宏观调控；依法向国家交纳各项税金、费用和利润；有效地利用国家授予其经营管理的资产，保证资产保值增值。②对用户的责任，如为用户提供适销对路、物美价廉的商品和劳务，做好各种售前、售中和售后的服务工作。③对自身发展的责任，如企业必须自负盈亏、自我积累、自我发展，保障职工的利益。④对社会的责任，如必须从遵纪守法、诚信、环境保护、提供就业机会、职工思想教育等多方面为社会进步做出更多的贡献等。

## 一、现代企业制度的特征

### （一）产权清晰

产权清晰是指产权在两个方面的清晰：一是法律上的清晰；二是经济上的清晰。产权在法律上的清晰是指有具体的部门和机构代表国家对国有资产行使占有、使用、处置和收益等权利，以及国有资产的边界要"清晰"。产权在经济上的清晰是指产权在现实经济运行过程中是清晰的，它包括产权的最终所有者对产权具有极强的约束力，以及企业在运行过程中要真正实现自身的责权利的内在统一。

### （二）权责明确

权责明确，是指合理区分和确定企业所有者、经营者和劳动者各自的权利及责任。所有者按其出资额享受资产受益、重大决策和选择管理者的权利，对企业债务承担相应的有限责任；公司在其存续期间，对由各个投资者投资形成的企业法人财产拥有占有、使用、处置和收益的权利，并以全部法人财产对其债务承担责任；经营者受所有者的委托，享有在一定时期和范围内经营企业资产及其他生产要素并获取相应收益的权利；劳动者按照与企业的合约，拥有就业和获取相应收益的权利。

### （三）管理科学

管理科学是一个含义宽泛的概念，从较宽的意义上说，它包括企业组织合理化的含义，如"横向一体化""纵向一体化"、公司结构的各种形态等。一般而言，规模较大、技术和知识含量较高的企业，其组织形态趋于复杂。从较窄的意义上说，管理科学要求企业管理的各方面，如质量管理、生产管理、供应管理、销售管理、研究开发管理、人事管理等方面的科学化。

## 二、现代企业制度的内容

企业制度是指以产权制度为基础和核心的企业组织及管理制度。构成企业制度的基本内容有三个：一是企业的产权制度，是界定和保护参与企业的个人及经济组织的财产权利的法律与规则；二是企业的组织制度，即企业组织形式的制度安排，规定着企业内部的分工协调和权责分配的关系；三是企业的管理制度，是指企业在管理思想、管理组织、管理人才、管理方法、管理手段等方面的安排，是企业管理工作的依据。其中，产权制度是决定企业组织制度和管理制度的基础，组织制度和管理制度在一定程度上反映着企业财产权利的安排，三者共同构成了企业制度。

现代企业制度的特征是产权清晰、权责明确、政企分开和管理科学。产权清晰是法人制度所要解决的问题；权责明确是组织制度所要解决的问题；管理科学是管理制度所要解决的问题；而政企分开则是这三个方面的基础和前提，体现在现代企业制度的各个环节上。因此，现代企业制度是统一的整体，三个组成部分相互联系、缺一不可。

# 第二节　企业制度

## 一、企业制度的一般形式

企业制度是指企业的产权形式、组织形式、经营形式、管理体系、分配制度等方面的统称，主要是规范企业的所有者、经营管理者和劳动者之间的经济关系，确定企业正常运行的基本规则。企业制度的基本内容主要包括企业产权制度、企业组织制度和企业管理制度。

从企业资产的所有者形式来看，企业制度可以分为个人业主制、合伙制、合作制、股份合作制、公司制等类型，它们各有不同的特点。

公司制企业是由两个以上的投资者按照一定的法律程序组建的以盈利为目的的经济组织，是独立的经济法人。公司制企业的主要形式是有限责任公司和股份有限公司。有限责任公司是指由两个以上股东共同出资，不对外公开发行股票，每个股东以其出资额对公司行为承担有限责任，公司以其全部资产对其债务承担责任的企业法人。

## 二、现代企业制度

现代企业制度是适应市场经济发展、符合现代生产力要求、依法规范的企业制度。公司制是现代企业制度的典型形式。

现代企业制度的基本特征是产权清晰、权责明确、政企分开、管理科学。现代企业制度的主要内容包括现代企业产权制度、现代企业组织制度和现代企业管理制度。

现代企业产权制度是在一定所有制基础上，以产权为依托，对财产关系进行合理有效组合和调节的法律制度体系，其基本要求是归属清晰，权责明确，保护严格，流转顺畅。它明确界定公司拥有法人财产，公司财产权能实现以公司法人为中介的所有权和经营权的两次分离，法人治理结构为管理公司的组织结构。

现代企业组织制度规定了企业的组织指挥系统、各部门、各工作人员的分工协调关系及各自的职责，是企业组织的基本规范。公司领导体制的核心是法人治理结构，是现代企业组织制度中最重要的组成部分。法人治理结构是由股东大会、董事会、执行机构和监事会组成的相互联系又相互制衡的组织机构。出资者组成公司的最高权力机构即股东大会，对企业拥有最终控制权；董事会是由股东大会选举产生的董事所组成的公司常设决策机构，是法人财产的代表，要维护出资人权益，对股东大会负责。根据有关方面规定，上市公司董事会中还至少应包括1/3的独立董事，以促使董事会更有效、科学地履行职责；由董事会挑选聘用的高级经理人员组成执行机构，在董事会的授权范围内经营企业，董事会对经营者的业绩进行考核和评价；监事会是由股东大会选举产生、由股东代表和一定比例职工代表组成的监察机构，对董事会和经理执行机构的工作进行监察及监督。公司法人治理结构体现原始所有权、法人财产权和经营权相互分离又相互联系的关系，形成权力机构、决策机构、监督机构和经营管理者之间各负其责、协调运转、有效制衡的机制。

现代企业管理制度是对企业管理活动的制度安排，包括企业的经营目的和理念、企业目标与战略、企业管理组织的各部门、市场营销、研究开发、生产管理、财务管理、人事管理等具体职能领域的制度规范，是现代企业发展的重要保证。

## 三、深化企业改革

为适应从计划经济体制向市场经济体制的转变，要大力推进企业的体制、技术和管理创新，企业在基本制度、组织形式、经营思想、管理方式等方面都要进行改革。在社会主义市场经济条件下，企业是市场的基本经济单元和竞争主体，确立企业的主体地位是建立社会主义市场经济体制的根本问题。所以，在构造市场经济体制基本框架的同时，必须重塑市场经济体制的微观基础，即建立与市场经济体制相适应的现代企业制度。要进一步探索公有制特别是国有制的多种有效实现形式，除极少数必须由国家独资经营的企业外，要积极推进股份制，发展混合所有制经济，实现投资主体多元化。企业要克服旧体制影响和现实困难，真正转换经营机制，逐步形成企业优胜劣汰，经营者能上能下，人员能进能出，收入能增能减，激励与约束相结合，技术不断创新，国有资产保值增值等机制。建立现代企业制度是发展社会化大生产和市场经济的必然要求，是公有制与市场经济相结合的有效途径，是国有企业改革的方向。国有大中型企业继续实行规范的公司制改革，完善法人治理结构。要把改革同改组、改造、加强管理结合起来，改善企业经营状况，提高企业的竞争能力，使企业成为真正的市场经营主体。要发展具有国际竞争力的大公司、大企业集团，进一步放开搞活中小企业。

加强企业管理是社会化大生产的客观要求，是企业进行生产和经营活动的必要条件，是提高经济效益的根本保证，是促进科学技术发展的重要手段。在深化企业改革的过程中，加强企业管理具有更为重要的意义。企业改革为加强管理提供了前提和基础，加强管理巩固了改革成果，推进改革的发展，两者相辅相成，而不能互相替代。要高度重视和切实加强企业管理工作，从严管理企业，实现管理创新。市场的变化和科学技术的迅速发展促使企业管理不断地创新，也必然推动企业管理实践和理论的发展变化。各国经济制度的不同使企业管理的性质存在差异，各国现代化程度的高低区别决定着企业管理发展的水平不可能整齐划一。

但作为企业管理发展的潮流，其趋势却是一致或趋于一致的，主要体现在企业创新管理越来越受到重视、企业管理"软性化"和知识化、企业战略管理谋求全球化合作、走向开放式面对面的感情管理等。近年来，发达国家现代企业管理提出了"三个中心"和两个基本方向的理论，"三个中心"即以市场为中心的明确的目标和策略，以人为中心的价值观和企业文化，以效率和效益为中心的一整套随情况而变化的制度和措施；"两个基本方向"即开放与合作，从而对现代企业管理发展趋势进行了新的概括和描述。随着管理实践的发展，现代企业管理理论也将不断创新。

## 四、现代企业制度的含义

现代企业制度是指以公司制度为主要表现形式，体现企业是法人实体和市场竞争主体要求的企业体制，是适应社会化大生产和市场经济要求的产权明晰、责权明确、政企分开、管理科学的企业制度。

公司制企业作为现代企业制度的主要表现形式，既是市场经济发展的必然结果，也是生产社会化的必然产物。

现代企业制度一般包括三个方面的内容。

### （一）现代企业法人制度

现代企业法人制度主要体现为公司的产权制度，核心是要理顺和完善企业的产权关系。根据企业法人财产权理论，公司企业对企业财产（动产、不动产和流动资金）所享有的权利应为法人财产权，出资者对企业的权利为股东权。企业拥有法人财产权，表现为企业依法拥有法人财产的占有、使用、收益和处置权，是自主经营、自负盈亏的独立法人实体。企业对包括国家在内的出资者投资形成的全部法人财产依法享有民事权利，承担民事责任，并对出资者承担资产保值增值的责任，出资者按投入企业的资本额度依法享有所有权的权益，承担有限责任。

## （二）现代企业的组织制度

现代企业的组织形式，包括有限责任公司、股份有限公司和国家独资公司，现代企业的组织体制是以股东代表大会、董事会、经理人和监事会共同组成的法人治理结构。股东大会是公司的最高权力机构；董事会是公司的经营决策机构；公司的总经理负责公司的日常经营管理活动，对公司的生产经营活动进行全面领导；监事会是公司的监督机构。另外，还有企业党组织和工会。

## （三）现代企业管理制度

现代企业制度的运作和完善需要有科学的管理制度作为保障，加强企业管理是我国企业面临的迫切与长期的重要任务。科学的管理制度重点体现在：建立和完善企业的组织运营系统；建立科学的劳动用工制度和灵活有效的激励机制；建立现代企业财务会计制度；坚持以人为本的企业管理，培育优秀的企业文化和团队精神，加强人力资源的开发和管理等。

# 第三节 企业发展战略

企业发展战略是企业根据其内外环境的要求，对企业的长期发展目标及达到目标的途径和手段所做的总体谋划。制定企业发展战略是为了保证企业长期稳定地发展，在符合和保证实现企业使命的条件下，在充分利用各种机会并创造新机会的基础上，确定企业同环境的关系，规定企业的经营范围、成长方向和竞争对策，以合理配置企业的全部资源。企业发展战略具有长远性、全局性、竞争性、纲领性等特点，同企业经营策略、企业计划既有联系又有区别。企业发展战略研究是关系企业根本性问题的重大决策，而企业经营策略是服从于并服务于战略的具体筹划；企业发展战略规定计划的基本方向和主要要求，企业计划必须体现既定的战略，是战略的展开和细化，使企业发展战略成为可能实施的具体行动方案。企业发展战略包括市场开拓与经营、人才开发、产品开发、技术进步与技术创新、企业文化建设等许多方面。按照企业发展方向的不同，企业发展战略有单一经营战略、纵向一体化战略、多样化战略、集团化战略和外向化战略等多种类型。

## 一、企业战略与企业的作用

企业战略虽然有多种，但基本属性是相同的，都是对企业的谋略，都是对企业整体性、长期性、基本性问题的计谋。例如，企业竞争战略是对企业竞争的谋略，是对企业竞争整体性、长期性、基本性问题的计谋；企业营销战略是对企业营销的谋略，是对企业营销整体性、长期性、基本性问题的计谋；企业技术开发战略是对企业技术开发的谋略，是对企业技术开发整体性、长期性、基本性问题的计谋；企业人才战略是对企业人才开发的谋略，是对企业人才开发整体性、长期性、基本性问题的计谋。依此类推，企业各种战略的基本属性都是一样的。各种企业战略有同也有异，相同的是基本属性，不同的是谋划问题的层次与角度。总之，无论哪个方面的计谋，只要涉及的是企业整体性、长期性、基本性问题，就属于企业战略的范畴。

需要指出的是，最初人们所讲的"企业战略"主要指的是竞争战略。1971 年，美国的迈克尔·波特发表《竞争战略》之后，更强化了人们的这种认识。在迈克尔·波特的著作中，把企业战略当作竞争战略的同义语来使用。他说的企业战略都是竞争战略。既然要参与竞争，那么就要讲究竞争战略，不能只是一味地拼人力、拼财力、拼物力。竞争战略虽然非常重要，但毕竟不能代替企业战略。企业为了生存与发展不能只谋划竞争，而应该同时谋划许多方面。千万不要在竞争战略与企业战略之间画等号，竞争战略只是企业战略的一部分。如果读了迈克尔·波特的《竞争战略》，就认为企业只存在竞争战略，那就是只见树木，不见森林。把竞争战略等同于企业战略的这种认识是片面的，而这种片面认识会妨碍企业战略管理。

## 二、企业发展战略本质

在探讨战略本质与企业战略本质的基础上，即可容易理解企业发展战略本质。企业发展战略是企业战略的种类之一，是对企业发展的谋略，是对企业发展中整体性、长期性、基本性问题的计谋。

企业发展战略的本质特征是发展性，着眼于企业发展。虽然有些企业战略也是为企业发展服务的，如企业竞争战略与营销战略，但是它们的着眼点与发展战略是不同的，竞争战略着眼于竞争，营销战略着眼于营销。

顺便指出，不少企业战略教材都把竞争性说成企业战略的一个特征。这是不对的。竞争性只是企业竞争战略的特征，并且是它的本质特征，不能由此认为企业任何战略都具有竞争性特征。不同的企业战略具有不同的本质特征。企业人才战略着重解决的是人才问题，企业文化战略着重解决的是文化问题，企业信息化战略着重解决的是信息化问题。这些企业战略虽然都为企业竞争服务，但绝对不会像竞争战略一样重点谋划竞争问题，绝对不会进行五种竞争力分析，也绝对不会运用三大竞争战略。把竞争性看作所有企业战略的一个特征，与人们长期在竞争战略与企业战略之间画等号有密切关系。上面已经说到，在竞争战略与企业战略之间是不能画等号的，因为竞争战略只是企业战略的一种。企业除了竞争战略外还有其他战略，其中包括发展战略。

由于企业发展战略是企业各种战略的总战略，因此企业发展战略的整体性更加突出。也就是说，企业发展战略比其他企业战略针对的问题更加全面。从某种意义上说，企业发展战略是其他企业战略的上位概念，是统帅其他企业战略的总战略。用企业发展战略指导其他企业战略，用其他企业战略落实企业发展战略，这是先进企业的成功之道。

加强企业发展战略研究，在任何企业都是主要领导人的责任。如果说企业的各个副职可以在一定程度上主持其他企业战略的研究工作，如技术总监可以在一定程度上主持技术开发战略的研究工作，营销总监可以在一定程度上主持营销战略的研究工作，那么只有主要领导才能主持企业发展战略的研究工作。

## 三、企业谋略

企业发展也需要谋略，对企业发展整体性、长期性、基本性的谋略就是企业发展战略。企业发展战略有四个特征：一是整体性，二是长期性，三是基本性，四是谋略性。整体性是相对于局部性而言的，长期性是相对于短期性而言的，基本性是相对于具体性而言的，谋略性是相对于常规性而言的。企业发展战略必须同时具有这四个特征，缺少一个特征就不是企业发展战略。企业发展战略不是企业发展中长期计划，而是企业发展中长期计划的灵魂与纲领。企业发展战略指导企业发展中长期计划，企业发展中长期计划落实企业发展战略，前者是纲，纲举目张。

### （一）发展战略

企业发展战略意义是由企业发展战略本质特征决定的。因为企业发展战略有四个本质特征，所以它的意义表现在四个方面。

1. 谋划企业整体发展

企业是一个由若干相互联系、相互作用的局部构成的整体。局部有局部性的问题，整体有整体性的问题，整体性问题不是局部性问题之和，与局部性问题具有本质的区别。企业发展面临很多整体性问题，如对环境重大变化的反映问题，对资源的开发、利用与整合问题，对生产要素和经营活动的平衡问题，对各种基本关系的理顺问题。谋划好整体性问题是企业发展的重要条件，要时刻把握企业的整体发展。

2. 谋划企业长期发展

企业存在寿命，寿命有长有短，投资者、经营者应该树立"长寿企业"意识。为了使企业"长寿"，不但要重视短期发展问题，也要重视长期发展问题。企业长期发展问题不是短期发展问题之和，与短期发展问题具有本质的区别，如发展目标问题、发展步骤问题、产品与技术创新问题、品牌与信誉问题、人才开发问题、文化建设问题。希望"长寿"的企业就要关心未来，对未来的问题不但要提前想到，而且要提前动手解决，因为解决任何问题都需要一个过程。要正确处理短期利益与长期利益的关系。预测未来是困难的，但不是不可能的。谁也想象不到未来的偶然事件，但总可以把握各类事物的发展趋势。人无远虑，必有近忧。领导人不关心企业未来，只知道"火烧眉毛顾眼前"，就等于拿企业的寿命开玩笑。应当指出，不关心企业未来的领导人甚多，正是由于这个原因，少则几年、多则十几年就倒闭的企业为数众多。

3. 对企业发展进行整体性、长期性谋划时把握基本性

问题很重要。树叶长在树枝上，树枝长在树杈上，树杈长在树干上，树干长在树根上。在一个企业，树叶性的问题有成千上万，树杈性的问题有成百上千，树根性的问题可就不多了。这类问题虽然不多，但非常重要。要是树根烂了，任凭你怎么摆弄，树叶也不会再绿。领导人要集中精力谋划企业发展的基本性问题。假如企业发展的基本问题解决不好，那么即使再发动员工努力奋斗也不会收到成效。领导人要增强基本问题意识。不要只注意把决定的事情办好，也要注意决定本身是否有毛病；不要只忙于摆脱困境，也要忙于铲除困难产生的根源。

4. 在研究企业发展时谋略很重要

企业发展战略不是常规思路，而是新奇办法。企业发展战略应该使企业少投入、多产出，少挫折、快发展。谋略是智慧结晶，而不是经验搬家和理论堆砌。智慧之中包含知识，但知识本身并不是智慧。智慧与知识具有本质的区别。许多军事家有"空城计"知识，但没有诸葛亮那样的智慧，先知为智。智慧是对知识的灵活运用，也是对信息的机敏反应。谋划企业发展靠智慧，谋划企业整体性、长期性发展靠大智慧。谋划企业发展固然要借鉴先进理论和先进经验，但如何借鉴还要靠智慧。

（二）战略内容

概述：企业发展战略因时而异、因地而异、因人而异、因事而异，没有固定的内容，也没有固定的模式。一般而言，企业发展战略涉及企业中长期干什么、靠什么和怎么干三大方面的问题。

定位：谋划企业中长期干什么，就是要定好位。市场已发生变化，企业要发展，定位很重要。定位是为了解决发展的方向、目标问题。企业发展要有正确方向，要灵活地运用规模化和差别化原则，要坚持专、精、特、新。企业发展要有中长期目标，不要像空中的风筝，没有远见、决心、魄力和毅力干不成大事业。定位不准确，对公司的战略发展影响

很大。定位主要是为了解决核心业务问题。企业也可以开展多项业务，但核心业务不能多。可以搞多元化经营，但不可以搞多核心经营。使核心业务带动其他业务，用其他业务促进核心业务，这是先进企业的成功之道。不仅对经营范围要定位，而且对经营地区等也要定位。

定位有阶段性，不同发展阶段应该有不同的定位。定位的方法很多，定位无定式。定位看起来很简单，实际上很复杂。许多企业认为自己的定位很正确，实际上存在很大问题，而这些问题足以使他们发展缓慢或失败。

资源：谋划企业中长期靠什么，就是要广开资源。集四面潜在资源、成八方受益事业是企业的使命。广开资源是企业发展战略的重要方面，如果没有广开资源，再好的定位也没有用。要树立大资源观，不仅要重视物质资源，也要重视人力资源；不仅要重视体力资源，也要重视智力资源；不仅要重视国内资源，也要重视国外资源；不仅要重视空间资源，也要重视时间资源；不仅要重视现实资源，也要重视潜在资源；不仅要重视直接资源，也要重视间接资源；不仅要重视经济资源，也要重视社会资源；不仅要重视有形资源，也要重视无形资源。广开资源要运用智慧，运用智慧就能够善用资源。

谋划企业中长期怎么干，就是要制定好战略措施。战略措施是实现定位的保证，是善用资源的体现，是企业发展战略中关键、生动的部分。从哪里入手、向哪里开刀、先干什么、再干什么、保哪些重点、丢哪些包袱、施什么政策、用什么策略、怎么策划、如何运作等，这些都是战略措施的重要内容。战略措施是省钱、省力、省时的措施，省钱、省力、省时不等于不花钱、不用力、不用时；战略措施要贴近实际、顺应趋势、新颖独特、灵活机动；战略措施要以定性为主；战略措施要有可操作性，但这种可操作性不同于战术的可操作。

（三）战略制定

概述：制定企业发展战略没有固定顺序。一般而言，它要经过战略调查、战略提出、战略咨询、战略决策四个阶段。

战略调查：战略调查要有宽阔的视野和长远的目光，要善用直觉并灵活思考，要冲破传统观念的束缚，要抓住企业发展的深层问题和主要问题。战略调查主要弄清以下问题：现实市场需求及潜在市场需求、现实竞争对手及潜在竞争对手、现实生产资源及潜在生产资源、现实自身优势及潜在自身优势、现实核心问题及潜在核心问题。战略调查要弄清有关事物的联系，既包括空间联系，也包括时间联系；既包括有形联系，也包括无形联系。

战略提出：在战略调查基础上要提出企业发展战略草案。企业发展战略草案不需要很具体、系统、严谨，但要把核心内容阐述得淋漓尽致。提出企业发展战略草案对有关人员是一次重大考验，要求提出者富有责任心和事业感，富有新思想和大勇气；要求听者虚怀若谷、深思熟虑，不要墨守成规、排新炉异。

战略咨询：为防止战略失误，提高战略水平，企业在提出发展战略草案之后、确定发展战略之前，需要就整个战略或其中部分问题征求社会有关方面的意见，特别是业内人士和战略专家的意见。鉴于企业能力有限，有些企业委托咨询机构研究企业发展战略。采取这种方式，一定要选好咨询机构。选择咨询机构要不唯名、不唯大，只唯能。即使采取这种方式，在他们提交研究报告之后，除了内部充分讨论外，也要再适当征求外部有关方面的意见。

战略决策：战略决策对企业发展具有里程碑意义。为了企业的整体利益和长远利益，在决策企业发展战略时要充分发扬民主，广泛听取各部门意见，尤其是不同意见。企业发展战略应该由企业领导集体决策。

## 四、一般特征

企业战略的一般特征有四个：第一，是整体性。整体性是相对于局部性而言的，任何企业战略谋划的都是整体性问题，而不是局部性问题。第二，是长期性。长期性是相对于短期性而言的，任何企业战略谋划的都是长期性问题，而不是短期性问题。第三，是基本性。基本性是相对于具体性而言的，任何企业战略谋划的都是基本性问题，而不是具体性问题。第四，是计谋性。计谋性是相对于常规性而言的，任何企业战略都是关于企业问题的计谋而不是常规思路。企业战略必须同时具备上述四个特征，缺少其中一个特征就不是典型的企业战略了。

战略类型：在前面已经介绍，企业的战略体系从内容结构上来看，可以划分为公司战略、竞争（业务）战略和职能战略。这种划分同样也反映了战略内容的层次性，战略层次不同，战略内容的侧重点和战略类型也会不同。

战略创新：像技术、管理、营销等需要不断创新一样，企业发展战略也需要不断创新。企业发展战略创新就是研究制定新的企业发展战略。企业发展战略应该保持相对稳定，保持相对稳定并不意味着一成不变。

企业发展战略创新是为了应对外部环境和内部条件的重大变化。任何企业发展战略都是针对一定的外部环境与内部条件制定的。当外部环境或内部条件发生重大变化时，毫无疑问就应该与时俱进、调整或重新制定发展战略。我们所处的时代是变化速度空前加快的时代，中国入世又使中国企业融入了变化多端的国际市场，这就使企业发展战略创新显得格外重要。在经营过程中，企业内部条件发生原来意想不到的重大变化也是常有的事，如果发生了这种变化，也要调整或更新原有的发展战略。企业发展战略创新也是为了提高战略水平。企业各项工作都要上水平，发展战略更要上水平。企业发展战略水平决定企业各项工作水平。智慧有大小，战略有高低。企业发展战略存在水平差异，甚至是相当大的水平差异。企业发展战略创新是为了获得更好的企业发展战略。

企业发展战略创新取决于企业领导观念转变。企业普遍需要发展战略创新，有的需要重新定位，有的需要重新整合资源，有的需要重新制定战略措施。可是，由于企业领导或多或少地存在旧观念，企业发展战略创新往往提不到议事日程。要想获得更好的企业发展战略，领导者应该首先向自己的旧观念挑战。

企业发展战略创新也源于企业领导的动力、魄力和毅力。从某种意义上来说，企业发展战略创新是企业再造工程，是一项具有很大风险、困难和阻力的系统工程。企业领导如果没有强烈的事业心、责任感，没有排除各种困难和阻力的魄力，缺乏必要的毅力，就很难下定这种决心。

## 五、实施步骤

明确企业的发展状况：首先需要制订战略选择方案。在制定战略过程中，当然是可供选择的方案越多越好。企业可以从对企业整体目标的保障、对中下层管理人员积极性的发挥及企业各部门战略方案的协调等多个角度考虑，选择自上而下的方法、自下而上的方法或上下结合的方法来制订战略方案。

企业要着眼于未来，优化企业战略选择：企业所处的市场及外部环境永远处于不断变化之中，预测并了解这些变化并把握其本质是企业领先于竞争对手的前提。首先是把握市场需求的变化，要了解商场中各种竞争力的变化，清楚自己与竞争对手在什么地方竞争，在哪些方面竞争，自己的优势和差距。此外，要把眼界充分放开，从区域市场到全球市场，从行业背景到整个经济发展战略的大背景。以未来为先导，把企业的战略建立在对未来的预测和把握上。

评估战略备选方案：评估备选方案通常使用两个标准：一是考虑选择的战略是否发挥了企业的优势，克服劣势，是否利用了机会，将威胁削弱到最低程度；二是考虑选择的战略能否被企业利益相关者所接受。需要指出的是，实际上并不存在最佳的选择标准，管理层和利益相关团体的价值观和期望在很大程度上影响着战略的选择。此外，对战略的评估最终还要落实到战略收益、风险和可行性分析的财务指标上。

战略决策一般来说有如下方法：①根据企业目标选择战略。企业目标是企业使命的具体体现，因而选择对实现企业目标最有利的战略方案。②提交上级管理部门审批。对于中下层机构的战略方案，提交上级管理部门能够使最终选择方案更加符合企业整体战略目标。企业发展战略的实施是企业在经济市场中发展的有效保障。

# 第四节　企业人力资源开发

人是生产力中最基本、最活跃的因素，人的作用能否得到有效发挥，对劳动效率、经济成果有重大影响。产品竞争、科技竞争的背后，其实质是企业员工素质的竞争。在企业管理中坚持以人为本，就必须做好人力资源开发工作。

## 一、人力资源开发与管理概述

企业人力资源开发，首先，要吸纳优秀的人才，企业要以良好的事业发展前景、和谐的工作环境和优厚的生活待遇吸引各类人才，以满足企业不断发展的需要。其次，要合理配置人力资源，综合考虑专业、岗位、技能等要求，使合适的人才安排在适当的岗位上，力求人尽其才、才尽其能。再次，要加大人事、劳动、工资改革的力度，建立科学合理的绩效考核体系，收入随职责、贡献不同而变化，引入竞争机制，引入人力资源合理流动，能上能下，能进能出，形成人人精神振奋、干事创业的局面。最后，要坚持员工培训，以终身教育的理念指导培训工作，用多种方式对员工进行思想教育和业务培训，不断更新观念，更新知识，全面提高企业员工素质。

### （一）人力资源

人力资源是对能够推动生产力发展，创造社会财富的具有智力劳动和体力劳动能力的人们的总称。总的来说，一个企业的人力资源，包括企业内所有的人，因此首先而必要的是对企业人力资源进行分类。

### （二）人力资源管理和人事管理

企业的人力资源管理是对企业所从事的人力资源规划、招聘、培养、使用及组织等各项管理工作的总称，其主要工作内容是选人、育人、用人、留人。现代的人力资源管理是从传统的人事管理过渡而来的。早期的人事管理只限于人员的招聘与录用、调配、工资管理、档案保管等较为琐细的工作；后来逐渐涉及工作分析的编写、绩效考核制度和方法的拟定、奖酬制度的设计和管理、员工培训活动的规划和组织及其他人事规章制度的制定等。

现代人力资源管理与传统人事管理相比有以下特点：

1. 以人为本

以人为本就是把人当成组织中最具活力、能动性和创造性的要素。人是组织得以存在和发展的第一的、决定性的资源。人是企业最宝贵的财富。

2. 把人力资源开发放到首位

但这并不意味着就不重视人力资源的使用管理。使用是目的，而开发是手段，开发人力资源的目的是为更好、更有效地使用人力资源，是为了在使用过程中产生更大的效益。

3. 人力资源管理被提高到组织战略高度来对待

组织战略是指组织为自己所确定的长远性的主要目标，以及为实现此目标而选择的主要行动路线和方法。组织中的任何战略决策都需要人力资源战略决策予以支持和保证。

4. 人力资源管理部门被视为生产与效益部门

在各种生产要素中，只有人力这个要素是主动的、积极的、创造性的要素。人力在生产过程中，通过对其他生产要素的加工改造和利用，使它们变成对人类有用的财富。财富的形式和数量是由人力在生产过程中的使用状况决定的。因此，对人力资源的管理是真正的生产管理、效益管理。人力资源管理部门是生产部门和效益部门。目前，人力资源管理已成为各高等学校一门重要的管理课程。

## 二、人力资源开发

人力资源开发是指发现、发展和充分利用人的创造力，以提高企业劳动生产率和经济效益的活动。人的能力有广义和狭义之分，具体来说，狭义的人的能力包括人的基本能力和应用能力两个方面。人的基本能力是指人的知识、技能和体力方面的能力；人的应用能力是指把基本能力转化为实际应用的能力，主要是解决实际问题的能力、创造能力、协调交涉能力、领导能力等。广义的人的能力除了人的基本能力和应用能力以外，还包括人的工作绩效，即实际工作的成绩和效果。人才并不神秘，通常，人才是在相同的条件下能比别人更有效地解决问题、成绩比较显著的人。

从这个观点出发，人才到处都有。人才又有通才、专才之说，通才是指才能比较全面的人，专才则是指某一方面能力较强的人。专才、通才都是人才。一个企业必有人才，关键是如何看待人才。领导人的任务就是发现、培养、提高和使用人才。

### （一）人员选拔与聘用（选聘）

一个企业在进行人员选聘时，到底是内部选聘还是外部选聘，应具体问题具体分析。同时，在选聘中要坚持计划性、公正性和科学性原则。人员选聘的程序和方法为制订选聘计划、发布选聘信息、进行选聘测试和选聘决策等。

## （二）人员培训

员工培训是指一个企业为改变员工的工作态度和工作能力，不断提高他们的工作业绩而进行的知识教育和技能培训。

1. 员工培训的意义

通过培训，可以帮助员工尽快地掌握必要的知识技能和形成必要的工作态度；通过培训，可以帮助员工适应企业内外环境的迅速变化；通过培训，可以满足员工自我发展和自我实现的需要，从而获得精神上的成就感；通过培训，可以提高全体员工的素质，从而促进劳动生产率和工作效率的提高，最终实现企业的经济目标。

2. 员工培训的形式和方法

从培训与工作岗位的关系划分，主要有职前培训、在职培训和脱产培训。

## （三）人员激励

一切行为都由激励产生，人的行为都是为了一定的目的和目标，而目的和目标的产生又来自某种需要。一个人主观上认为能够达到目标，就会激发出强大的力量，做出个人成绩。而个人在做出成绩后，又总是期望得到组织适当的、合理的奖励，如奖金、提级、表扬等。

## 三、企业人力资源规划

人力资源规划又称人力资源计划，是指企业根据企业的发展战略、目标及环境的变化，科学地预测、分析企业在未来环境中的人力资源供给和需求状况，从而制定相应的政策和措施以保证企业在适当的时间和一定的岗位上获得所需的适当的人员（数和量），并使企业和员工的长期利益得到满足。

## 四、人员的业绩考评

人员的业绩考评是指企业按一定的标准，采用科学的方法对员工的思想、品德、学识、业务、工作能力、工作态度和成绩，以及身体状况等方面进行的考核与评定。绩效考评是人力资源管理的重要环节，其目的在于为发现与选拔人才，为员工实施奖惩、升降、调配、培训等工作提供基本依据。通过对员工工作绩效的客观评价，有利于发掘和有效地利用员工潜在的工作能力；有利于激励员工努力工作，积极进取；有利于发现员工工作中的问题，使员工明确进一步改进工作的方向。

从广义上理解，绩效考评是对一个人的全面考察，内容包括：德，指一个人的素质、思想品德、工作作风、职业道德等；能，指一个人完成各项工作的能力，如分析问题和解决问题的能力、独立工作的能力等；勤，指一个人的勤奋精神和工作态度；绩，指一个人的工作成绩和效果；体，指一个人的身体状况。人力资源管理中的日常绩效考评一般主要包括工作成绩、工作态度和工作能力三个方面的内容。绩效评价时，应根据不同的人员、不同的岗位，确定出具体的评价项目和标准。

## 第五节　企业文化及企业形象塑造

企业文化是在一定社会经济文化背景下，在长期生产经营过程中逐步形成和发育起来，具有鲜明企业特征的企业哲学、价值观、精神，以及以此为核心而生成的企业经营意识、行为规范、道德准则、传统习惯和作风等方面的总称。它具体表现为表层的物质文化、浅层的行为文化、中层的制度文化、深层的精神文化，内容包括企业哲学、企业价值观、企业道德、企业精神、企业目标、企业管理思想、企业民主、企业制度、企业形象、企业作风、企业团体意识、企业文化活动等。企业文化的实质就是以人为中心，以文化引导为根本手段，以激发职工的自觉行为为目的的独特的文化现象和管理思想。而有效地强化管理效果是现代企业管理的重要内容之一。企业文化建设的意义就在于有助于增强企业的凝聚力和向心力；有助于塑造和树立良好的企业形象；有助于规范企业的行为，改善经营作风；可以加强和改善企业管理。企业文化的功能主要有引导企业以及职工个体的价值取向；培养团队精神，增强企业凝聚力和向心力；激励职工以最大的热情为企业发展努力工作；约束和规范职工的行为；塑造良好的企业形象；辐射外部环境等。

企业形象，是指企业的价值观念、道德观念、企业精神及其行为特征等在企业职工和公众心目中的全面反映。企业形象是一个综合概念，它由许多具体内容构成。概括起来，它主要是由产品形象、员工形象、工作形象、环境形象等要素构成。企业形象是企业宝贵的无形财富，一个企业的外部形象如何，对于企业的生存和发展具有重要意义：首先，良好的企业形象有利于扩大产品销售；其次，良好的企业形象有助于企业的长远发展；最后，良好的企业形象有利于对外交流和合作。良好企业形象的树立绝非一日一时之功，需要企业在许多方面做出长久不懈的努力，企业应着重做好以下几个方面的工作：第一，注重企业为消费者服务的环境的改善；第二，努力提高产品质量；第三，充分利用多种传播手段，加强企业形象的宣传；第四，企业形象的维护和调整；第五，从外部形象、内部形象、表层形象、深层形象等多方面入手，全面努力。

## 一、企业形象的概念及分类

在人类社会生活中，人与人之间会发生各种各样的联系和交往，在这些交往活动中，人们发现单个人的活动往往会受到种种限制，因而逐渐产生了各种社会组织。企业作为一类以盈利为目的，追求经济利益最大化的组织，在竞争激烈的环境下，其生存和发展与很多因素有关，自身的实力、良好的管理、适宜的环境是企业成功的基础。企业文化作为一种以关心人、尊重人、理解人、支持人为特征的管理思想应运而生。企业形象作为一种管理职能，则是从如何建立和维护组织与公众之间的互利互惠关系、树立组织良好形象的角度来促进企业的发展。

企业形象，是指人们通过企业的各种标志而建立起来的对企业的总体印象。企业形象是企业精神文化的一种外在表现形式，它是社会公众与企业接触交往过程中所感受到的总体印象。这种印象是通过人体的感官传递获得的。企业形象能否真实反映企业的精神文化，以及能否被社会各界和公众舆论所理解与接受，在很大程度上取决于企业自身的主观努力。企业形象是一个有机的整体，是由组织内部诸多因素共同作用的结果。按照不同的标准，企业形象有不同的划分方式，按照形象的可见性可分为有形形象和无形形象。

有形形象，是指那些可以通过公众的感觉器官直接感觉到的组织对象，包括产品形象（如产品质量性能、外观、包装、商标、价格等）、建筑物形象、员工精神面貌、实体形象（如市场形象、技术形象、社会形象等），它是通过组织的经营作风、经营成果、经济效益和社会贡献等形象因素体现出来的。无形形象则是通过公众的抽象思维和逻辑思维而形成的观念形象，这些形象虽然看不见，但可能更接近企业形象的本质，是企业形象的最高层次。对企业而言，这种无形形象包括企业经营宗旨、经营方针、企业经营哲学、企业价值观、企业精神、企业信誉、企业风格、企业文化等。这些无形形象往往比有形形象更有价值。

## 二、竞争使企业文化的地位提升

现代社会之所以重视企业的形象问题，实际上是竞争的结果。在激烈的竞争中，各种有形形象容易被模仿和超越，而无形形象的建立和维持更容易获得竞争的优势。企业文化作为一种大型企业的凝合剂，以价值观共识为手段，统合企业行为，实行文化管理和文化控制，不但节约大量的管理成本，而且能够不断地创造卓越，超越管理。企业文化是指一个企业长期形成的一种稳定的文化传统，它是企业员工共同的价值观、思想信念、行为准则、道德规范的总和。它的实质是企业员工的经营理念、价值观和企业精神。现代社会已进入"文化制度"的时代，文化的力量深深熔铸在企业的生命力、创造力和凝聚力之中。

现代市场竞争已越来越表现为企业文化的竞争，竞争的结果是拥有先进文化的企业得到生存和发展，拥有落后文化的企业被淘汰出局。用先进文化全面提升企业核心竞争力，引领企业在新型工业化道路上持续健康地发展，这是新时期企业文化建设的方向。

企业文化应该包括企业物质文化和行为文化。企业物质文化是企业员工创造的产品和各种物质设施等构成的器物文化，它是企业文化的物化成果，主要包括企业环境和设施、企业产品和服务、企业容貌和标志等。物质文化属于企业文化的表层。企业行为文化是指从最高领导到基层员工言行举止中反映的企业文化内涵和特征。企业英雄、企业典礼仪式、文化活动和企业家行为在企业文化价值观方面起着重要的作用，也是构成企业文化的重要因素。

## 三、企业文化与企业形象的关系

企业无论大小，总是由若干人组成的社会群体，这些人长时间地共同生活、劳动和学习，通过反复交往与接触，人们的理想信念、精神风貌等都会逐步形成具有某种特征的文化氛围，形成不同于其他组织的文化群。随着企业经营活动的开展，产品的无限流动，企业无时无刻不在影响着文化形象。企业形象作为企业内存素质和外在表现的综合体现，构成了现代企业生产力的综合指标，企业形象实际上就是生产力。企业形象是企业文化的重要组成部分，是企业文化的展示和表现，是企业文化在社会或市场上的认知和评价，它必须受企业文化指导，以企业文化为灵魂。企业不能忽视企业文化建设，企业文化建设不能忽视企业形象的理性策划。

### （一）企业文化为企业形象塑造提供支撑

企业要在竞争中取胜，就要全面树立自己的形象，企业树立形象则需要以企业文化为支撑。第一，企业文化造就了高素质的企业人，正是这样的企业人在为企业形象增添光彩，从而为企业形象战略的实施奠定了基础；第二，企业文化造就了企业内部公众的共同价值观，这种价值观一旦形成，对企业形象战略的实施具有深远的意义；第三，企业文化强调企业在长期发展过程中生长和培育起来的高层次的精神活动，这是企业形象战略实施的指导思想。

### （二）企业文化为企业形象战略提供氛围

实施企业形象战略一定要具有好的氛围条件，企业文化正是该氛围的创造者。企业文化具有导向、凝聚、激励和调适等功能，能够通过各种文化形式为企业形象战略的实施营造一个团结和谐、亲切友善、奋发向上的文化氛围。第一，企业文化建设能用共同的价值观引导企业成员的价值取向和行为取向，使其自觉地把企业目标当作个人目标，并团结一心为之奋斗；第二，现代企业文化建设为企业与职工的协调发展创造良好的文化环境和氛围；第三，企业文化强调通过各种文化形式寓教于乐，引导企业成员的心理和行为。

### （三）企业形象战略的实施促进企业文化建设

企业形象塑造在体现企业文化内涵时具有一定的专业性、独立性，既是对企业文化更深层次的探讨，又是企业文化的外在表现。实施企业形象战略是企业文化建设的基本途径，实施企业形象战略必须与企业文化建设相结合。

## 四、构建企业文化形象的具体要求

随着中国市场经济的迅速发展，企业之间的形象竞争加剧，创新企业文化、构建企业形象势在必行。这里在分析企业文化与企业形象辩证关系的基础上，探讨构建企业文化形象对企业家和企业员工的具体要求。

### （一）对企业家的要求

文化形象的主要表现是企业精神，企业精神是企业经营观念的集中体现，它是一种强烈而持久的信念力量。企业必须在生产经营实践中形成自己富有时代内容与鲜明个性的企业精神。培育企业精神对企业家提出了更高的要求。因此，企业家必须具备责任感才能加强对企业发展战略的深入研究，制定出科学合理的战略规划。建设企业文化、树立企业形象是一个长期的系统工程，企业家还应注重经营理念的变革，在经营中注入文化力和形象力，将企业形象战略作为企业发展的重要战略之一，实施一系列行之有效的举措，如改善企业内部管理，充分调动员工的凝聚力和向心力，形成共有的企业价值观；营造积极而富有特色的企业经营理念；塑造良好的产品形象和员工形象；创造有利的外部环境，塑造良好的公共关系形象；以企业理念为核心，结合市场需求实施符合企业实际的企业形象战略等手段，树立高文化品位的企业形象，着力推进企业效益的提高，从而达成企业目标的实现。

### （二）对企业员工的要求

第一，企业全体员工要有创业、守业与开拓进取的精神，即"作为企业人，为企业争光"的责任心与自豪感。员工应以自己高度的事业心、奋发向上的进取心与责任感进行创造性的劳动，包括技术创新、策略创新等。

第二，企业全体员工还要有团结奋斗的精神。企业员工作为"企业人"与"社会人"

是不能分离的，必须凝聚在一起，同时将个人发展与企业命运紧密联系在一起。

第三，企业全体员工还应有一种为企业生存与发展付出的牺牲精神。企业精神实际上就是人的精神，其中也包括为追求高尚的精神风貌与实现自我价值而付出的牺牲精神。只有这样才能全面提高企业的竞争力，使企业形象成为活力与合力的能量体，生生不息，经久不衰，开创卓越未来。

## 五、如何打造有中国特色的企业文化

先进的企业文化是企业生存和发展的内在动力，是提升企业形象、增加企业价值的无形资产，是企业核心竞争力的形成要素和重要组成部分。这里从企业形象入手，分析形象构成要素，提出用先进的企业文化科学整合企业生产要素，促使企业和员工形成共同价值观，增强凝聚力，使企业在激烈的市场竞争中实现可持续发展。

### （一）提炼企业的核心价值观

任何组织想继续生存和获得成功，一定要有健全的核心价值观作为所有政策和行动的前提，而且企业成功最重要的因素是忠实地遵循这些核心价值观，如果违反这些核心理念，就必须加以改变。在进行文化定位时，关键一点是要把握自己真正相信的东西，而不是抓住其他公司定为价值观的东西，也不是外在世界认为应该是理念的东西。对核心价值观的陈述可以用不同的方法，但必须简单、清楚、纯真、直接而有力。

### （二）发挥企业家在企业文化建设中的核心作用

企业家处于企业文化建设的核心地位，一方面，企业家的思想、行为等对企业文化有很大的影响，企业文化的培育在很大程度上取决于企业家的价值观和职业素质；另一方面，企业文化的确立需要企业家自上而下地推动，用自己的权威去整合企业中的价值观。

### （三）要与中华民族优秀的传统文化相承接

任何一个企业的文化底蕴都来自本民族的传统文化。以中国传统文化着眼于以规范引导人们的日常行为，其精髓是"诚为本，和为贵，信为先"。这种文化的包容性和开放性，使中国的民族文化具有与时俱进和兼容并蓄的特征，这在经济全球化和市场经济条件下同样有着现实指导意义，能够为先进企业文化建设提供肥沃的土壤。因此，培育先进企业文化必须弘扬中华民族的优秀传统文化，并根植其中，吸取其精华。我们应该学习和借鉴一切有益的先进经验，不能生搬硬套，还应该学习和借鉴一切先进的文化，创造出适合我国国情，具有中国特色和力争世界领先的企业文化。

# 第六节　企业营销管理

## 一、企业营销管理面临的经济状况

新时期，企业要想在激烈的市场竞争中站稳脚跟，持续地生存与不断地发展扩充，便需要制定科学有效的营销管理策略。伴随经济全球化进程的持续深入，我国市场环境发生了较大变化，较多企业在动荡变化的市场环境下，较易由于经营不善、营销管理策略不佳而被市场所淘汰，形成较多损失甚至最终破产。而一些企业则可利用市场环境不断变更的机会，制定有效的营销管理策略，实现扭亏为盈，创设更多的经济效益与社会效益。

信息时代，企业之中的人力、物力及财力资源，再加上应用技术构成的工作体系则处在不断变化的动态发展状态，该类变化有可能令企业面临较大经济损失，也可为企业创设更多获利机会。也就是说，新时期环境就好比一把"双刃剑"，企业要想获取持久的生存与发展，提升生产经营水平，便应深入探究企业营销管理策略，掌握丰富的实践工作经验。各个区域中，人们针对企业营销管理理论的认识研究广度与深度均有所不同。因此，应合理探明企业实施营销管理的真正内涵，方能缩短地域差距，依据消费者内心需求，优化营销管理效能，获取全面的发展与提升。

## 二、企业营销管理核心意义内涵

企业营销管理为适应社会化生产环境，可节约成本投入，以合理的经费获取最大化的利润保障，创造安全的发展环境。现代社会发展生产进程中，各类大规模劳动生产均需要做好整体劳动的调和与监督，方能令单纯的劳动有效地满足总体生产标准，确保整体劳动工作均能符合既定目标的科学开展。特别是在科技手段快速发展、各类丰富产品持续推陈出新的新时代，市场环境瞬息万变，企业开展科学有效的营销管理便更为重要。制定科学决策，可辅助企业赢取竞争主动。在经济全球化进程中，企业身处的经营发展环境越发多变复杂，各类影响因素更加多样化。因此，需要企业创建起良好适宜的管理机制，开展切实可行的企业管控，方能在多变的市场环境下制定可行性管理决策，实现又好又快的全面发展。

现代企业为确保具备充分的资源实施生产经营管理，创建预期效益利润，应采用科学合理的管控策略，方能提升管理水平，确保企业各类资产资源的整体性、可靠性、稳定性及牢靠性。企业管理经营的最终目标在于创建最大化效益，赢取利润。然而，在向着该类目标发展的阶段中，势必会经受各类不利因素的作用影响，进而导致企业从事经营活动中最终目标较难实现。为此，企业应实施科学合理的营销管控，方能应对各类不利因素的作用影响，确保经营目标的全面实现。

## 三、企业营销管理科学策略

当前，大规模企业建设发展阶段中，管理经营为其生存阶段中的一项永恒主题。通过科学管控与合理经营，可打造创新型单位。因此，企业不应片面地追逐生产速率的扩充及经营规模的壮大，而应不断地追求企业核心素质的增长及总体竞争力的强大。因此，就企业实施营销管理阶段中包含的主体矛盾及存在的薄弱环节，应引入可靠有效的管理策略，注重自主发展创新，与时俱进，提升工作质量水平。

### （一）与时俱进，强化企业管理

信息时代，企业应与时俱进，持续更新，树立以人为本的工作理念，做好全面协调管控，秉承科学发展观，创建一支综合素质优良的营销团队，实现资源的科学开发与有效应用，做好生态环境保护。同时，现代企业应形成勇于创新的工作理念，只有全面地追求卓越，方能实现可持续发展。实践工作中应注重不断地在学习发展中实现创新，同时用新型理念指导创新管理。应基于文明和谐、配套合理的工作原则，提升企业整体凝聚力与向心力，通过有效的奖惩管理措施全面激发员工主观能动性及创新发展性，进而令企业真正向着科学规范的营销管理方向不断迈进。伴随企业规模的持续扩充，其经营决策与人才选拔工作更为重要。因此，应创建合理科学的公司法人治理系统结构，清楚出资方、企业董事会及经理人员承担的权责义务，完善企业经营人及所有方面的委托代理权责和权力制衡制度，令企业经营人、所有方及生产人间的关系更加顺畅。同时，应有效应对企业内部各个层面的组织关系，创建横向交流、纵向管理指挥体系。还应有效地应对企业集团总部管理集权同公司内部不同部门之间的分权管理关系，创建科学的公司治理组织系统，实现人权独揽及小权分散分权与集权的全面集成，令企业管理营销制度与工作模式更加完美和谐、有序高效，进而为企业的全面发展、茁壮成长打下坚实的基础。

### （二）夯实基础，扩充管理领域

企业单位的规范化营销管理离不开坚实基础工作的核心保障，为此企业应夯实工作作风，尤其应做好管理机构及领导作风建设，令工作流程进一步规范完善，创建具有先进性、充满应用价值的营销管理制度系统，进而令工作体制更加精准化，更为细化，呈现可量化特征。

企业经营管理领域应不断拓宽，工作内涵应进一步全面深化。伴随竞争发展环境、各类应用资源的不断发展变化，企业工作范畴、实践领域及核心重点应做好有效调节协调。因此，应针对竞争主体，由单个企业发展模式逐步转变成整条价值链模式。营销管理范畴不仅包括企业自身各类人力、物力、财力与信息资源，还应逐步发展延伸到供应方及客户，进而令竞争资源合理地由以往单纯的物质、人员、财力竞争发展转变为知识技术、信息资源及无形资产的竞争，打响品牌战略。在优化营销管理的基础上，应强化信息化建设，做好人本管理经营，注重知识营销以及品牌营销。为符合企业效益提升目标，实现持续发展，企业还应注重绿色建设管理，承担有效的社会责任，打造文明和谐的工作环境，提升诚信管理重视力度。

## （三）重视非物质资源的合理开发与应用

为适应我国市场发展环境，实现循环经济建设，做好生态环境的科学保护，应加强节约型资源建设，打造环境友好型社会，开展绿色管控经营，科学履行各项社会责任，即应将企业打造建设成真正文明和谐、现代化、生态化单位，实现可持续发展。

企业打造节约资源管理模式，应创建包括替代、节约、再应用、系统化及资源化等先进手段组建的技术支撑系统，构成对节约资源经营管理、生产运行极为有利的产品结构及组织体系。企业还应创建科学有效的效益评估系统及物资管控与成本管理体制。

应重视非物质资源的合理开发与应用。由于新时期物质资源更加趋于紧张，进而令非物质资源的应用开发变成企业发展经营的全新途径。当前消费市场为买方主体模式，消费者对一些产品具备的社会属性重视度则渐渐超出了其本身价格及物量，可令消费者在精神情感上获取满足的商品品牌及设计形象则逐步变成主体竞争对象。为此，现代企业应快速全面地注重商品品牌及自身形象的发展建设。同时，应时时刻刻做好企业声誉的管理维护，进而真正地扩充无形资产总量，创设显著的品牌效益。

企业承担的社会责任逐步上升到全球高度的重要问题，企业应树立积极热情的工作态度应对自身应承担的社会责任与具体标准，应就企业劳动用工、经营组织管理、经费酬劳支付、职业安全，以及健康文明体制积极开展适应性发展变革，全面保护员工应享有的合法权益。员工评价标准主要为企业开展岗位评价管理的重要环节与难点问题，可由工作岗位对工作人员的技能标准、岗位工作任务量范围、工作职能范畴及同他类岗位的关系密切性、工作标准精密性、取得成果时在标准的等级上进行全面考察，创建有效、科学的评价指标体系。

岗位测评结果通过合理调节，需要令测评结论完成与岗位等级表的对接转换。该过程中，可令各个分类设立岗位集成形成两大类别，即企业管理以及生产层。前者应履行岗位工资管理体制，即由人力资源机构负责操作，而生产层则应履行计件工资管理体制。人力资源机构应令计件工资分配划拨到企业各个生产车间，后者依据岗位评价具体结果，明确内部有效的分配管理模式，进而充分做好薪酬体制设计安排的前期准备。

### （四）引入网络营销策略，创新管理

信息时代，企业应引入网络营销策略，创新管理。当前，消费者在市场营销发展阶段中始终处于主体地位，因此供应商应为其供给符合主观意愿与迫切需求的个性化、特色化产品。企业应依据市场导向、消费者主流趋势定制生产优质产品，真正为消费者提供量身定做的服务。另外，应进一步制定科学先进的价格营销策略。可利用网络系统科学实施，提升消费者对各类产品价格的整体敏感性。企业还应进一步实现营销渠道的全面创新，借助网络系统与消费者创建直接联系，将各类适合客户的产品有效地呈现出来，并为消费者提供快速直接的咨询服务，应对其对产品提出的疑问，并接受顾客订单。目前，较多消费者经常习惯对其在意的供应商进行二次或多次采购，而没有过多的时间与精力培养寻找新供应商。因此，企业应真正留住客户，针对其现实需求，提供人性化服务，创新形式，扩充营销管理渠道，进而赢得市场份额，创设显著效益。

## 四、企业营销管理

为提升企业核心竞争力，创设显著效益，获取发展主动性，企业只有真正明确营销管理工作重要性、核心内涵，针对当前经济发展状况，制定科学有效的应对策略，与时俱进、强化管理、夯实基础、扩充管理领域，注重非物质资源的合理开发应用，方能真正获取良好的发展，站稳脚跟，适应市场发展环境，实现稳步提升。

### （一）市场消费需求与营销管理

市场最直观的表述是指商品进行交换的场所；经济学则从市场是交换关系的总和的角度进行分析；而从市场营销的角度来看，卖主构成行业，买主则构成市场，市场是社会需求的总和。

市场消费需求，是指消费者具有市场购买能力的需求和欲望。因此，市场的规模和容量包含三个主要因素，即有某种需要的人、具有满足这种需要的购买能力和购买欲望，用公式来表示就是市场 = 人口×购买力×购买欲望。市场的这三个因素是相互制约、缺一不可的，只有三者结合起来才能构成现实的市场，才能决定市场的规模和容量。

市场营销是指企业以消费者为中心，旨在占领市场，扩大销售，实现预期目标所进行的一切经营活动。它包括市场调研分析、选择目标市场、产品开发、市场开发、产品定

价、渠道选择、产品促销、产品储运、产品销售、售后服务等一系列与市场有关的业务经营活动。

## (二) 市场营销的指导思想

指导企业领导者和管理者从事市场经营活动、解决各种经营问题的指导思想由一系列观念构成，包括全局观念、满足市场消费需求观念、竞争观念、开发与创新观念等。

## (三) 市场细分与目标市场选择

市场细分是企业根据消费者的购买行为和习惯的差异性认识消费者，确定目标市场，开展市场营销的方法。市场细分的意义在于有利于企业发掘新的市场机会，有利于增强企业的适应能力及应变能力，有利于企业提高经济效益，同时有利于提高社会效益。

经过市场细分发现市场机会后，企业要科学选择目标市场。企业的目标市场应具备以下条件：该市场应有相当大的现实购买力和潜在购买力，进入该市场后企业可以发挥优势和战胜竞争者，企业具有进入该市场的可能性和可行性。企业可根据市场状况和自身条件选择目标市场策略，主要策略包括市场定位策略、无差异市场策略、差异市场策略、集中性市场策略等。市场定位就是确定本企业产品在市场上的位置；无差异市场策略是指把对象市场看成一个整体，以单一的产品去满足不同细分市场的需要；差异市场策略是指为满足不同的市场需求制造不同的产品，采取有差异的营销组合；集中性市场营销是指在整个市场中选一个特定的子市场，充分发挥本企业自身的优势，采取专业化生产，并集中在该子市场营销。

## (四) 主要的营销策略

正确选择及合理调整企业的产品策略、价格策略、销售渠道策略、促销策略等整体营销策略是市场营销管理的重要内容。产品策略主要包括产品市场生命周期策略，产品从投入市场直到在市场上被淘汰，如同生命有机体一样，有一个产生、形成、发展、成熟直至衰亡的过程，这个过程就称为产品市场生命周期。根据产品处于其市场生命周期各个不同阶段的特点，灵活制定不同的营销策略，如新产品开发策略、品牌和商标策略、包装策略等。价格策略主要包括用成本导向定价法、市场需求定价法、市场导向定价法等不同方法给产品定价，根据具体情况采取高价策略、低价策略、折扣让价策略、差别定价策略、多品种定价策略、心理定价策略等。销售渠道策略包括选择中间商，选择直接销售和间接销售、短渠道和长渠道、窄渠道和宽渠道等方面采取的不同策略。促销策略主要包括人员推销、广告、营业推广等多种促销方式的选择及组合策略。

# 第五章

## 企业经济管理信息化理论 >>>

## 第一节　企业信息化的理论概述

### 一、信息经济学理论

（一）信息经济的内涵与特征

1. 信息经济的内涵

"信息经济"是随着经济信息化和信息经济化的发展提出并不断完善的一个新概念。对信息经济的内涵，许多学者都提出了自己的看法。总体来看，信息经济的内涵，可以分为两个方面来理解。一是广义的信息经济，主要是指信息社会的经济形态。是指信息在整个社会过程中充分发挥作用，信息技术成为社会物质生产的主要支撑基础，信息经济成为经济活动的中心内容，信息产业与非信息产业之间良好的协调融合，从而使信息产业在国民经济中居主导地位的一种经济形态。二是狭义的信息经济，指信息部门的经济。只包括与信息的生产、加工、处理和流通有关的经济活动，是指这些活动的综合。狭义的信息经济是与国民经济中的农业经济、工业经济等相对应的。

2. 信息经济的主要特征

（1）信息成为人类社会的主要经济资源

在信息经济社会，信息成了一种主要的经济资源，在社会经济生活中发挥着巨大的增值作用，人们在各种经济活动中不仅注重信息资源的开发利用，更注重用信息资源来代替和改善其他经济资源，实现社会经济结构中资源结构的优化。

（2）信息技术成为经济活动中的物质基础

信息技术是以微电子技术为基础，以计算机技术为核心，以光纤和卫星通信为先导的。现代的信息技术水平突飞猛进，与传统的技术相比，更能适合用户的特定需求，更能发挥企业自身特点，更符合生态平衡的高新技术、集约化的生产。在信息经济时代，信息作用的发挥与实现是以信息技术的应用为其支撑手段。任何经济活动必须有相应的技术手段和设备才能进行下去，尤其是生产活动。信息技术的不断提高与实际应用，已经成为社会经济生活的一个重要方面。

（3）信息资源的管理成为信息经济管理的主要方面

现代社会里，信息资源是一种经济资源。它和其他自然资源一样具有稀缺性、有用性和可选择性。同时，它还具有依附性、信息资源与载体的不可分性、共用性、非对称性、时效性，等等。信息资源的开发利用，不仅可以自身增值，而且可以通过提高质能资源的素质，以及质能资源范围认识的扩大，节约和提高经济资源开发和利用价值，从而形成信息经济的资源优势，使产品中的信息含量增加，信息产品日益丰富。信息资源如此重要的作用，使信息资源的管理成为信息经济管理的主要方面。

（4）信息产业在国民经济中占有较大的比重，信息产业的增长与发展成为经济发展的主要因素

在就业结构上，从事知识产业、信息产业的人数在大幅度提高。产业部门中信息劳动者人数占总从业人数的比例大于物质劳动者所占比例。这可以采用两种不同的标准：一是产业部门中信息劳动者人数占从业总人数的比例大于其他各产业部门全部物质劳动者的比例；二是产业部门中信息劳动者人数占总从业人数的比例大于农业、工业、服务业中任何一个部门物质劳动者所占的比例。三是，从信息经济的产出来看，信息部门的产值占国民生产总值的比重大于物质部门产值所占的比重。同样，信息部门产值占国民生产总值的比例大小也有两个标准，一是信息部门产值占国民生产总值的比重大于农业、工业、服务业任何一个部门产值所占比重；二是信息部门产值占国民生产总值的比重大于其他产业产值综合所占比重。

（二）信息资源的含义、类型与特征

1. 信息资源的含义

信息资源是随着信息数量的增加、信息作用的扩展而出现的一个新概念，是人们对信息的认识水平提高的结果。资源是指自然界和人类社会中一切可以用于创造物质财富和精神财富的客观存在形态。根据这一概念，信息的特征显然符合要求，特别在信息经济时代的今天，信息资源创造物质财富和精神财富的作用日益增强。而最早将信息作为资源来看待的是新古典经济学派的代表人物马歇尔，他认为知识是资产中最重要的部分；后来，美国经济学家费歇尔把人力和知识一般性的归纳为资产，同其他物质性资产相提并论。而到

20 世纪中后期，人们才把知识扩展为信息，并把信息当作一种普遍性的社会资源来看待。

信息资源作为一个发展的概念，其内涵是不断丰富的。从它的产生到现在，许多学者都有着不同的看法。目前，我们可以从广义、狭义两个角度认识信息资源。狭义地说，信息资源是指人类社会经济活动中经过加工处理有序化并大量积累的有用信息的集合。广义地说，信息资源是人类社会信息活动中积累起来的信息、信息工作者、信息技术等信息活动要素的集合。

2. 信息资源的类型

（1）从信息资源所描述的对象来考察

从信息资源所描述的对象来看，信息资源由自然信息资源、机器信息资源和社会信息资源组成。自然信息是指自然界存在的天然信息，是非人为的信息。机器信息是指反映和描述机器本身运动状态及变化特征的信息。社会信息是人类生产与生活中不断产生和交流的信息的综合，是信息资源的重要组成部分。

（2）从信息资源的载体和存贮方式来考察

从信息资源的载体和存贮方式来看，信息资源由天然型信息资源、智力型信息资源、实物型信息资源和文献型信息资源等构成。天然型信息资源是以天然物质为载体的信息资源，是信息的初始形态。智力型信息资源是指以人脑为载体的信息资源。实物型信息资源是以实物为载体信息资源。文献型信息资源是指以纸张等传统介质和磁盘、光盘、胶卷等现代介质为载体的信息资源。

（3）从信息资源的内容考察

从信息资源的内容来看，信息资源由法律、军事、经济、管理、科技等信息资源组成。法律信息资源主要由法律制度、法律体系、立法、司法和各种法规信息构成。经济信息资源是指经济活动中形成的信息综合，它随经济活动而产生、发展，其内容繁多，有国家经济政策信息、社会生产力发展信息、国民经济水平、比例与结构信息、新技术开发与应用信息、生产信息、劳动人事信息、商业贸易信息、金融信息、经营信息、市场信息、需求信息等。管理信息资源是各行业各层次管理与决策活动中形成并反映管理过程、效果等的信息。科技信息资源是与科学、技术的研究、开发、推广、应用等有关信息。

（4）从信息资源的反映面考察

从信息资源的反映面来看，信息资源由宏观信息资源、微观信息资源组成。宏观信息资源反映的是一个地区或国家的整体情况的信息，并以反映总体为主要特征。微观信息资源只反映企业或单位内部的部分特征，是关于生产、流通等环节的部分特征的描述。另外，从信息资源的作用层次来看，信息资源由战略信息资源、战术信息资源组成。从信息资源的开发程度来看，信息资源由未开发的信息资源和已开发的信息资源组成。

### 3. 信息资源的特征

**（1）分布的广泛性与不均匀性共存**

作为资源的信息无处不在。信息资源的分布十分广泛，存在于自然界的各个角落，人们的日常生活处处离不开信息。然而，信息资源的分布又不是均匀的。一般来说，分布在社会机构中的信息资源多于分布在自然界和个人中的信息资源，分布在城市的信息资源多于分布在乡村的信息资源。分布在专职信息机构的信息资源多于分布在非信息机构的信息资源，分布在发达国家的信息资源多于分布在发展中国家的信息资源。信息资源的不均匀分布，一方面受经济、历史的影响，另一方面也反过来影响着社会经济的发展。

**（2）共享性与排他性共存**

信息具有共享性的特征，人们随处可以获得信息。随着信息技术的发展，信息的共享性表现得更为明显。各种媒体、现代通信手段及电脑网络的发展，使人们获得信息的途径越来越多，并使人们收集信息的成本大大降低，这样，信息可以在全社会迅速传播，其共享性越来越突出。另外，信息也具有排他性。现今社会，信息的价值不断提高，许多信息能够创造出巨大的财富。这使信息的拥有者极力地加强信息保密工作，以防止自己丧失竞争优势。这也是造成信息不对称的重要因素之一。信息创造价值的能力，使信息具有了排他性的特征。

**（3）无限性与有限性的并存**

信息的"储量"是无限的，取之不尽，用之不竭。信息资源主要产生于人类的社会经济活动之中，而人类的社会经济活动是一个永不停歇的运动过程，其内容不断地丰富、不断地进步，信息也就随着经济活动的进行处在不断丰富、不断积累的过程之中。然而，信息资源在一定条件下相对于人们的特定需求来说又是有限的、稀缺的。由于信息具有排他性，高价值的信息总是掌握在少数人手里，这就使很多人无法得到需要的信息。另外，人们对信息资源的需求越来越大，要求信息资源内容综合度越来越高，针对性越来越强。而且，信息资源又呈散布状态，单一的信息资源不能单独发挥创造财富的作用，因而，满足人们某种特定信息需求的信息资源在质和量上表现出有限性和稀缺性。

**（4）非消耗性与时效性并存**

信息资源可以多次开发，反复使用。在开发与使用过程中，信息不仅不会被消耗掉，反而会随着情况的变化，不断形成新的信息资源。但是，同一信息资源并不可以永久地被利用下去，随着时间的推移，信息资源会很快失去其开发利用价值，即信息资源具有时效性。不同的信息资源，其时效性程度是不一样的。一般来说，知识性信息资源的时效性较弱，消息性信息资源的时效性较强。

（5）不可分性与不同一性并存

信息在生产中是不可分的。信息生产者为一个用户生产一组信息与为许多用户生产一组信息所花的成本几乎没有什么差别。信息在使用中也具有不可分性，只有整个信息集合都付诸使用，才能发挥其使用价值。另外，信息还具有不同一性。利用信息资源时，不断增加同一信息的投入毫无意义，作为一种资源的信息必定是完全不同的。因此，对于既定的信息资源来说，它必定是不同内容的信息集合，集合中的每一信息都具有独特的性质。

### （三）信息经济系统

**1. 信息经济源系统**

信息源就是产生信息的根源。信息经济源根据生产信息和发送信息的物体不同，可以分为如下几大类。

（1）自然信息源

自然信息源是指自然界各种未经人为因素影响的自然物体产生的信息。自然物体产生的信息源，就是由这些信息、发生体组成的源系统。

（2）人工自然信息源

人工自然信息源是指那些经过人为因素影响的人工自然体所组成的信息源系统。了解这类信息，对人类经济活动可以进行自我优化控制，在改善自然环境中具有重要的作用。

（3）科技、文化、教育信息源

科技、文化、教育信息源是指由生产、负载与发送科技知识、文化知识相教育情况的单位、机构和物体所组成的信息源系统。其中，科技信息源对经济活动的影响更加直接和紧密。

（4）经济信息源

经济信息源是由一切经济性单位构成的信息源系统。经济信息源中，主要是市场经济信息、金融信息、经济管理及法律法规信息等。

**2. 信息经济流系统**

信息流是指信息传播。这包括两个方面：一是信息的传播形式；二是信息传播所依赖的载体。所有实现信息传播的形式和提供载体的部门及单位以某种确定的关系联系起来的集合，就是信息流系统。那些直接或间接为经济活动传播信息的系统客观上就构成了信息经济流系统。信息流系统主要包括教育部门、邮电通信部门、广播电视部门和印刷出版部门。

信息传播的基本形式分为两种：一种是时间传播；一种是空间传播。信息的时间传播是指信息依靠在某种载体上贮存，随着时间的流逝而不断地传播下去；信息的空间传播是指信息在空间上流动传输。时间信息流包括文献、书籍、文件、照相、唱片、磁带、实物等；空间信息流可以划分为三大类：人与人之间的通信、人与机器间的信息传播和机器与机器之间的通信。

### 3. 信息经济汇系统

信息汇，也就是信息汇集的地方。它包括接收信息、整理和加工信息的意思。信息经济汇系统，是指由从事信息收集、整理和加工，使之转化为对经济活动有直接效用的信息部门或单位所组成的系统。信息汇系统的主要功能是收集信息和整理、加工信息。

信息汇系统的组织，根据其职能区别，可以大致划分为政府行政管理信息汇系统与思想工作信息汇系统、自然科学与工程技术信息汇系统、社会信息汇系统和经济信息汇系统。

## 二、信息化的内涵、特征与内容

### （一）信息化的含义

信息化是技术革命和产业革命的结果，它的概念是从社会产业结构演进的角度提出来的。按照当时日本学者的理解，信息化指的就是从物质生产占主导地位的社会向信息产业占主导地位的社会发展的过程。随着信息化研究的不断发展，人们对信息化的概念有了更加深入的认识，并从不同的角度提出了新的信息化概念。主要有以下几种：①信息化是指信息技术和信息产业在经济与社会发展中的作用日益加强，并发挥主导作用的过程。②信息化是利用现代电子信息技术，实现信息资源高度共享，挖掘社会智能潜力，推动经济和社会优质发展。③信息化一是利用信息技术改造国民经济各个领域，加快农业的工业化和工业的信息化；二是利用信息技术提高国民经济活动中信息采集、传输和利用的能力，提高整个国民经济系统运行的生产率和效率，加强国民经济的国际竞争能力。

### （二）信息化的特征

#### 1. 创新性

信息化是多种技术综合的产物。它整合了半导体技术、信息传输技术、多媒体技术、数据库技术和数据压缩技术等，将这些技术融合，形成自身的特色。信息化程度的不断提高，自然就要求技术要不断地创新，只有不断创新才能满足更高更新的需求，而技术创新又引起了产业的升级，这便使信息化带有很强的创新色彩。信息技术的创新性主要表现在技术发展快、技术向生产转化快和技术间的融合快等几个方面。

#### 2. 竞争性

信息化是通过市场和竞争推动的，从企业到国家，都是为了不断提高自身的竞争力，才使信息化诞生并不断升级。在实际中，政府引导、企业投资、市场竞争成为信息化发展的基本路径。信息化发展到今天，其作用不断地凸显，现在已经不仅是企业快速发展的主要途径，更是一个国家提升竞争力的重要手段。信息化正是在激烈的竞争中产生并不断发展的。

### 3. 渗透性

信息化还具有极强的渗透性，它深刻影响物质文明和精神文明。具体来讲，信息技术的发展带动了新的交叉学科的产生和新兴产业的兴起，特别是文化信息产业，已经成为经济发展的主要牵引力。此外，信息化还使各国经济和文化的相互交流与渗透日益广泛和加强了。信息技术的渗透途径有信息技术与其他技术的结合、信息技术与管理方法的结合及信息技术直接在产品上应用；等等。

### 4. 开放性

开放性是信息化的一个明显特征，信息化概念本身就蕴含着开放的要求。没有开放，就无法实现信息交流，也就没有信息化。目前，信息和信息交换已经遍及各个地方，包括信息在企业内部的交换，行业内部的交换，国家范围内的交换，以及国际之间的信息交换。信息技术的发展大大加速了全球化的进程，也在现实中加强了各个国家的开放程度。

### 5. 效益性

效益性应该说既是信息化的特性，也是信息化的目的。信息化正是以此为目标而产生并不断发展的。信息技术可以显著地提高资源利用率、劳动生产率和管理效率，降低成本，增强决策者的信息处理能力和方案评价选择能力，拓展决策者的思维空间，延伸决策者的智力，最大限度地减少决策过程中的不确定性、随意性和主观性，增强了决策的理性、科学性及快速反应，从而取得巨大的经济效益。

## （三）信息化的内容

### 1. 信息技术的广泛应用

信息技术的广泛应用是信息化的基础。包括信息化基础设备的配备和信息技术的开发与应用两个方面。信息化基础设备是硬件平台，信息技术的依托。在具备了硬件基础后，信息技术的开发与应用就变得十分重要，这是决定信息化实现与否与发展速度的关键因素。

### 2. 信息资源的开发利用

信息化的过程就是信息资源的大量开发与利用的过程，信息资源的不断开发与利用是信息化的源泉。在此方面，原始信息的采集和及时的信息传递十分重要，做好这两方面的工作,才能保证信息资源得到开发并能够应用到实践中去,也使信息化能够在实践中真正发挥作用,体现其自身的价值。

### 3. 信息服务的完善

信息服务的完善是信息化不断维系下去的要求。目前,网络技术发展迅速,为信息技术的应用与交流提供了良好的平台,也方便了信息服务的完善。在信息化的建设中,各级组织的内部和外部都要建立起信息服务体系,通过信息服务将信息设备、信息技术和信息资源连成一个整体,充分发挥信息化的作用。

### 4. 人才的培养

任何信息工作都离不开人才,从信息的开发到信息的应用,没有专业人才的支持是无法实现的。信息化人才的数量和质量是影响一国信息化发展状况的重要因素。因此,信息化要求加强人才的培养和信息技术知识的普及。

### 5. 信息化的法规和标准建设

信息化的实现,需要良好的外部环境,加强规范化管理,制定出相关的规章制度。有了良好的法律法规和行业规范的约束,信息化才能健康、有序地发展。

## 三、企业信息化的内容与范围

### (一) 企业信息化建设的内容

#### 1. 计算机在企业的广泛应用

计算机在企业的广泛应用是企业信息化最基本的内容。在信息化企业,绝大多数信息都是以"电子信息"的形式出现的,必须借助计算机进行处理。计算机应用包括硬件建设和维护、软件开发和维护及软件应用三项主要内容。其中,硬件建设需要企业投入一定的资金。应用软件的建设可以采取购买商品化软件、联合开发、委托开发和独立开发等方式。

#### 2. 企业信息网络的建设

企业信息网络的建设是企业各个部门、各级各类人员充分利用企业内部的各种信息,并实现本企业与国内外其他企业之间进行信息交换的条件。信息网络的建设应与企业计算机应用水平和信息资源库的建设水平相适应。由于信息网络建好后,重建和改建的难度很大,因此,在信息网络建设时,应首先做好需求分析。在建设的过程上可以选择首先加强局域网的建设和应用,最后逐渐过渡到整个企业的信息网络。

3. 企业信息资源库的建设

信息资源库保存和管理着整个企业的信息资源，以供企业内外部各级各类人员使用。完整、系统、最新的信息资源可为领导决策提供有力的支持并向外界提供本企业的公有信息，增加市场机会，因此，信息资源库的建设是企业信息化非常重要的一环，影响着企业信息化的水平和效果。

4. 信息化人才队伍的建设

与信息化的内容相同，企业信息化也离不开人才的培养。企业要想成功地实施信息化工程，就必须拥有一批计算机专业人才，包括开发人员、维护人员和应用人员。并且要将这些人员合理利用，以良好的组织和高效的管理将人才联系起来，发挥出各自的作用，推进企业信息化的实现。

5. 企业信息化的基础工作

企业信息化的实现需要做好扎实的基础工作。这些基础性工作包括企业标准化的实现，各种严格的程序和规范的制定，行之有效的管理机制和激励机制的建立，有计划、有步骤的人才培训与教育及业务流程的重组和优化的设计等。做好这些工作，是实现企业信息化的前提。

## （二）企业信息化建设的层次

传统的分层方法是将企业信息化分为三个层次，即生产过程的自动化、管理信息化和辅助决策的网络化。

1. 生产过程的自动化

生产过程的自动化包括设计过程自动化、制造和控制过程的自动化。主要是硬件和一些通用性很强、功能相对单一、稳定的软件。它是企业全面信息化的前提与必要条件。

2. 管理信息化

管理信息化是指在企业管理的各个活动环节中，充分利用现代信息技术，建立信息网络系统，集成和综合企业的信息流、资金流、物流、工作流，实现资源的优化配置，不断提高企业管理的效率和水平。管理信息化的核心是运用现代信息技术，把先进的管理理念和方法引入管理流程中。在企业信息化建设过程中，必然会通过对业务流程的分析和梳理，有效地优化企业的业务流程和管理模式。企业管理信息化可以借助信息手段，加快企业管理信息的传递、加工的速度，使这些信息资源得到可靠的保存和有效的利用。促进企业管理水平的提高。它是承上启下的中间环节，更是最复杂的环节，企业信息化的主要难点就在此过程中。

3. 辅助决策的网络化

辅助决策的网络化是在大部分部门的数据成熟后，就可以考虑整个企业的信息化，即建立网络体系，利用网络进行辅助决策。它是以管理信息化为基础的，它的建立与实现直接和管理信息化层有着紧密的联系。

（三）企业信息化的主要范围

1. 营销管理

营销管理有宏观与微观之分。宏观营销管理是指以整个社会经济为出发点，宏观地分析商品或服务从生产领域流向消费领域的全过程，从而使各种不同的供给能力与各种不同的需求相适应，以实现社会的近期、中期和长期目标，促进社会经济的发展，满足整个社会不断增长的物质文化需要。而微观营销管理是指一个企业、机构或组织为实现其目标所进行的有关企业适应外部环境因素与消费者行为而开展的整体营销活动，满足顾客的需要，使企业获得尽可能高的收益，并促使社会整体效益提高。

传统的营销方式是建立在庞大的物理销售网、遍布各地的销售代表和强大的广告攻势的基础之上的。企业实行的是 4P 的营销组合策略，即将产品（Product）、价格（Price）、分销（Place）和促销（Promotion）四个变量作为企业营销策略的四个因素。传统市场营销着眼于物流，包括实物流或货币流。

随着网络技术的发展，营销管理的方式已经发生了改变，利用网络进行营销已被越来越多的企业采用，在诸多市场营销方式中的优势地位日益增强。网络营销就是利用互联网技术，将企业、供应商、客户和合作伙伴以及其他商业和贸易所需的环节连接起来，利用互联网系统，方便、快速地提供商品的宣传、销售及服务等各种商务活动的营销方式和手段。以舒尔茨为首的营销学者提出新的营销理论 4C 组合：Customer（顾客的需求和期望）、Cost（顾客的费用）、Convenience（顾客购买的方便性）和 communication（顾客与企业的沟通）。网络营销是通过网络信息传输的，是以信息流为着眼点的，它彻底改变了传统的买卖关系和营销方式。网络营销有着独特的优点。在电子情况下，有关产品特征、规格、性能以及公司情况等信息都被存储在网络中，便于节省开支、控制预算；企业发送营销信息和获取顾客反馈的信息都比较及时；企业可以在网络上主动发布产品或服务信息，消费者在任何地点都可以咨询有关信息和发出购物信息，从而使营销活动更为有效；企业可以一对一地向顾客提供独特化、个性化的产品或服务；企业通过网络来收集顾客的意见，并让顾客参与产品的设计、开发、生产，可以使生产真正做到以顾客消费为中心；网络营销过程中，能随时根据市场需求及时更新产品或调整价格，具备相当程度的灵活性。

2. 生产管理

生产管理是指为实现企业的经营目标，有效地利用生产资源，对生产过程进行组织、计划、控制，生产出满足社会需要、市场需求的产品或提供服务的管理活动的总称。

生产管理技术从 19 世纪 40 年代末开始，在 100 多年里经历了由点到线、到面，再到全体的发展过程。点效率时期主要以泰勒的科学管理为代表，通过动作标准化、激励工资、进行培训来提高生产效率，关注每个生产点的效率，它的技术主要是生产标准化；线效率时期以福特汽车的流水线生产为代表，它在单点的基础上关注多点整体线形效率，它的技术是生产线平衡面效率以日本汽车为代表，它关注提高多品种、系列化流水线生产率，它在线形基础上加上多品种形成对生产面的管理，技术上包括柔性生产系统、JIT 和全面质量管理等；体效率时期关注提高多个具有供求关系企业之间所形成的体系效率，它的技术包括价值链分析、信息共享、流程再造和敏捷制造等。

生产管理的主要内容有确定合理的生产组织形式、制订科学的生产计划，以及计划的实施和控制。生产管理过程的信息化就是围绕这些内容展开的，实现的方式包括准时生产方式（JIT）、计算机集成制造系统（CIMS）、MRPⅡ和企业资源计划（ERP）等。

CIMS 于 1974 年在美国提出，它是致力于全部工厂业务的计算机化，利用计算机软硬件、网络和数据库技术，将企业的经营、管理、计划、产品设计、加工制造、销售及服务等部门和人、财、物集成起来，从产品设计、工业设计到制造，以及通过计算机生产计划制定系统完成生产与市场、库存、财务、质量、设备管理等方面的统筹与协调，使整个工厂，甚至全部企业的管理都能得到计算机的支持，以提高企业的竞争力。我国是在 20 世纪 80 年代中期制定的 CIMS 发展计划，90 年代开始实施应用示范工程。主要包括计算机辅助设计（CAD）、计算机辅助制造（CAM）、计算机辅助工艺计划（CAPP）和计算机辅助管理等内容。

MRPⅡ是在 MRP 的基础上发展起来的，它综合了企业生产系统的内部资源要素、市场资源、财政资源、技术资源，对生产系统及其经营活动建立起了一种模型，从而把企业的制造资源和经营任务需求进行平衡。它的基本思想是围绕物料转化组织制造资源、实现按需要准时生产。MRPⅡ强调以物料为中心组织生产、上道工序要按照下道工序要求的时间和数量生产，前一个生产环节为后一个生产环节服务，实现准时生产。

ERP 是在 MRPⅡ的基础上，考虑了离散型生产和流程型生产的不同特点，把质量、设施维护、过程控制、数据采集和电子通信等结合起来，实现更广泛的信息集成。

3. 产品开发

产品开发是指企业为了满足市场上的消费需求和企业自身发展的需要，组织有关人员收集新产品的开发构思，并运用一定的方法和工具对新构思进行评估及筛选，估计新构思的销售量、成本和利润组织产品生产，选择目标市场对新产品进行试销，直至新产品完全商业化的整个过程。

产品开发一般要经历四个阶段，第一阶段时产品开发处于无序状态，缺乏完善的职能和项目管理技能，这时产品开发处于萌芽阶段，也是探索阶段；第二阶段新产品的开发形成了初步的思路，提出了组织计划，产品开发责任被分配到职能部门中；第三阶段新产品开发在项目水平上开始有了跨部门的整合；第四阶段中，产品的开发组织达到在企业水平上的跨部门整合。经过这四个阶段，新产品的开发由雏形阶段达到了成熟，这整个过程都是信息化应用的对象，经过信息技术的应用，新产品开发可以全面地提高工作效率和产品质量。

产品开发对企业至关重要，据研究，产品开发和设计周期占整个产品周期的 60% 以上，而产品研发和设计过程对产品的成本的影响达 70%，对产品质量的影响达 75%。因此产品开发过程信息化的实现对企业具有更加重要的意义。

4. 人力资源管理

人力资源是包含在人体内的一种生产能力，它是表现在劳动者身上的、以劳动者的数量和质量表示的资源，它对经济起着生产性的作用，并且是企业经营中最活跃最积极的生产要素。人力资源管理是指在一个组织内形成、培养、配置、使用、周转、爱护、保全组织成员，建立组织与其成员之间良好的劳动关系，充分挖掘组织成员的劳动潜力，调动其积极性、自觉性、创造性，以实现组织目标的全过程或活动。

人力资源管理信息化是通过信息技术实现的企业人力资源管理的完整解决方案，是基于先进的软件和高速、大容量的硬件基础上的新的人力资源管理模式，通过集中式的信息库、自动处理信息、员工自助服务、外协及服务共享，达到降低成本，提高效率，改进员工服务模式的目的。它主要是通过网络实现人力资源管理的自动化。该系统可以迅速、有效地收集各种信息，加强内部的信息沟通，使各种用户可以直接从系统中获得自己所需的各种信息，并根据相关的信息做出决策和相应的行动方案。还能够通过减少 HR 工作的操作成本降低员工流动率、减少通信费用等达到降低企业运作成本的目的。在此基础上，让企业的人力资源管理者能够有效利用外界资源，并与之进行交易。同时，它还可以实现企业内部自助服务，让各层人员都能参与到企业的人力资源管理中去。

在人力资源管理方面，信息技术的应用开始于 20 世纪 60 年代末。当时出现的第一代人力资源管理信息系统，是一种自动计算薪资的工具，不包含非财务的信息和薪资的历史信息，而且几乎没有报表生成功能和薪资数据分析功能。20 世纪 70 年代末，出现了第二代人力资源管理信息系统，它考虑了非财务的信息，包含薪资的历史信息，报表生成和薪资数据分析功能有了较大的完善，但未能系统地考虑人力资源的需求和理念。20 世纪 90

年代末，出现了第三代人力资源管理信息系统。它从人力资源管理的角度出发，用集中的数据库将几乎所有与人力资源相关的数据统一管理起来，形成了集成的信息源，具有友好的用户界面，有强有力的报表生成工具、分析工具，信息得到充分共享。国内的人力资源管理软件是从20世纪80年代末开始应用的。最初的形式是附属于财务软件、EPR等系统中的劳资、人事功能模块，然后逐步形成了独立的HR软件产品，进而发展成将人力资源管理的各模块集成于一个有薪酬福利管理、培训管理、人事信息管理、考勤等的完整系统中。

5. 经济管理

企业经济管理是企业管理的一个组成部分，它是根据财经法规制度，按照经济管理的原则，组织企业财务活动，处理财务关系的一项经济管理工作。企业经济管理分为成本管理、流动资金管理和投资决策。成本管理包括生产费用、生产预测、成本计划和成本控制；流动资金管理包括现金和有价证券管理；应收账款管理和存货管理。投资决策包括现有资产统计分析、固定资产更新决策和无形资产评估。经济管理信息化的主要目的是对经济管理信息系统进行集成，将公司的核心财务资源整合起来，以发挥更大效用。

经济管理是一个单位管理工作中的核心，经济管理信息化是单位信息化管理的一个重要组成部分，单位管理所需的信息有70%是由财务部门提供的，因此，经济管理信息化在单位管理中显得尤为重要。经济管理非常适合信息技术的应用，它是企业管理中最易于定量化的，而现代信息技术的发展，也为企业实行集中统一的经济管理体制创造了条件。积极推进企业经济管理信息化建设，不仅有助于加强企业内部经济管理与资金监控，提高资金使用效率和有效控制风险，而且对于增强我国企业的核心竞争力，积极参与国际竞争有着十分重要的现实意义和深远的战略意义。

我国经济管理信息化经历了三个发展阶段。第一阶段是实现会计电算化，用计算机手段记账核算、制作会计报表和进行财务分析。第二阶段是运用统一思想的计算机财务软件，将财务收支联系起来，实现单纯财务环节管理的信息化。第三阶段是使用比较先进的计算机管理技术，实现财务系统与其他系统的信息集成和数据共享，通过建立内部局域网或直接利用互联网，使会计信息能及时反映，快速传递，为决策和报表使用者服务。

6. 全面企业管理

全面企业管理的信息化，即包括前文所述各个方面的全面统一信息化，也就是企业的全面信息化。它不是企业各部分信息化的简单综合，而是各个环节在同一主题指导下的和谐统一，在企业中形成一个完整高效的信息化体系。

全面信息化主要包括以下三个方面的内容：

（1）生产自动化、柔性化和产品智能化

这主要是指信息技术在企业中得到充分发挥，在其作用下企业原有的生产流程和技术系统得到了全新的变革，通过信息技术手段的应用企业的生产自动化程度提高、技术含量增加，能够设计开发智能含量更高、附加价值更大的产品。

（2）管理一体化

管理一体化就是在企业原有基础上，通过信息技术的应用，对企业流程进行重组，将企业原有的生产流程整合为以信息技术为指导的更为高效的自动化、柔性化流程，把诸多现代科学管理方法和手段有机集成，实现系统拥有的人、财、物信息等要素的整体优化管理。

（3）组织有机化

组织的有机化是在企业流程变革的基础上，围绕新的企业流程建构的一个行动高效、应变性强的优化组织结构，使之在一定组织结构框架内最优化地管理业务活动流程。

# 第二节　企业经济管理的信息化成本

## 一、经济管理信息化成本的内涵

国内外对管理信息成本的本质认识还很少，主要研究的是信息成本。而信息成本的定义如同信息的定义一样存在多样性，不同学者站在不同的角度有不同的认识，有的从市场交易角度看，有的从企业性质看，有的从企业管理看；等等。

所谓信息成本，是指在市场不确定的条件下，企业为了消除或减少市场变化带来的不利影响，搜寻有关企业交易的信息所付出的代价。现代社会是一个信息社会，市场经济是一种信息经济，信息也是一种稀缺的资源。信息成本是经济学研究经济活动、分析经济成本的一个重要概念。在激烈的市场竞争中，企业交易信息的搜寻起着越来越重要的作用，企业的信息成本在总成本中的比重也将越来越大。主要原因有两点：一是信息不完全，企业始终处于一个信息不完全的状态之中，因此必须花大量的精力去搜寻尽可能多、尽可能准确的信息；二是信息不对称，在市场竞争中，当市场的一方无法了解另一方的行为，或无法获知另一方的完全信息时，就会出现信息不对称情况。信息不对称不仅包括一般状态下自然存在的不对称，还包括人为因素造成的信息失真。面对信息不对称，企业也需要花费大量的成本去收集相关信息。

企业的信息成本是基于企业的性质要求，为搜寻、纠正效益目标所需要的信息而必需的成本支出。它是为企业效益目标提供确定导向而形成的对各种信息活动的投入。总体来看，企业信息成本分为直接成本和间接成本两部分。直接成本从内容上看分为：①为寻找有效信息内容而发生的设计成本；②为收集和加工处理信息内容而发生的技术性成本；③为有效使用信息内容和信息技术设施而发生的信息人力资本的投入；④为营造公共利益与个人利益相协调的信息机制、信息环境而付出的成本等。而间接成本则是由直接成本派生出来的那部分成本。它在内容上主要包括：路径依赖及其负面成本、弥补信息流动陷阱的成本、由于操作技术不配套而加大的成本、因为采用新标准而付出的调整成本、互联网条件下的信息负面成本、信息技术设备的无形消耗所造成的无形成本等。

信息成本是企业为获得或重置信息而发生的各种耗费之和，包括信息生产成本、信息服务成本和信息用户成本。信息生产成本。在信息的生产过程中，生产者使用了一些信息材料、消耗了物质材料、投入了一定的劳动量。这些使用的信息材料、消耗的物质材料、投入的劳动量构成了信息产品的生产成本。具体包括：物质材料消耗费用、信息材料消耗费用、劳动力消耗费用和其他费用。信息服务成本。信息服务是指信息产品拥有及信息设备拥有者出售信息产品、提供信息咨询业务、提供信息交流条件的活动。信息服务成本与信息生产成本一样，包括材料消耗、劳动力消耗和其他费用等。信息用户成本是指信息用户在获取和利用信息产品的过程中所消耗的各种费用。除了物质材料消耗费用外，还包括购买信息产品和信息服务所支付的费用及时间成本。所谓时间成本，是指用户在获取和利用信息产品的过程中花费的时间折算的费用，如等待服务时间、接受培训时间等。

在定义信息成本时，大部分是基于交易的视角，基于交易视角的信息成本与交易成本的内容基本相同，而基于管理视角的信息成本与交易成本存在较大的差异。视角不同源于信息用途不同，当然成本范畴和成本边界也不一样。但无论是哪一种信息成本的定义，都有着三个共同点：一是产生的环节相同，都是在信息收集、加工、传递、利用等过程中产生；二是信息成本是一种现实成本或机会成本，包括实际的费用支出或损失；三是成本产生的根本目的相同，信息成本形成的动因是为了减少不确定性，追求信息价值，并且使信息价值超过信息成本。

管理信息成本是企业信息成本的一个部分，是基于管理视角的信息成本，它既包括管理信息的成本，又包括管理的信息成本。因此，管理信息成本的概念有狭义和广义之分。广义的管理信息成本是指企业在管理过程中，为了减少决策结果的不确定性，收集、加工、储存、传递、利用管理信息花费的代价和信息不完全产生的决策损失。包括：企业为收集、加工、储存、传递、利用信息购买的设备、购建的设施和相关人员的工资福利支出，购买信息商品的支出，由于信息错误或不完全形成的损失，以及纠正决策失误、改选决策方案的支出，等等。这些成本的发生是因为管理信息而在人和物上产生的支出，或形成的机会成本。狭义的管理信息成本是指企业在管理过程中，为了减少决策结果的不确定性，收集、加工、储存、传递、利用管理信息所耗资源的货币化表现。它主要包括外购信息商品的支出，管理信息系统的购置、建设、维护与运营成本和管理信息组织结构发生的成本。

## 二、经济管理信息化成本的特征

信息经济学认为，收益是信息需求的前提，而成本则是信息供给的基础。作为投入要素的信息，其成本有以下几个特征：

第一，信息成本部分属于资本成本，且属于典型的不可逆投资。对于信息系统的各种设备和装置的投资，以及对于掌握某种知识或技能的原始投资都可以很好地说明信息成本部分属于资本成本。

第二，在不同领域、不同行业中的信息成本各不相同。人们在未知领域中获得信息，要比在较为熟悉的领域中获得信息花费更多的成本；具有共同经验或同一行业中的个人之间交流信息，比没有共同经验或不同行业的个人之间交流信息要简单得多，也有效得多。

第三，信息成本与信息的使用规模无关。也就是说，信息成本的大小只取决于生产项目而不是其使用规模。

第四，信息成本的转嫁性。许多类型的信息产品和服务，如教育、图书馆、气象信息，具有公用性和共享性，其成本由公民共同承担；但同样的纳税者所享有的信息产品和信息服务不同，甚至不享有也要交费，或者某些享有者可以不交税或不交费。

根据管理信息成本的内涵，管理信息成本属于信息成本的一部分，除具有上述信息成本的特征外，还有如下一些。

### （一）区域性

管理信息成本的高低受环境、经济因素的影响。一些地区的经济、文化中心，拥有许多区位优势，信息成本较优低；反之，非经济、文化中心，由于信息量较少，或有用信息较少，企业做出管理决策之前会发生更多的费用，或形成更大的代价。

### （二）价值驱动性

管理信息成本的产生的目的在于追求效益，其形成动因是信息价值。企业通过信息价值的产生，实现信息成本的补偿，最终获得信息收益。如果管理信息不会给企业带来更大的价值或减少损失，管理信息成本就不会有发生的原动力。

（三）源于管理决策的信息需求

企业在管理过程中为了科学、有效地决策，需要搜寻、收集、加工、传递、储存信息，在这一过程中必然会投入人力、财力和物力，也就必然会产生成本。因此，管理信息成本源于管理决策的信息需求。

## 三、经济管理信息化成本的意义

成本一词在管理和管理决策中有很多不同用法……收集、分析和描述有关的信息在解决管理问题时十分有用，各种组织和经理人员一直关注成本。

控制过去、现在和将来的成本是每个经理工作的一部分。信息技术的发展，推动各种组织朝信息化方向发展，在制定和执行决策前，都会进行信息收集与处理。因此，管理信息成本在知识经济条件下有着重要的意义。

### （一）管理信息成本是厂家制定价格和形成垄断的一种控制因素

在信息不完全的市场上，价格制定者不能完全掌握竞争对手们的所有价格信息及其变动趋势信息，因而他所服从的价格制定原则必然来自信息成本的自由竞争。对于消费者来说，市场价格若很少变化，则用于价格信息搜寻的成本将随之减少。但价格制定者付出一定的成本掌握这个信息后，会扩大价格的变化幅度，从而使价格出现离散趋势。此外，管理信息成本的投入能使企业在新产品的开发和新技术的应用方面领先于其他企业，同时又能使企业在销售方面好于其他方面。因此，管理信息成本与边际成本的结合将使那些规模较大的、在信息投资方面更为成功的、易于获得信息的企业占有更多的市场份额和利润。因此，管理信息成本的存在成为形成垄断及影响垄断形成的一种控制因素。

### （二）企业降低或减少管理信息成本的行为动机推进了信息服务业的发展

信息产业的快速发展，资源配置和产业结构也发生深刻变化，经济主体为了寻求相对信息优势的竞争而获取机会利益，不仅对生产性信息和非生产性信息提出了巨大需求，而且随着社会分工的深化，产品花色品种的激增，信息流动速度的加快，经济主体对所需求的信息的质量和传递速度等要求也大幅度提高。在这种情况下，各经济主体仅靠自身的信息部门来提供所需要的各种信息已变得低效率和不必要。为减少或降低企业管理信息成本，于是各经济主体在把自身精力集中于获取一些关键性信息的同时，也把大部分生产经营所需要的信息需求转向专门的信息服务机构，从而直接激发了对信息服务业的需求，推进信息服务业的发展。

（三）管理信息成本的变化是促进管理决策方式改变的重要力量

管理活动不仅仅是建立在物质基础上，更是建立在信息基础上的。无论是宏观经济管理部门还是微观企业或个人，任何层次的管理决策都需要信息，而为收集或获取信息的系列的活动是有成本的，这些成本可以通过市场媒介得以降低，市场媒介的协调作用是通过双向的信息流动来实现的，以协调生产与消费之间的决策，社会分工的发展又进一步促使信息媒介组织独立于生产厂商。管理信息成本的下降也在逐渐改变交易决策方式。管理信息成本的下降使得联系更加容易，各主体可以通过网络等各种形式获取更多的决策信息，增加自己在谈判中讨价还价的能力，并且企业还可以通过内部管理信息系统平台形成管理决策结果。

（四）管理信息成本是推动企业组织结构变革的重要因素

传统社会组织将所有的决策权都交给了决策者，由于组织中知识的分散性，每一个最高决策者都会面临组织结构中的控制和决策问题。由于决策者的智力或沟通能力的局限性，最高决策者不可能拥有做出每项具体决策所需要的所有信息。来自基层的信息源如果都是由决策者收集、整理和分析，势必需要大量的成本。这些成本不仅表现在经费的支出上，而且还表现在信息的延迟和随之而来的决策迟缓上。因此，计划经济要比市场经济付出更多的管理信息成本。同时，管理信息成本减少也进一步要求强化委托代理的管理模式，组织之间也更加依托信息技术，组织内部机构也由传统的专制的金字塔状更加趋于民主的快捷的扁平化。

## 四、经济管理信息化成本、管理成本与交易成本

成本是商品经济的价值范畴，是商品价值的组成部分。人们要进行生产经营活动或达到一定的目的，就必须耗费一定的资源（人力、物力和财力），其所费资源的货币表现及其对象化称之为成本。它有几方面的含义：成本属于商品经济的价值范畴；成本具有补偿的性质；成本本质上是一种价值牺牲。随着商品经济的不断发展，成本概念的内涵和外延都处于不断地变化发展之中。管理信息成本是一种特殊的成本形态，它与管理成本和交易成本之间即存在一定的联系和区别。

（一）管理信息成本与管理成本

管理成本是企业为有效管理、合理配置管理这一特有稀缺资源而付出的相应成本，或企业在投入了管理这种稀缺资源所付出的代价。企业的管理成本主要由四个方面组成：内

部组织管理成本、委托代理成本、外部交易成本和管理者时间的机会成本。其中，内部组织管理成本是指现代企业利用企业内部行政力量这只"看得见的手"，取代市场机制这只"看不见的手"来配置企业内部资源，从而带来的订立内部"契约"活动的成本。委托代理成本是指由委托代理关系的存在而产生的费用。现代企业在购买或租用生产要素时需要签订合同，而在货物和服务的生产中雇用要素的过程则需要有价值的信息，这两者都涉及真实资源的消耗，这种真实资源的消耗被定义为外部交易成本。企业的外部交易成本可分为搜寻成本、谈判成本、履约成本。管理者时间的机会成本是指因管理者在企业管理工作上投入时间而产生的成本，也就是指管理者的时间资源因为用于管理而不能用于其他用途的最大可能损失。

管理信息成本是基于企业管理的信息成本，属于信息成本中的一种。有的专家认为，信息成本是从管理成本中细化出来的一个成本概念，是企业管理成本的一部分。但如果对管理成本和管理信息成本的内涵进行分析后会发现，两者的关系并非如此。管理成本是企业基于管理活动所形成的成本，包括的内容很多，既有内部组织成本和外部交易成本，还有委托代理成本和机会成本。而管理信息成本有广义和狭义两种，广义的概念包括内部管理信息组织结构发生的成本、购买信息商品发生的成本、管理信息系统发生成本和管理信息的机会成本和决策损失，狭义的概念主要包括广义概念的前三项内容。因此，我们可以看出，管理成本包含部分管理信息成本，两者又有所区别：管理信息成本中的信息商品成本、管理信息结构成本对应属于管理成本的外部交易成本和内部组织成本，而管理信息系统成本、管理信息的机会成本和决策损失则不属于管理成本的范畴。管理成本和管理信息成本的相同点有两个：一是产生的动因相同，都是管理决策；二是实质相同，都是一种货币表现。两者的差异也有两个方面：一是内涵不同，所包含的内容也不同；二是对企业的影响不同，管理成本对任何一个企业都会产生重要影响，而管理信息成本对企业的影响程度有大有小。

（二）管理信息成本与交易成本

交易成本理论是新制度经济学的重要组成部分，它源于科斯的《企业的性质》，科斯认为交易成本是"通过价格机制组织生产的，最明显的成本，就是所有发现相对价格的成本""市场上发生的每一笔交易的谈判和签约的费用"及利用价格机制存在的其他方面的成本。在接受诺贝尔经济学奖的演讲中，科斯简短地总结：谈判要进行、契约要签订、监督要实行、解决纠纷的安排要设立，等等，这些费用称为交易成本。此外，从广义的角度看交易成本就是制度成本，它是从契约过程的角度阐述交易成本的存在，比较直观可操作性强。从社会的角度来看，交易是人与人之间经济活动的基本单位，无数次的交易就构成了经济制度的实际运转，并受到制度框架的约束。因此制度经济学者们认为交易成本是经济制度的运行费用，由此提出交易成本包括制度的制定或确立成本、制度的运转或实施成本、制度的监督或维护成本、制度的创新和变革成本。

威廉姆森将交易成本区分为搜寻成本（商品信息与交易对象信息的收集）、信息成本（取得交易对象信息与和交易对象进行信息交换所需的成本）、议价成本（针对契约、价格、品质讨价还价的成本）、决策成本（进行相关决策与签订契约所需的内部成本）、监督交易进行的成本（监督交易对象是否依照契约内容进行交易的成本，例如追踪产品、监督、验货等）、违约成本（违约时所需付出的事后成本）。从本质上说，有人类交往互换活动，就会有交易成本，它是人类社会生活中一个不可分割的组成部分。结合管理信息成本的概念我们可以知道，管理信息成本部分属于交易成本的范畴，如外购信息商品的成本、搜寻管理信息的成本，既是交易成本，又是管理信息成本。威廉姆森在上面所提及的信息成本仅仅指基于交易视角的信息成本，而不是广义的信息成本。虽然管理信息成本是基于管理的信息成本，是企业信息成本的一部分，但管理信息成本与交易成本之间并不是一种简单的包含关系，无论是概念、内容上，还是视角、动因上，两者都是有区别的。

# 第三节　企业经济管理的信息化能力分析

## 一、企业经济管理的信息化能力

从企业理论看信息化，包含两方面工作：一是培育信息资源，使之成为企业管理的主导资源；二是提高信息化能力，使之成为企业核心能力之一和战略基础。

### （一）企业信息化能力的定义、性质

目前，已有学者结合信息技术和企业能力理论研究 IT 能力，尚未有企业信息化能力（EIC）的论述。企业中的许多资源都是依托有关能力而产生效率的，而许多能力又是在相关资源的基础上发挥作用的。他们据此提出了"基于能力的资源"和"基于资源的能力"这两个概念，指出"基于能力的资源"是指在企业能力得到某种程度提高的基础上，才能发挥出所预期效果的资源。而"基于资源的能力"是指当企业资源在数量或质量方面得到改善后，企业得到相应提高的那些能力。

很明显，IT 能力是一种"基于资源的能力"，而信息化能力从前述信息化概念分析，则含义要更宽广。综合已有文献对信息化技术、过程的描述，认为企业信息化能力至少具

备以下性质:

### 1. 技术性

信息化能力的处理对象是企业业务和管理信息,主要技术工具来源于信息技术。因此,信息化能力是基于信息资源的技术能力。

### 2. 管理性

信息化是信息技术向管理渗透并逐步融合的过程,信息化能力不是简单的信息资源配置能力,而是以信息资源为主导的、多种资源综合利用的能力。因此,信息化能力也是管理过程能力。

### 3. 组织性

信息技术在企业的应用使员工关系发生了变化,非正式关系得到发展,这种关系是信息技术效率提高的基础。因此,信息化往往伴随着组织变革,信息化能力也是关系能力。

### 4. 知识性

企业能力本就具有知识性,信息化能力更是企业进行组织学习、知识创新的基础。从以上性质可以看出,企业信息化能力是一种综合能力,它基于信息资源又不局限于单一资源,它涉及管理、组织、流程,它是企业学习、创新能力的基础。综上,定义企业信息化能力是使信息资源成为企业战略资源,通过信息技术改变企业管理、组织、流程,支持企业全面竞争的能力。

## (二) 企业信息化能力分类

企业能力可以分为三大类:业务能力、组织能力、学习和创新能力。业务能力又分为(资源)技术能力和过程能力,组织能力分为组织关系能力和管理控制能力,创新能力分为学习能力、技术创新能力和管理创新能力。

为深入研究企业信息化能力对信息化能力进行分类。在分类时,遵循以下分类原则:①与企业能力体系相对应;②与企业信息化内容相对应;③与企业职能部门相对应,以便于实施和测量。据此,将企业信息化能力分为三类:

### 1. 信息技术能力 (IT 能力)

信息技术主要由企业外引入,IT 能力涉及资源、技术、学习、创新,包括 IT 基础设施、IT 学习能力和 IT 柔性。

### 2. 信息组织能力 (IO 能力)

信息组织能力主要是技术扩散和信息资源控制在企业组织上的表现,包括信息规划和控制能力、信息技术扩散能力。

3. 信息创新能力（II能力）

信息创新能力主要是过程管理和业务创新，包括信息化业务创新能力、信息化业务应用能力。

## 二、企业经济管理的信息技术能力

对于IT能力的研究目前总体还处于起步阶段，主要在信息系统领域，强调技术性和组织效能。

IT能力是指组织通过动用和配置自身IT资源，来整合组织其他资源的能力。它是从组织能力出发，*将信息技术能力分为三种：①IT基础设施能力，包括计算机、沟通技术、数据库、分享式技术平台等；②IT人力资源能力，包括员工拥有的IT技术技能和管理技能；③IT无形资产能力，包括顾客导向、知识（信息）储量、组织合力等。

### （一）IT基础设施

对于IT基础设施的研究最早开始于计算机硬件平台的探讨，从区域（或称为连接度）和范围（或称兼容性）两个维度看待IT基础设施的业务功能。根据对信息技术进行投资的力度、目的以及与战略之间的关系分为"无""效用""依赖"和"使能"四种观点并进行了实证分析。进一步，在保留基础设施硬件平台特性的基础上，更加强调IT基础设施为企业提供的服务，从企业内部运营和外部服务的角度识别了8大类共25项服务，包括10项核心服务。

IT基础设施概念主要包含两个层面，一些定义根据基础设施所包含的基本技术构件来解释IT基础设施，而另一些定义已经延伸到如何规划、管理和控制那些影响基础设施设计和能力的因素上来。

IT基础设施包含了一般意义上信息化建设的硬件、软件、培训、安全管理，但不涉及具体的业务信息系统。IT基础设施是企业信息资源建设的基础，通常依据最新的IT技术发展划分几个阶段，根据企业IT基础设施的投入力度和应用水平予以评价，确定其阶段水平和不足，指导进一步信息化建设。

在国家测评中心在21世纪初公布的企业信息化指数测量指标体系中，就选取了百人计算机拥有量、计算机联网率、生产过程数控化率反映硬件水平，通过三维CAD应用率、ERP应用率、企业拥有数据库数量等反映软件水平，通过投资总额占主营业务收入的比例反映信息化投入力度，通过个别流程信息化、内部集成、管理变革、市场定义四个阶段的划分总体反映企业信息化水平。通过硬件、软件、培训、安全管理反映IT基础设施符合一般认识，但在企业相对比较时，不容易统一标准，也难以体现IT发展趋势。比如，投入力度大，不一定 IT 基础设施就好；百人计算机拥有量高不一定企业信息化水平高；企业拥有的数据库数量多不一定信息管理得好。因此，有必要从更本质、更抽象的角度衡量 IT 基础设施。

这里将 IT 基础设施分为共享程度和服务程度两方面。共享程度可从共享的区域和共享的信息范围两方面体现出来。共享区域描述 IT 基础设施可以连接的地点，共享的信息范围描述在具有不同硬件和软件的系统与设施之间可以直接和自动地共享 IT 服务类型的能力。区域变化的范围可以从单个的业务部门到任何人、任何地方，而信息变化的范围包括从传统的信息传送到数据传输直到在不同的应用系统之间进行复杂的事务处理。IT 基础设施服务程度可以从服务的数量、深度和效果中体现出来。深度主要表现为有选择性地提供和广泛性地提供两种情况。有选择性的服务仅提供基本层次的功能性服务，这种服务不是在所有的业务部门都能获得，其使用是非强制性的。广泛性的服务意味着该项服务的功能性很强，提供给所有的业务部门，并且其使用是强制性的。

企业无法也无须提供所有类型的 IT 基础设施服务，不同企业的 IT 基础设施提供的服务种类不同，这依据每个企业所处的战略环境而定。一般说来，那些强调业务部门之间协同的企业通常提供通信管理、应用系统管理和标准管理等方面的基础设施服务。

电子商务环境下，企业 IT 基础设施所提供的服务主要包括 7 大类，它们是：应用系统管理、通信管理、数据管理、IT 培训和教育管理、安全管理、体系结构和标准管理、渠道管理。总体看来，企业提供的 IT 基础设施服务的数量及深度，体现了企业不同的 IT 基础设施能力。

## （二）IT 学习能力

IT 学习就目前而言，主要是企业 IT 部门的职责。IT 学习的主要任务是将企业外 IT 知识转移到企业内，并在企业内扩散。企业外 IT 技术的领先者是软件协会、软件厂商和软件咨询公司，与企业的技术交流主要通过讲座、技术推广、软件选型、软件实施、培训等活动。IT 知识在企业内的扩散主要通过 IT 部门的培训，在业务部门发展信息化项目的关键用户。

IT 学习能力的培育要注意以下两个方面的问题：

1. 企业应该构建 IT 学习流程，使员工和企业都成为 IT 知识的载体，形成企业 IT 知识积累

学习分员工个体学习和组织学习两种。目前大多数企业只注重了个体学习，提高员工的个人技能，而忽略了组织学习。现在国内很多咨询公司的工程师都是原企业信息部的骨干，在信息化项目中积累了经验后，跳槽转入咨询公司。如果企业不注重 IT 学习流程的

构建，在骨干离开后，就会造成 IT 能力下降。

IT 学习是组织学习的一部分。我们可以将组织学习定义为"是一种组织流程，（通过该流程）能使组织取得、运用以及修正组织性记忆并对组织行为提供指导。"组织学习由紧密相连的四个部分构成，即知识（信息）获得、信息分配、信息阐释和组织记忆。当 IT 成为企业战略组成时，IT 学习就会是经常性行为，从而成为组织流程。

2. 构建 IT 学习环境

知识是一定情境下的产物，嵌入在特定的情境之中。教育界早已达成共识，建构主义方法是学习和知识转移的最佳方法，其核心就是构建知识生成、使用的情境。企业是由各个不同的组织单元组成的独特的实体。而每个组织单元的人员和所处的环境各不相同，因此不同的组织单元各自运行在特定的情境之中，并体现出不同的知识创新与知识运用能力。

电子学习是近年来在企业逐渐流行的学习方式，除学习成本低的优点外，交互式教学也是其重要特点。利用多媒体方式，电子学习可以较低成本构建学习情境，特别是 IT 模块化较好，情境构建相对容易。因此，企业 IT 部门应推广使用电子学习。

（三）柔性

管理文献对柔性的定义是：一种资源被用于多于一种最终产品的能力。一种资源的柔性越强，企业将其用于相关性较小的最终产品的机会选择就越多。柔性是组织拥有实际的和潜在的流程的程度，以及实施这些流程以增加管理的控制能力并提高对环境的可控力的速度。

柔性意味着变化，这种变化是多方面的，包括文化、管理能力和雇员技能，但最为重要的是业务流程的快速重组。

IT 柔性的程度依赖于每一项 IT 技术应用所包含的业务流程的特征。对于业务流程的考察，我们可以从下面几个角度展开分析：①任何一个 IT 技术应用都可以以"效率"和"创新"来划分，这依赖于它所包含的业务流程在企业战略中的地位。②可以将应用所包含的业务流程区分为"静态的"和"动态的"。IT 技术应用包括两类，第一类是稳定的应用，用于对一致性和效率进行支持；另一类应用则是动态的，用于支持新的业务模型和流程。③根据维护和开发新的 IT 技术应用所花费的时间和资源来对应用进行划分，从而了解实施变动是高、中还是低。较高的变动反映了由竞争环境的变化引起的业务流程的紊动性，从而需要较高的柔性，以降低对时间和资源的消耗。企业应当在 IT 技术的效率和柔性之间进行权衡。但是，信息技术外包的交易成本观点表明，企业依赖市场获取信息技术资源的时间越长，IT 技术应用的柔性越小。要使 IT 技术应用具有柔性，对可重用性的理解和运用非常关键。软件重用是基于重新使用软件系统中已经存在的组件的想法。所谓组件，其实就是一种可部署软件的代码包，其中包括某些可执行模块。组件单独开发并作为软件单元使用，它具有明确的接口，软件就是通过这些接口调用组件所能提供的服务，多种组件可以联合起来构成更大型的组件乃至直接建立整个系统。在 IT 资源管理的过程中，有以下三种因素会涉及其柔性问题：①技术规划与业务目标的一致性；②IT 人员技能；③信息技术规划或体系结构。

## 三、企业经济管理的信息组织能力

信息组织能力可以描述为企业收集、利用、控制信息，进行增值活动的能力，是信息技术扩散和信息资源规划、控制在企业组织上的表现。关于信息组织能力的研究在情报学、经济学、管理学领域都已有所成果。在情报学、经济学领域一般用"信息素质"描述个人收集、利用信息的能力，后扩展到企业、国家层面，一般用"企业信息能力"描述企业从社会信息资源中获取、处理、分析和利用有效信息提高客户价值和企业收益的能力。从现有文献看，对于企业信息能力的研究尚处于起步阶段，主要是关于定义的探讨和按信息流程的一般性能力划分。

美国图书馆协会对"信息素质"的定义是："信息素质要求不仅能够觉察信息需求的时机，而且有能力识别、检索、评价信息，并且能随时高效利用信息做出特别的决定或解决特定的问题。"信息素质一般用于描述个人信息水平，在讨论社会、组织时，一般描述其具有较强的"信息能力"，这里信息能力等同于信息素质。

在管理学领域，与信息组织能力相关的是信息战略规划和 IT 治理的研究。IT 战略规划，指的是从帮助企业实施它的经营战略或形成新的经营战略角度出发，寻找和确定各种信息技术在企业内的应用领域，借以创造出超越竞争对手的竞争优势，进而实现它的经营战略目标的过程。IT 治理是最高管理层（董事会）监督管理层在 IT 战略上的过程、结构和联系的机制，以确保这种运营处于正确的轨道之上。它是企业经营权与管理权分离后产生的机制，与 IT 战略规划一脉相承，其重点在于项目管理和信息控制。

### （一）信息规划、控制能力

#### 1. 信息规划

目前有关信息规划的研究均来自信息系统战略规划（ISSP），也有学者提出 IT 战略规划，包括 IBM 提出的企业经营战略规划（BSP），其实质都是管理信息系统规划，实施过程重点是信息控制。这些规划方法分析了企业业务对信息流的影响，保证信息技术实现部分或全部业务要求，但未考虑信息技术对企业战略的影响，涉及业务流程重组，但基本不涉及组织创新。

信息规划是个广泛的观念，它至少应包含四层含义：①信息资源规划，信息资源是企业管理的核心，是信息化的根本，是信息规划的目标；②信息战略规划，战略是方针、是总的指导，目前的信息化战略基本属于职能战略，在企业战略层次中比较低，因而倾向于信息系统规划；③信息系统规划，信息系统是信息化实现的主要工具，其规划应服从企业战略，兼顾信息技术发展；④信息技术规划，信息技术是实现信息系统的保障和支持，是IT基础设施设计的主要依据。

信息资源规划应立足于信息系统规划又不局限于信息系统规划，它是对企业整体信息资源的全盘考虑。信息资源规划的内容有：

（1）信息资源的范围

企业边界资源可利用但不完全可控，呈现出模糊性，典型代表就是关系资源。这部分资源一般并不在企业信息系统的管理范围内，但随着供应链、虚拟企业、动态联盟等理论的盛行，这些资源已日益凸显其重要性。类似的像知识资源、技能资源、制度资源、文化资源等，是否需要列入信息管理的范畴，需要企业进行中长期规划。

（2）信息资源的属性

信息资源的属性是指管理信息的准确度、细致度、时效性、成本性。信息的准确性和时效性是信息质量的最根本的两项指标，细致度和成本性则是一对矛盾的指标，需要管理者在管理深度和投入上进行平衡。

（3）信息资源的流动控制

信息资源的流动控制是指信息被采集后，在管理流程中的流动路线和相应的权限控制。首先应对信息资源进行大的分类，进行大类的系统划分，然后结合流程进行分析。需要注意的是，如果包含创新性活动或流程，信息往往需要形成冗余，造成企业信息控制的漏洞，可结合其他措施进行防范。

信息资源规划可以作为信息战略规划的出发点，信息战略规划重点考虑信息资源变化和信息技术引入对企业管理方式的影响，通常包括流程变化和组织变化两种。业务流程和组织结构是一对相互影响、相互制约的战略要素，其变化往往需要一起考虑。

企业组织形式是由三方面要素决定的：组织内部关系、业务流程、信息管理方式。企业组织能力本质是关系能力，而信息技术可有效改变企业、团队、员工之间的关系，信息化也需要这种关系的改变。信息管理方式的改变将导致企业决策方式的变化，进而影响企业权力分配。比如，ERP实施前，财务主管需要审批所有的凭证，对业务部门拥有很大影响力；ERP实施后，信息流动要求更强的时效性，大部分业务凭证直接由业务主管审批，财务主管对于账务的控制明显减弱。

从组织上，财务部门将更注重投、融资行为，对企业内部将转变为资金支持单位，而非以前的业务调控单位。单纯的组织形式变化很难说在效率上有多大提高。例如，仔细剖析职能制与扁平化组织的信息收集和传递方式，可以发现，两者几乎没有区别。也就是说，扁平化组织除了领导借助信息工具管的员工多了以外，在信息处理上并无进步，亦即管理效率并无提高。可以说，扁平化组织中决策速度的提高是建立在企业中层员工的辛苦之上的。

企业战略可从内、外两方面考虑。内部战略是发展战略，主旨是以我为主，影响客户观念、行业发展，在业务上以创新和发展关系为主。外部战略是竞争战略，主旨是应时而变，随环境和竞争对手变化而快速应对，业务上以效率和敏锐为特征。信息规划从企业战略出发，其基本步骤如下：第一，信息规划首先要分析信息技术的提高，对管理信息的质量、数量、种类的影响，进而分析其对企业管理方式、经营战略的影响。第二，要全盘考虑企业战略对组织结构和业务流程的影响，确定新的信息流程和组织关系，建立以信息流为主的业务管理。第三，在此基础上，规划信息系统需求，确定信息系统管理策略。第四，将 IS 需求分解为 IT 需求，确定信息技术引入、实施步骤。

信息规划能力的培养：第一，要进行观念的更新，将战略范围从信息系统扩展到企业，将战略内容从技术扩展为管理和业务；第二，要将信息资源视为主导管理资源，注重信息资源变化的影响，特别是组织变革；第三，在规划时，应与企业预算和企业人力资源管理相结合，保证人、财、物的支持。

## 2. 信息化项目控制

信息系统设计完成，即可进入实施阶段。实施阶段的主要任务是进行信息控制。信息控制就是通过信息技术的使用，对信息收集、整理、使用、流通等过程进行规范和控制，实现信息透明化，提高信息有效性，促进企业运营活动的良性循环。目前，信息化项目规划、控制最有效的方法是采用 COBIT 模型。

COBIT 框架由信息系统管理和控制六个相互关联的部分——管理者摘要、框架、应用工具、管理指导、控制目标、审计指南组成。COBIT 将 IT 处理、IT 资源及信息与企业的策略与目标联系起来，形成一个三维的体系结构。其中，IT 准则集中反映了企业的战略目标，主要是从质量、成本、时间、资源利用率、系统效率、保密性、完整性、可用性等方面来保证信息的安全性、可靠性、有效性；IT 资源主要包括以人、应用系统、技术、设施及数据在内的信息相关的资源，这是 IT 处理过程的主要对象；IT 过程则是在 IT 准则的指导下，对信息及相关资源进行规划与处理。从信息技术的规划与组织、采集与实施、交付与支持、监控与执行四个方面确定了 34 个信息技术处理过程，每个处理过程还包括更加详细的控制目标和监察方针，对 IT 管理过程进行评估。这个模型为企业管理的成功提供了集成的 IT 管理，通过保证有关企业处理过程的高效的改进措施，以更快更好更安全地响应企业需求。

### 3. 信息安全

在信息规划到信息系统设计，再到信息化项目实施的整个过程中，信息安全是一个十分重要的课题。企业信息面临如下的安全威胁：

（1）信息权限设计与管理不完善

多种信息系统集成的时候，信息权限设计很容易出现矛盾和冲突，如果不能及时纠正，就会造成信息泄漏或信息不全。特别对于企业与外界交互的信息，其进出均应严格管理。

（2）缺乏必要的备份和可追踪性

在手工环境下，企业的业务均记录于纸张之上，这些纸质原件的数据若被修改，则很容易辨别出修改的线索和痕迹。而在信息系统环境下原来纸质的数据被直接记录在磁盘或光盘上，很容易被删除或篡改，并且在技术上对电子数据的非法修改可以做到不留痕迹，这样就很难辨别哪一个是业务记录的"原件"。信息系统故障也是对管理信息的潜在威胁。

（3）为形成创新机制而做的信息冗余、信息集成不完善

目前以信息系统为基础的创新机制还不成熟，企业为营造创新环境，一般都采用开放式管理，员工可接触到远多于业务需要的信息，以形成不同知识体系的碰撞，产生新的知识。这种为创新而形成的信息冗余和信息集成，使企业内信息流由闭环变成了开环，是潜在的信息安全隐患。

（4）网络开放性危及信息安全

网络是一个开放的环境，在这个环境中一切信息在理论上都是可以被访问到的。因此，网络上的信息系统很难避免非法侵袭，即有可能遭到非法访问甚至黑客或病毒的侵扰。这种攻击可能来自系统外部，也可能来自系统内部，而且一旦发生将造成巨大的损失。对于信息安全，目前已有较为完备的对策。不过，对于上述第三种情况，似乎尚未引起足够的重视。

### （二）IT 扩散能力

IT 扩散能力是企业知识（技术）扩散能力的一部分。对于知识（技术）扩散的研究集中在系统工程和演化经济学中，企业知识扩散的主要动力有竞争意识、企业家远见、组织效率等，企业知识扩散的主要障碍有地域、文化、不同的知识体系等。

知识扩散有助于企业及其合作伙伴及时推广有益的知识体系，迅速实现知识的价值最大化。但在扩散中，特别是不同企业间，文化和不同的技术体系通常会成为严重的阻碍。

这时，需要企业进行技术创新或管理创新，以实现知识和业务的融合。

## 四、企业经济管理的信息创新能力

企业创新能力所涉及的范围涵盖了发展战略创新、组织创新、产品（或服务）创新、技术创新、管理创新、制度创新、文化创新等诸多方面。信息创新能力包含了两个方面的创新，信息系统应用时所做的组织、文化创新和业务应用信息技术所做的产品创新、过程管理创新。

### （一）信息化业务应用能力

20 世纪 80 年代，美国公司大量投资于技术创新与高技术产业，但在技术创新实施过程中，失败率却高达 50%~70%。英国 50% 以上的 CAD 用户和 80% 的机器人用户对新技术表示不满意。研究表明，失败的主要原因之一，是在技术创新实施时，没有与之伴随的战略、制度创新。我国企业现实的管理模式往往与信息系统发挥作用所要求的管理模式之间有较大差距。信息化不仅涉及企业内部的管理制度、程序、方法和模式的改革，而且是一场企业管理的深层次的变革。就业务系统而言，信息系统在实施之前，需要对信息流程与业务流程的匹配度进行测量。

事实上，由于信息系统越来越通用化，而企业业务却千差万别，很少有企业的业务流程能与信息平台完全匹配，这时就需要进行业务部门的流程重组和组织文化创新来增强两者的匹配度。一般地，企业业务标准化程度越高，匹配度越高，所需流程重组程度越低。

组织与制度创新主要有三种：一是以组织结构为重点的变革和创新，如重新划分或合并部门、组织流程改造、改变岗位及岗位职责、调整管理幅度等。二是以人为重点的变革和创新，即改变员工的观念和态度，包括知识的更新、态度的变革、个人行为乃至整个群体行为的变革等。三是以任务和技术为重点的创新，即对任务重新组合分配，并通过更新设备、技术创新等，来达到组织创新的目的。

在信息化过程中，第一种组织创新主要在战略规划时进行，在系统应用时，主要是第二三种创新，即文化和流程的创新。企业文化是企业内部影响企业创新与变革的重要因素。最有助于创新的企业文化应该是这样：更加外向型而非封闭型的文化；更加灵活、适应变化的文化而非一味求稳的文化；扁平化而非等级化管理的文化。在支持和鼓励创新中，企业文化如想起到关键作用，就必须着力将文化的作用和影响渗透至企业战略的各个层面，如员工、政策、企业行为、激励机制、企业的语言和系统架构，等等。总结以上观点，信息业务应用能力主要包含业务流程标准化程度、（局部）业务流程重组能力和企业文化适宜度。

### （二）信息化业务创新能力

信息化业务创新的形式多种多样，包括产品创新、服务创新、技术创新、管理创新、过程创新、文化创新等。对于企业来说，尤以产品创新和过程创新最为突出。产品的信息化创新涵盖了产品全生命周期。在产品概念设计阶段，基于 TRIZ 的创新设计软件已广泛应用于学校和企业；在产品详细设计阶段，三维 CAD 和 CAE 在我国制造业的应用比例已达 44% 和 18%，RPM（快速原型制造）技术可有效节省样机制造时间；在产品制造阶段，CAPP 和 CAM 在我国制造业的应用率均已达到 26%。

产品信息化创新的关键是将信息技术融入产品之中，客户并不关心你使用了多高级的信息技术，而是对你能提供多少功能、服务，有多方便且让人更感兴趣。

过程信息化创新的典型是并行工程。要在激烈的市场竞争中获得胜利，企业必须缩短产品的开发周期，争取产品尽早进入市场。传统的产品设计过程是穿行的，先进行市场需求分析，然后进行产品设计，再进行各异设计和工装准备，最后安排生产。利用部门合作和信息技术沟通，可以实现并行协同工作，对产品设计、工艺、制造等上下游各方面进行同时考虑和并行交叉设计，及时交流信息，使各种问题尽早暴露，并共同加以解决。这样就使产品开发时间大大缩短，同时质量和成本都得以改善。

总结以上观点，信息业务创新能力主要包含产品信息化创新能力和过程信息化创新能力。

# 第六章

## 企业经济管理信息化的技术选择与发展策略 >>>

## 第一节　企业经济管理信息化技术

### 一、企业经济管理信息化技术的内涵

企业经济管理的信息技术（IT），狭义上认为，是借助微电子学为基础的计算机技术和电信技术的结合而形成的手段，对声音的、图像的、文字的、数字的和各种传感信号的信息进行获取、加工处理、存储、传播和使用的能动技术。如美国信息技术的基本结构大致可概括为：计算机技术领域是核心；电子技术是信息技术的关键支撑技术，其中包括微电子技术、光电子技术；信息材料技术是基础信息技术，其中包括电子备料以及光学材料技术；通信技术是信息技术的重要的直接组成部分。由此，我们看到，从内涵上来讲，信息技术是指用于实现信息采集、获取、加工、传输、存储、处理、输入/输出的一整套技术体系，在这个技术体系中，包含着光、电、声、磁学原理的广泛应用。

信息技术是高新技术的代表，是渗透性强、倍增效益高的最活跃的科技生产力。信息技术从根本上改变了信息收集、信息处理、信息传输的方式和路径，也已引起了企业的组织结构、管理理念、决策方式、业务过程组合和营销手段等渐进的或根本性的变革。事实上，越来越多的工作在计算机辅助下进行，企业对信息技术的依赖性越来越强。企业经济管理信息化就是信息技术应用于企业生产、技术、经营管理等领域，不断提高信息资源开发效率，获取信息经济效益的过程。企业信息化由于信息技术的大量采用，改进和强化了企业物资流、资金流、人员流及信息流的集成管理，对企业固有的经营思想和管理模式产生了强烈冲击，带来了根本性的变革。信息技术与企业管理的发展与融合，使企业竞争战略管理不断创新，企业竞争力不断提高。

## 二、企业经济管理信息化技术的内容

按上述信息技术的说法，针对企业，将用于支撑企业信息技术的应用，实现企业信息化建设的信息技术，按照企业的生产经营管理思想，为直接解决企业问题而具体集成和应用的技术或应用系统，称之为企业信息化技术。制造业信息技术（IT）应用是指在制造行业企业应用的建立在计算机系统基础之上的各种以计算机软件为其主要应用基础的信息管理技术和制造技术，如企业资源计划（ERP）、供应链管理（SCM）、客户关系管理（CRM）、办公自动化（OA）、电子商务（EC）、呼叫中心（CC）、PDM 等在一个企业范围内运行的所有 IT 应用组成了企业的 IT 组合系统。

### （一）信息管理技术

#### 1. 企业资源计划

ERP 是企业资源计划系统的英文缩写，是为了适应当前知识经济时代特征——顾客、竞争、变化，整合了企业内部和外部的所有资源，使用信息技术，建立起来的面向供应链的管理工具（具有供应商和客户管理）。ERP 具有鲜明的时代特征，它对企业的业务流程进行了重新定义，用新经济时代的"流程制"取代了旧经济时代的"科层制"管理模式，建立以顾客和员工为核心的管理理念。借助信息技术，使企业的大量基础数据共享，以信息代替库存，最大限度地降低库存成本和风险，并借助计算机，对这些基础数据进行查询和统计分析，提高决策的速度和准确率，体现了事先预测与计划、事中控制、事后统计与分析的管理思想。因此，ERP 系统能够更有效地提高人力资源、时间资源等的使用效率，解决了信息泛滥问题，提高了决策的准确率。

#### 2. 供应链管理

供应链管理是近年来在国内外逐渐受到重视的一种新的管理理念与模式。供应链是围绕核心企业，通过对信息流、物流、资金流等各种流的管理与控制，从原材料的供应开始，经过产品的制造、分配、运输、消费等一系列过程，将供应商、制造商、分销商、零售商直至最终用户连成一个整体的功能网链结构模式。供应链管理是涉及供应链中所有相关的企业、部门和人员的集成化管理，包括物流的管理、信息流的管理、资金流的管理和服务的管理。供应链管理的目的在于围绕市场的需求，加强节点企业的竞争优势，最终提高整个供应链的整体竞争力，使每个节点企业获得最佳经济效益。

物流成本在制造型企业总成本中所占份额是相当大的，运输与仓储的成本更是突出。然而，企业的物流成本的影响因素是极为复杂的。其一，企业的物流水平跟企业的整体战略规划直接关联，如企业的生产和供应网络的总体布局。其二，它还受地区交通运输环境的制约，如交通网络和承载能力等。再者，企业有可能将物流配送业务外包给第三方机构。信息技术不仅能够提供企业现代化管理的硬件基础设施，而且能够提供用于企业现代化管理的各种信息和数据，用于指导企业进行科学的管理和决策。

将提升供应链管理作为信息化切入点是个比较合适的选择，事实上，越来越多的企业也开始意识到了提升企业供应链管理的价值。

3. 客户关系管理

客户关系管理的定义有很多，目前还没有一致的看法。世界商业巨头 IBM 对客户关系管理的理解是：通过改善产品的性能、增强客户的服务、提高顾客的附加值与顾客的满意度等吸引新顾客，留住老顾客，并与顾客建立起相互信任的、长期而稳定亲密关系，以此提高企业竞争优势和实现企业效率。

客户关系管理（CRM）实质上是一种旨在改善企业与客户关系的一种新型管理工具，它通过对人力资源、业务流程与专业技术的有效整合，最终为企业涉及客户的各个领域提供完美的集成，使得企业可以更低成本、更高效率满足客户需求，并与客户建立起基于学习型关系基础的营销模式，从而让企业可以最大限度地提高客户满意度及忠诚度，挽回失去的客户，保留现有的客户，不断发展新的客户，发掘并牢牢把握住能给企业带来最大价值的客户群。CRM 不仅仅指的是技术，更重要的它是一种管理理念，是一个经营过程，它是企业的核心，是企业成功的关键。CRM 其实就是一个非常简单的概念，不同的客户不同的对待，也就是我们所说的企业与客户"一对一"的模式。

传统的 CRM 就是企业的客户服务，一般是通过电话服务、传真服务或者是信件服务来进行。随着电子商务时代的到来，企业竞争日趋激烈，传统的产品竞争已经逐渐转化成客户的竞争，CRM 也已经转向 E-CRM，即基于 Web 的 CRM。在前端，E-CRM 能够提供统一的呼叫中心的功能，它结合了网页、电话、电子邮件、传真等与客户互动的能力，并提供个人化网页自动组合功能。在后端提供客户消费行为追踪，以及专用于客户服务及客户营销的资料分析等功能，让企业能够做到一对一营销的目的。

4. 办公自动化

企业信息化是一项集成技术，关键点在于信息的集成和共享，为实现关键的、准确的数据及时地传输到相应的决策层，为企业的运作决策提供依据，为了适应瞬息万变的市场变化，办公自动化是企业信息化的重要部分，实现对企业日常的办公事务的科学管理，在提高管理水平的同时达到办公无纸化。

企业办公自动化系统是采用先进的计算机网络、软件技术，将企业各种现代化的办公设备与办公人员组成完整的人—机信息处理系统，用于处理各部门的办公业务，实现办公信息网上共享和交流，完成人与人之间、部门与部门之间进行信息传递和文件批阅等诸多工作，协同完成各项事务，充分利用各种信息资源，提高办公效率和办公质量。

5. 电子商务

电子商务是指政府、企业和个人利用现代电子计算机与网络技术实现商业交换和行政管理的全过程。是一种基于互联网，以交易双方为主体，以银行电子支付和结算为手段，以客户数据为依托的全新商务模式。它的本质是建立一种全社会的"网络计算环境"或"数字化神经系统"，以实现信息资源在国民经济和大众生活中的全方位应用。

电子商务技术可以利用覆盖全球的互联网和电话网连接无数企业的内部网络，甚至客户的家中，在买方、卖方和供应商之间架起了一座座桥梁，以先进的技术渗透于售前、订货、签订合同、生产、交货、支付，一直到安装和售后服务整个商务过程。电子商务是指交易各方通过电子方式进行的商业交易，而不是传统意义上的通过当面交换或直接面谈方式进行的交易。先进的电子商务是一个以 Internet 为网络架构，以交易双方为主体，以银行支付和结算为手段，以客户数据库为依托，以证书认证体制为安全交易机制的全新商业模式。与传统商业相比，电子商务营销费用低、效率高，可以节约大量用于广告和促销方面的费用，减少许多烦琐的过程，改变企业的业务流程，大大提高企业的竞争力。信息化是电子商务发展的基础，孕育了电子商务，推动了电子商务的发展。企业电子商务的大部分工作在于企业基础管理的信息化。而电子商务的发展，又促进了企业信息化的深入进行。

6. 呼叫中心

呼叫中心，也叫客户服务中心，是利用计算机与通信技术相结合的技术支持，由计算机辅助，通过以电话、上网、传真形式向客户提供咨询、投诉等服务的服务中心。当前许多大型组织或企业就是通过这种为基础的呼叫中心来管理用户拨入业务。

呼叫中心具有图形用户接口（GUI），操作方式简单、提供业务种类丰富、服务专业化、智能性高、即时服务以及实时显示用户信息等特点，是集语音技术、呼叫处理、计算机网络和数据库技术于一体的系统。能够实现一般话务台、排队及自动呼叫分配、查号、话间插入、来话转接、代答、自动总机服务，以及留言、用户数据、计费管理、远端用户端话务台、辅助拨号、来话自动识别与显示、话务员夜间服务等多种功能，同时也可以作为制造业企业的公共信息服务中心。

7. PDM 技术

产品数据管理（PDM）是在现代产品开发环境中成长和发展起来的一项管理数据的新技术，它以产品数据的管理为核心，通过计算机网络和数据库技术，把企业生产过程中所有与产品相关的信息（包括开发计划、产品模型、工程图样、技术规范、工艺文件和数据代码等）和过程（包括设计、加工制造、计划调度、装备和检测等工作流程及过程处理程序）集成管理的技术。一个完善的 PDM 系统必须能够将各种功能领域众多的应用集成起来，并符合各种严格的要求。PDM 系统必须具备以下特点：能够有效、可控和自动地访问开发和生产的应用及过程，能方便地访问有关的文件和数据；系统必须有控制访问的安全机制；系统必须具有良好的用户界面和方便的机制来访问及处理数据；具有表达零部件、产品配置结构和相关文件及数据的能力；提供产品、零部件和有关文件的分类方法，以支持产品数据的寿命周期管理；能够支持不同地域的人员设计同一产品；支持相关修改；具有开放性。

## （二）计算机辅助设计、加工和制造技术

### 1. CAD/CAM 技术

CAD 即计算机辅助设计，一般认为 CAD 系统应包括下列基本功能：草图设计、零件设计、装配设计、复杂曲面设计、工程图样绘制、工程分析、真实感渲染、数据交换接口。CAM 即计算机辅助制造，是指在产品生产制造过程中，采用计算机辅助完成从生产准备到产品制造整个生产过程的活动。主要包括：工装设计、数控自动编程、生产作业计划、生产控制、质量控制。

CAD/CAM 系统是由硬件和软件组成的。硬件主要是计算机及各种配套设备，广义上讲，还应当包括应用于数控加工的各种机械设备等。软件一般包括系统软件、支撑软件和应用软件。

CAD/CAM 的关键技术包括：

（1）产品数据管理

产品数据管理是指企业内分布于各种系统和介质中关于产品及产品数据的信息及应用的集成与管理。

（2）曲面造型

曲面造型是计算机辅助几何设计和计算机图形学的一项重要内容，主要研究在计算机图像系统的环境下对曲面的表示、设计、显示和分析。

（3）装配模型

装配模型主要的发展趋势是由图表达的拓扑结构向树表达的层次结构发展。装配信息建模的核心问题是如何在计算机中表达和存储装配体组成部件之间的相互关系。

（4）特征技术

它是 CAD/CAM 技术发展中的一个新的里程碑，它是在 CAD/CAM 技术的发展和应用达到一定水平，要求进一步提高生产组织的集成化、自动化程度的历史进程中孕育和成长起来的。

（5）实体模型

实体模型在计算机内提供了对物体完整的几何和拓扑定义，可以直接进行三维设计，在一个完整的几何模型上实现零件的质量计算、有限元分析、数控加工编程和消隐立体图的生成等。

（6）参数化设计

参数化设计是 CAD 技术在实际应用中提出的课题，一般是指设计图形拓扑关系不变，尺寸形状由一组参数进行约束。

（7）变量化方法

变量化方法是指设计图纸的改变自由度不仅是尺寸形状的参数，而且包括拓扑结构关系，甚至工程计算条件，修改余地大，可变参数多，设计结果受到一组约束方程的控制和驱动。

（8）数控编程

数控编程是目前 CAD/CAPP/CAM 系统中最能明显发挥效益的环节之一，其在实现设计加工自动化、提高加工精度和加工质量、缩短产品研究周期等方面发挥着重要作用。

2. CAPP 技术

CAPP 即计算机辅助工艺设计，一般认为 CAPP 系统应该包括下列基本功能：毛坯设计、加工方法选择、工艺路线指定、工序设计、夹具设计。20 世纪 80 年代以来，随着制造技术向计算机集成制造系统（CIMS）、智能制造（IM）方向发展，对 CAD/CAPP/CAM 系统集成化的要求越来越高，CAPP 在 CAD/CAM 之间起到桥梁和纽带作用。在集成系统中，CAPP 必须能直接从 CAD 模型中获取零件的几何信息、特征信息、物性信息、材料信息、工艺信息等，以代替完全交互式的零件信息输入，CAPP 的输出则是 CAM 所需要的各种信息。

CAPP 系统主要由下列模块构成：

（1）控制模块

协调各模块的运行，实现人机之间的信息交流，控制零件信息获取方式。

（2）零件信息获取模块

零件信息输入可以有两种方式，人工交互式输入或从 CAD 系统中直接获取或来自集成环境下统一的产品数据模型。

（3）工艺过程设计模块

进行加工工艺流程的决策，生成工艺过程卡。

（4）工序决策模块

生成工艺卡。

（5）工步决策模块

生成工步卡及提供 NC（数控）指令所需要的刀位文件。

（6）NC（数控）加工指令生成模块

根据刀位文件，生成控制数据机床的 NC 加工指令。

（7）输出模块

可输出工艺过程卡、工序和工步卡、工序图等各类文档，并可利用编辑工具对现有的文件进行修改后得到所需的工艺文件。

（8）加工过程的动态仿真

可检验工艺过程及 NC 指令的正确性。

CAPP 系统分为三种基本类型：

（1）派生型 CAPP 系统

派生型 CAPP 系统利用成组技术原理按零件的结构和工艺的相似性，利用分类码系统将零件区分为若干个零件加工族，并以零件族的复合零件为代表编制零件的标准工艺，以文件的形式存储在计算机中。

（2）创成型 CAPP 系统

创成型 CAPP 系统是一个能综合加工信息，自动为一个新零件所需要的各种工序和加工顺序，自动提取制造知识，自动完成机床选择、工具选择和加工过程的最优化。

（3）综合型 CAPP 系统

综合型 CAPP 系统是将派生型 CAPP 和创成型 CAPP 结合起来的一种工艺设计方法，如在对一个新零件进行工艺设计时，先通过计算机检索所属零件族的标准工艺，然后根据零件的具体情况，对标准工艺进行修改，工序设计则是采用自动决策产生，这样很好地体现了派生型 CAPP 系统和创成型 CAPP 系统的优点。

产品生产过程是从产品需求分析开始，经过产品结构设计、工艺设计、制造，最后变成可供用户使用的产品。具体包括产品结构设计、工艺设计、制造加工、装备、检验等过程。每一过程又划分为若干个阶段，如产品结构设计可分为任务规划、概念设计、结构设计、施工设计四个阶段；工艺设计可分为毛坯设计、定位形式确定、工艺路线设计、工艺设计、刀具、量具、夹具等设计阶段；加工、装备过程可划分为 NC 编程、加工过程仿真、NC 加工、检验、装备、测试等阶段。计算机在产品生产过程不同阶段形成 CAD/CAPP/CAM 过程链，实现不同的辅助作用。产品设计阶段计算机实现辅助设计，即 CAD；工艺设计阶段实现计算机辅助工艺设计，即 CAPP；加工、装备阶段实现计算机辅助制造，即 CAM。CAD/CAPP/CAM 反映了计算机在产品生产过程中不同阶段的不同层次的应用。

# 第二节　企业经济管理信息化技术选择原则与方法

## 一、技术选择的相关理论

技术选择是一个复杂的理论体系。技术哲学是理论基础，经济学是技术选择的经济理论，技术预见和技术预测是技术选择的方法基础。技术跨越是技术选择的基本目的。提高产业技术或产品的核心竞争力是技术选择的设计原则。技术轨道和技术路线图分析方法，是研究方法的基础，技术选择系统理论起到了承上启下的中枢作用。

### （一）技术的作用

古代发明火药的人只把它看作可以治病的药物，人们做梦也不会想到，这种发明对采矿的发展作用巨大；然而，更可怕的是它会造成成千上万人的伤亡。那个时代的人十分具体地预见他们的技术选择极管的发明是电子技术发展史上的一个重要里程碑，但是，由于三极管的发明是从改进二极管性能的技术选择出发的，即使三极管的发明者也只认为这种选择的结果是提供了更灵敏的检波器和探测器，而没有意识到三极管有放大作用的极重要意义，因为三极管有放大作用，才有之后的四极管、五极管的改进；有了具有放大作用的电子管才有了现代的广播电视和无线电通信，才有现在所说的"信息时代"。从一定意义上说，三极管的发明，其根本性的功能是放大，不是来自目标明确的选择至少原来的选择是很有限的。发明创造者对自己工作的技术后果也难以准确把握，当然更难确切预计其社会后果了。人们在技术活动中还难以具体地预料到自己选择的效益或社会后果。

技术哲学由于忽略了技术的内在发展规律，只能得出总体的、一般性的指导意见。对实际产业和技术选择应用帮助甚微。诚然，无论是在传统产业的技术选择上，还是在高技术的选择上，我们都受到已有条件的限制，没有也不可能有充分的选择自由。因为人们不能自由地选择技术基础，难以自由地选择技术手段和技术发展知识。那么，只能根据技术发展的内在规律，对高技术发展过程实施技术选择。

在许多场合下，人们的技术活动看起来是相当自由的。古代的一些人曾幻想要具备"千里眼、顺风耳"的功能，科学的发展使这些幻想成为现实。要求得到点石成金术、长生不老药也属于异想天开，科学的发展证明这只是空想。近代人不仅自由地想，还自由地做，一些人曾搞过形形色色的永动机，也可以说在进行永动机的选型，因为它违背能量守恒和热力学第二定律，这种自由选择实质上永远不可能。表面上的自由选择乃是实质上的不自由或盲目性。人们不能自由地选择技术或技术的不可选择性，与指导技术活动的科学知识的唯一性或排他性分不开。

技术与科学是有区别的，不能把技术等同、混同于科学，但在人们的技术活动中又必然要自觉或不自觉地遵循自然界的规律和接受科学知识的指导。要达到某种技术目的，可能采取这样或那样的技术手段，选择这种或那种技术活动方式，所有这些，都必须服从、符合由科学真理揭示的客观规律，而科学真理从根本上来说要由实践来验证，不是由人们的需求、愿望来选定。

## （二）技术选择的内涵

技术的特性表现在可用性。分为已有技术、研发技术、未来技术。已有技术包括专利技术，表明人类已经拥有的技术。例如技术改造、技术引进等。多数是工艺创新的范畴。早期文献中有较为详细的记载。研发技术使人类有可能在五年之内解决某些问题或需求的技术。治疗癌症的药物、艾滋病疫苗、液晶显示器产业化技术、有机发光技术、星球大战计划中的激光武器等。多数是产品创新或根本性创新的范畴，文献中有探索性、技术原理性研究工作报道，完整的技术解决方案未见报道。未来技术，指中长期不断发展的技术。太阳能技术、激光空间运载火箭技术等，属于知识创新或根本性创新的范畴。文献中只有科学探索性或科学原理性研究报道，任何研究进展，哪怕是一点点进展，全球都会感到震撼。

选择一词在高级汉语词典当中定义为：从一群或一组中挑选，只是简单定义了挑选这一动作，而没有涉及其挑选的结果。对应的英文为 choice，有审慎挑选之意，隐含质量非常好的结果，可以看出英文的 choice 除了定义挑选这一过程之外，还隐含有最优结果这一层含义。经典的技术选择理论对技术选择的定义，认为其是在内外客观制约因素下，对技术手段进行分析比较，选取最佳方案的过程。而在现实操作当中，技术选择往往变成了适度技术选择的决策，即对于技术选择的各个主体而言，在各种内外客观因素的制约之下，依靠一定的选择标准，进行多层面决策，最终选择最适合自身发展的"适度技术"。

狭义上讲，技术选择就是为了实现一定的系统目标，按系统内外客观因素的制约，对各种可能得到的技术手段进行分析比较，选取最佳方案的过程。如果把近代技术发展规律和技术创新动态过程的理论研究成果，作为技术选择的理论基础，那么，技术选择的研究范围就是从技术的诞生一直到技术的实施全过程，从而具备系统性和决策性，这也说明技术的内在性决定了技术选择的客观性，符合技术哲学的技术存在性、可发现性以及可选择性判断。

我们把技术选择界定为根据技术内在规律选择它所规定的技术发展路线和途径，进而在竞争中实现技术最大效能。包括技术的工具性选择、发展方向选择和发展过程选择。因此，技术选择的理论要在技术发展规律、技术创新动态过程、产品生命周期理论中建立自身发展的理论体系。我们将企业信息化作为研究对象，结合技术轨道分析和技术路线图方法等，对技术选择理论及在制造业的关键技术选择的总体设计方面，采用理论分析对比的方式，开展技术选择理论和实践相结合的研究尝试。

### （三）技术选择的原则

在内外客观制约因素下，技术选择是对技术手段进行分析比较，选取最佳方案的过程。技术选择在技术创新中也称为二次创新，与技术创新的其他形式相比，其优势在于：①技术选择无须花费很长时间，有些也不需要变革现有主要的工艺流程；②完成技术创新的成本要少于其他形式的技术创新，而且引进项目如果被充分讨论过，风险将大为减少；③如果消化吸收效果好，可以大幅度提高劳动生产率，迅速赶超国内外先进水平。

技术选择是一种决策，这种决策不仅要就技术本身做出决策，而且要就涉及的更高层次上的问题做出决策。任何一个国家不可能一直保持技术领先，总是以提高先进技术比重和降低初级技术比重为途径的，所以对一个企业而言，可以在某个单元技术上领先一步，但提高先进技术比重应成为企业技术选择能力的标志。

1. 技术选择的基本原则

（1）科学性原则

技术创新中，技术选择不仅必须考虑符合需求市场中的产品发展需要，同时也必须考虑这一技术自身的科学规律性。科学规律性是单元技术的自然属性，规定了技术选择必须以科学所揭示的规律为基础，着眼于科学与技术之间相互转化的内在机制，将技术创新和技术选择看作科学的应用和规律的物化过程。这一原则要求技术选择必须在现代科学成果与生产的交叉点上，从基础科学研究所发现的科学原理中，经过实践的探索得出技术规律和技术原理，即不仅要求技术的依据是科学的、合理的，技术成果有理论指导，而且经过认真周密的验证，证明是合理并且是可靠的。

（2）先进性原则

技术先进性是技术发展的规律之一，体现在改善产品的质量性能和产品的生产率等诸多方面，是技术进步和技术创新所追求的技术目标。广义来讲，技术先进性就是技术手段实现各种需求规定的技术目标的能力。例如，高新企业以技术的高度和排斥性为主要内涵，进入市场的方式基本是直接满足社会需求，或者说，科学研究的第一手成果，是根据设计的技术原则，实现了社会需求决定的技术目的。这里的技术原则和科学技术发展过程密切相关，可以是技术路线，可以是技术轨道延伸，也可以是技术标准，广义上可看作技术选择。

技术的先进性并不是指具有绝对的先进性，和科学研究所追求的不同。而且技术发展阶段的不同，采用的技术发展路线和对策对保持技术先进性也有所不同。例如，针对制造业领域内进行技术升级的行业及其现有技术水平而言，技术的先进性要求所注入的新技术应当高于本行业、本企业现有的技术水平，并有较长的寿命周期和较广泛的应用前景。

（3）经济性原则

经济性原则是指企业通过技术创新，选择以最小代价获取最大收益的技术，实现利润最大化、成本最小化。这是技术创新的最根本的要求。选择所注入的新技术应具有经济性，包括微观和宏观两个方面，二者相辅相成，共同点都是要求以最小的投入获得最大的产出。其主要不同点是：微观角度的经济性是从局部或某方面考虑，要求以最小的投资获得最大的经济效益，即技术的选择要有利于企业资源的合理配置和规模经济的形成，以达到提高产品的性能和质量、降低产品成本、提高劳动生产率、增强产品在国际国内市场竞争力的目的。宏观角度的经济性是从全局和全体考虑，要求以最少的社会资源投入，取得最大的直接收益和间接收益，即技术的选择要有利于生产资源和生产要素的合理配置和有效利用，有利于调整和优化产业结构和布局，有利于行业的技术改造，与社会各方面的摩擦最小，生产的社会成本最低，以达到促进国民经济整体发展和综合国力全面提高的目的。

（4）适用性原则

①与原有生产系统的适应性

伴随着新技术的注入（如关键技术、工艺、设备、原材料和元器件等），必然要求对原有的生产系统进行淘汰、调整或改造。因此应注意全面分析注入的新技术与原有生产系统的适应性，高新技术的注入是否利于企业的技术改造。注入适用的关键技术对关键设备进行改造，不仅可能大大缩小同国外的技术差距，而且可以节约资金，迅速提高劳动生产率。新技术的注入是否有利于改善和发挥原有生产系统的功能。它应能促进资源优化配置，而不是对原有生产系统的简单扬弃，既能有效地改善和发挥原有系统的功能，又能充分发挥注入技术优势，形成新的生产系统。强调技术的适用性不是迁就原有的落后技术状态，而是尽可能地注重注入的新技术与原有技术的衔接。

②与企业、行业资源因素的适应性

一是在选择技术时，要考虑企业、行业的资源条件、资源的可得性和数量等。二是在进行技术选择时，应该选择那些资源消耗较小，能够利用再生资源的或对资源进行深加工的技术。不仅要选择正在使用的成熟技术，也要注意选择那些未加利用，但却更适合利用并能发挥资源优势，有利于充分利用资源的技术。

③与目标的适应性

对于整个行业来说，技术选择应当与行业的整体结构升级相适应；对于社会发展来说，技术选择必须适应国家经济发展战略目标的要求，有利于国家技术战略目标的实现。技术适用性更多地体现技术选择的作用，国内几十年的发展，已经建立了完整的技术评估理论体系，在国家大型技术引进项目和科学技术发展战略发挥了巨大作用，也为技术经济学科的发展奠定了坚实基础。

④可靠性原则

可靠性要求所选择注入的新技术必须是成熟的，生产工艺、产品质量是可靠的，经过工业生产验证是行之有效的，可以推广应用。与处于创新阶段的技术相比，从技术生命周期讲，可靠性高的成熟技术的先进程度和重要程度可能均已发生了变化，但注入成熟技术一是有利于迅速提高生产力，形成规模效益；二是有利于在其基础上进行再开发，与相关技术结合走综合创新之路，可在新的基础上形成新型的先进技术，产生新的竞争优势。

⑤可持续发展原则

可持续发展原则在这里主要是指企业进行技术选择时，既要注重技术本身的发展和未来的变化趋势，即技术的经济寿命和技术寿命，同时要注重人与技术的协调发展，即坚持技术与社会、经济发展的协调。

2. 技术选择的主体确定原则

技术选择十分复杂且具有重要战略意义，选择主体的确定尤为关键。技术选择主体应该是一个专家团队。依据技术选择特点，这一专家团队的组成遵循多层次、多部门、多学科及内外结合原则。

多层次，是指参与技术选择的专家，既应有来自 R&D 部门的，也应包括来自企业战略管理层的。其中，来自 R&D 部门的技术专家应该由参与不同层面业务单位（战略业务单位或生产业务单位）技术研发活动的专家组成。来自战略管理部门的专家应该是战略业务单位的高层资深经理。专家组成的多层次原则，是技术选择战略与战术双重决策的内在要求。多部门，是指参与技术选择的专家，不仅来自 R&D 部门，还来自制造、营销等其他职能部门。今天，企业研发活动已经不是孤立地运行，而是与其他职能部门甚至与顾客并行开展技术创新活动。企业技术创新活动的成功有赖于知识与信息的跨部门沟通与交流。

多学科是指构成技术选择的专家应该是从事不同学科领域科学技术研究的。由于竞争加剧、技术日益复杂化、技术生命周期不断缩短等原因，企业及其竞争者用于市场竞争的产品或服务的技术也越来越复杂，而且技术更新换代越来越快。企业有研发需求的技术领域或方案越来越多，各技术之间的相互支持、匹配、替代、集成等关系错综复杂，只有跨学科的技术专家团队，才有可能对技术给予正确地识别、筛选和选择。

内外结合，是指在进行技术选择时，不仅有来自企业内部的专家，而且应吸收来自企业供应商、客户、技术创新合作者等方面的专家参与。企业通过研发活动导入新技术所带来的影响，不仅局限于企业自身的产品和服务上，同时会对供应商或其他客户的业务带来影响，这种影响反过来又会改变该企业技术选择与技术导入的效果。因此，在进行技术选择时，必须充分吸取相关利益方面的意见和建议。有时，技术选择结果所确定的研发任务，需要企业与外部研发机构进行合作创新，为此，听取这些外部技术合作机构的意见也是十分必要的。

3. 技术选择的目标原则

技术选择属于多目标不确定性决策问题，实施过程中容易出现目标分散、难以产生合理选择结果的问题，与此同时，不同行业、不同类型的企业其技术选择目标会有较大差异性。一次技术选择不存在规范化的目标。但是，确定技术选择目标时可以遵循以下基本原则：要选定支持经营战略目标所必需的技术，即选定战略上重要的技术。技术是手段，企业发展是目的。技术选择的结果必须是对于企业的战略目标最为关键的技术，否则，这种选择便没有意义。掌握所选定技术后产生的优势和劣势，技术选择是出发点。通过技术选择确定重点研发对象，并最终获得竞争优势，这是技术选择的归结点。对于所选定的技术，企业应该具有将技术优势转化为竞争的能力，应该能够提升企业的市场竞争优势。确定企业的技术优先级。有可能有多种技术是企业发展战略所必需的，而且各技术之间又有相互依存关系，这时，技术选择应该确定哪些技术是应优先研发的，哪些技术是较其次的，哪些技术应该自助研发，哪些技术可以从外部获取。

确定加强企业地位所需采取的战略行动。技术选择不仅要确定哪些技术为重点研发领域，而且要根据企业技术战略和企业学习类型，确定这些技术研发是独立自主开展，还是开展改变技术范式的突破性创新。

（1）企业层面的技术选择

技术选择是面向市场需求的产品创新和面向批量化产销的技术整合两阶段都会遇到的问题，但两阶段技术选择既有一定程度的差异，又有一定程度的相似。就差异而言，主要是两阶段技术选择的目的、准则、参与者、风险是有差异的。

在面向市场需求的产品创新中，技术选择的目的是开发出市场需要的新产品。技术选择的准则一是市场需求导向，二是新产品功能导向，且二者相当程度上是一致的。技术选择的参与者主要是新产品开发人员和营销人员。技术选择的风险主要来自产品设计的探索性强、设计试验的投入高低不定。而在面向批量化产销的技术整合中，技术选择的目的是整合出批量化产销需要的产销能力。技术选择的准则一是产销能力效率导向，二是经济性导向，二者有时是矛盾的。技术选择的参与者多一些，要求产品设计、工艺、材料、设备、标准化、信息运作、营销人员结合。技术选择的风险，主要来自工艺试验、设备购置等投入高，如果工程化失败或市场需求不足，则形成的损失比产品创新阶段要大得多。

在两阶段技术选择中，都需要考虑以下问题：第一，需要从企业战略、战术两层面综合考虑技术选择问题。技术选择的战略层面决策涉及企业总体和长远发展问题，主要是对技术选择进行基本定位，包括产业定位、市场定位和具体技术定位三个方面。技术选择的战术层次决策是对技术的先进性和可接受性进行的综合选择。通常，技术越先进，其生产的产品的生命周期越长，可以给企业带来竞争优势的时间也越长，但随之而来的市场风险也越大，技术实施成功的可能性也越小。技术的可接受性是企业应用和消化吸收特定技术的可能性，技术的可接受性直接决定了特定技术能否发挥作用和发挥作用的程度。第二，两阶段技术选择都需要考虑的主要因素有不少是相似的。一是需要从市场占有和开拓、利润增长、培育竞争优势等目标出发，分析对技术选择的要求。二是需要考虑投资、成本与产量之间的关系。三是需要考虑转换成本。四是需要考虑不确定性和风险。第三，技术选择的可行性分析。一是需要考虑技术可行性，主要考察技术成功的可能性，技术成功可能性与技术的发展阶段有关；二是需要考虑市场可行性；三是需要考虑资源条件；四是需要考虑预期经济效益；五是需要进行风险性分析。

重要的技术应用的选择，特别是生产技术的选择，从逻辑上和实践上来看，发明创造选择是技术选择的主要方面。作为社会经济基本单元的企业，它的存在，它的兴衰，取决于能否做出恰当的、卓有成效的技术选择。在企业的技术应用、技术开发、技术改造和技术引进等活动中，矛盾甚多，如果在方向或方案的选择上漫不经心，发生失误，必将危及企业的命运。不论人们是否自觉地意识到，企业总是在技术选择中生存和发展的，只有精心地考虑如何进行技术选择的问题，企业才有前途。

（2）产业层面的技术选择

企业的技术活动，包括鼓励和支持发明创造，进行新产品和新工艺的开发，保证已有生产技术流程的正常运行，提高工程技术人员的素质等，而其中心的环节，则是如何有选择地把发明创造成果转化为应用中的现实技术，不断提高现实技术的水平，充分实现和发挥技术的社会经济效益，或者说是如何把科学技术成果转化为生产力并实现经济增长，即做到技术创新，依靠技术进步实现产业技术发展。

产业的技术选择就是产业技术轨道的选择。在具体的产业技术选择中，产业重大项目选择和管理实践是主要任务。因此，进行技术评价的目的，不外乎是为了进行合理的技术选择。这通常需要遵循几个准则：①目标要求；②先进性、适用性、可靠性、安全性的结合；③配套性；④费用与效益的协调；⑤生态环境。产业的技术发展对于经济的增长至关重要，这主要由技术轨道和技术扩散等技术发展的推动作用实现的。首先产业发展的关键是主导技术，为了技术体系的升级和技术进步，产业技术选择的基本目的就是寻找和识别产业的主导技术。其次，为了发展和超越技术领先者，科学基础研究和如何建立相关的技术基础是关键，技术的超越是实现产业目标的重要手段。

### （四）经典技术选择理论

#### 1. 基于要素禀赋理论的产业层面技术选择理论

这一理论的形成主要源于我国学者常向阳在对农业技术选择影响因素的实证分析当中获得的，他通过大量的实证分析认为，各地区采用的农业技术存在重大差别，而造成这一差别的首要因素就是要素禀赋。他认为农业技术选择的激励主要来自通过技术的采用可以消除或部分消除由经济体中相对稀缺的生产要素对农业发展的制约。采用适宜农业技术消除相对稀缺要素对农业发展的制约，主要通过两个途径来实现：一是劳动力节约型技术，这类技术能够消除或部分消除劳动力对相对稀缺对农业发展的制约；二是土地节约型技术，这类技术可以消除或部分消除土地资源的相对稀缺对农业发展的制约，通过技术的采用达到增加单位土地面积产出量的目的。

在具体研究当中，可以通过计算要素禀赋系数和技术选择偏向系数的计算，测度一个产业所在地区或者国家的某种资源的相对丰富程度与技术选择偏向强度。最终明确某一产业在技术选择当中的选择决策。

#### 2. 基于比较优势理论的国家层面技术选择理论

这一技术选择理论所要解决的主要是发展中国家在追赶发达国家的过程当中的技术引进问题，本质上来讲，技术引进也就是技术选择的过程，这涉及一个国家的技术发展战略，是国家层面上的技术选择。最有代表性的是我国经济学家林毅夫提出的"技术选择假说"。

技术选择假说认为，大多数发展中国家没有能够成功地缩小与发达国家的发展差距，主要根源在于它们的政府采取了不适当的发展战略。20世纪50年代以后，大多数发展中国家的政府都执行了优先发展资本密集型产业的发展战略。然而，一个经济的最优产业结构是由其要素禀赋结构所内生决定的。要素禀赋结构升级为产业和技术结构升级提供了基础。对于发展中国家的企业来说，要升级的产业和技术是新的，需要从发达国家转移过来。新的与老的产业和技术之间的差距越大，学习成本越大，因此，学习成本在遵循比较优势的战略下要比违背比较优势的战略小。

这其中还涉及为维护一个自由、开放和竞争的市场，政府需要付出的企业的战略性政策负担，以及信息不对称情况下所带来的政策性陷阱。总的来说，遵循比较优势的战略会诱导发展中国家的企业进入具有比较优势的产业，促进企业低成本地从更为发达的国家引进先进技术，国民经济也将是有竞争力的，要素禀赋结构升级比较快，从而产业和技术结构升级也会比较快。因此，遵循比较优势的战略将有助于发展中国家向发达国家收敛。

传统的技术选择理论都有两个基本假设：第一，技术是已经存在的，即技术是可以进行选择的，也就是说针对任何一个技术选择主体而言，为了解决某一特定生产力问题，是存在相应技术的，并且这一技术可以通过特定的选择标准，进行判断。第二，技术开发过程当中的付出不作为选择标准。这一个基本假设源于第一个假设。也就是说，假设技术已经开发成功，无论它在开发过程当中付出的经济成本、社会成本或者其他成本有多高，都不作为传统经典技术选择理论所要考虑的对象，因为传统的技术选择理论是从技术已经形成作为考察边界的。

那么这就涉及一个关键问题，技术开发过程当中的各种成本是否可以作为技术选择的一个首要标准？是否应该在考察技术开发中付出的基础上，再考察技术运行当中所涉及的其他因素？尤其是对于自主创新的技术来讲。因为，如果按照传统技术选择理论的方法来分析具体问题，那么假设现在有 AB 两项技术，我们从新古典主义经济学角度、比较优势理论或者资源禀赋理论的角度进行评价，选择了技术 A 而放弃了技术 B，那么技术 B 在开发过程当中所付出的经济成本、社会成本等，将成为一种浪费，对于整个社会而言造成了一定的损失。从这个角度来看，传统的技术选择理论是一种"事后"选择理念，会在一定程度上造成社会资源的浪费。

## 二、企业经济管理信息化技术选择原则

### （一）制造业企业技术战略选择的影响因素

企业的成功与否和企业的技术选择息息相关。企业的技术选择直接影响到企业的竞争优势。企业不断地做出技术选择影响到企业的可持续竞争优势，进而影响到企业的生存和发展。技术选择是一种决策而且是一种多层次决策。企业需在战略层和战术层上分别进行技术选择。战略层次决策是指技术战略的选择而技术选择的战术层次决策则是指技术评价决策。毫无疑问，会有许多因素影响到企业的技术战略选择。

1. 企业的总体经营战略

企业的总体经营战略是企业层次的资源配置方式，是对企业生存和发展的全局性、长远性的规划。企业不可能是为了技术在选择技术，只能是为了经济效益在选择技术，而技术的商业化要靠企业的经营战略来完成因此，企业的总体经营战略是技术战略的前提，只有明确了总体经营战略的类型，明确了要获得的是何种竞争优势，才能对技术战略做出正确的选择。另外，技术战略的独立发展亦会为企业提供新的商机，引导企业总体经营战略的发展，为企业创造新的竞争优势，促进企业的成长。

2. 企业的技术能力

企业的技术能力是在长期的技术实践中积累而成的，它是企业所独有的，既无法购买更难以复制，只有不断地正确地进行技术选择方有助于它的积累。但是，企业的技术选择亦不能是无源之水，它必须建立在企业的现实技术能力之上。企业的现实技术能力可理解为一种综合能力，它包含了生产能力、吸收能力和创新能力等。不难想象，技术创新能力是企业敢于内部自主研发的基础。技术吸收能力更是企业引进、模仿创新的关键。那些具有良好技术吸收能力的企业，可以通过购买外部技术并及时地将它们转换到企业的生产系统中去，迅速地为企业营造竞争优势，带来经济效益。

3. 产业的技术轨道

产业技术轨道的形成是技术本身和市场需求共同作用的结果。在技术可能的情况下，市场需求对技术进行选择，形成产业技术轨道。因此，产业的技术轨道代表了市场价值和产业技术的演化方向。一般而言，企业应进行顺轨创新（即沿着技术轨道创新），这有助于企业降低成本，培育竞争优势。也就是说，企业在进行技术选择时，首先应该搜索自己所处产业的技术轨道，认准它的演化方向，使企业能在产业技术轨道细分的基础上，找到自己在该轨道上的技术定位，即产品定位，且能始终立足在该轨道的前沿，保持自有的竞争优势。当然，在技术和市场剧烈变动的前提下，企业有时也要选择新的产业技术轨道。这时，企业必须识别技术的发展前景，判断新的产业技术轨道生长点，在此基础上，力争提前进入技术轨道，引导产业技术轨道向前延伸，从而取得新的竞争优势和成长。

4. 国家的政策

国家对企业技术创新的政策引导和支持已成为各国经济增长及发展不可或缺的推动力。从企业的角度来看，企业的技术选择应与国家的政策保持一致，以便尽可能多地争取到国家政策的支持。

（二）企业经济管理信息化技术选择的原则

我们认为，企业经济管理信息化的技术选择应遵循如下两条基本原则：

1. 竞争原则

竞争原则包括两个层面的含义，一个层面是技术系统内部的竞争原则，从技术发展规律及发展动力机制的角度出发，说明技术选择应当符合技术自身的发展需要；另一个是指市场层面的竞争原则，从技术所具备的社会效益、经济效益的角度，说明技术选择应当满足的市场竞争要求。

（1）技术系统内部的竞争原则

这一原则主要包含技术选择当中应当遵循的技术系统内部的内在规律，主要包括：产业内部的技术方展方向。每一个产业都有自身独特的技术发展规律，技术选择的结果要符合当前产业内部技术发展的方向，符合技术发展的潮流。技术的不可替代原则。技术的不可替代的内涵就是指技术的先进性，由于先进性作为一个定性评价指标，如果进行定量评价的话会难以评估，而先进技术与非先进技术的一个最根本的外在表现就是相互替代的可逆性，一般而言，先进技术能够替代非先进技术，而非先进技术对于先进技术则不具有替代作用。这一原则与林毅夫的技术选择假说有着截然不同的内涵，这是出于高新技术产业自身发展的特点和客观需要，并且充分考虑我国建立创新型国家的宏伟目标。

（2）市场竞争原则

产业生产的基础或者动力源泉来自产业技术的进步，而产业技术进步的一个必经环节就是技术选择。市场竞争原则本身是指一项技术如果要进行开发设计甚至于产业化运作，都必须要充分考虑可能付出的成本与收益，一般而言，技术作为一个产业参与市场竞争的核心内容，对企业产品带来的竞争力主要体现在两个方面：依靠技术含量提升价格、依靠技术创新降低成本。传统的技术选择理论在假定技术已有的条件下进行决策，这一部分是主要依据。

2. 科学导向原则

科学研究是高新技术的母体，高新技术是科学研究满足市场需求、科学自身发展的技术基础改善的要求，高新技术是科学发展的系统产物，其必须以坚实的科学基础为支撑。同时，科学的发展还在一定程度上决定了高新技术的发展速度，即科学的发展对技术变革的促进作用还体现为技术创新频度的加快。同时，科学的发展不仅仅来自人类认识自然的过程当中，还来源于人类改造自然的过程当中，也就是说，高新技术的发展还对科学具有自己的促进作用，科学与高新技术是相辅相成的关系。这一原则具体到技术选择当中，充分考查技术与科学体系的融合性，将技术对于增强国家科学基础和建立基础科学的能力作为技术选择的重要指标。

## 三、企业经济管理信息化技术选择方法

### （一）技术预测

科技政策或计划的制订，原则上说，都是对未来一定时期内的科技活动进行规范，以便达到预定的目标。要想科学而有成效地制订科技政策或计划，就必须依据对未来科技发展的方向、变化的趋势，以及可能的机遇或危机做出恰当的估计，这就是科学技术预测，在管理科学中称作技术预测。

由于技术预测起源于美国，美国人认为科学的发展是不可预测的，只有技术的发展才

有一定轨迹可循，因此在科学技术的规划中，只有技术部分是按技术预测做出的。技术预测不同于一般的预言活动，它是以相当高的置信度对技术的未来发展做出的概率性评估。技术预见是随着技术预测的发展和广泛使用，尤其是在国家制订科技计划和政策中的大量应用，由于不同类型决策的需要而从技术预测中分化出来，它在目标、规模和方法上与传统技术预测都有不同。不过，现在理论界对技术预见还没有一个统一的认识和专门的定义，因此在很多出版物中，这两个词是混用的。

### (二) 技术预见

#### 1. 技术预见的定义

关于技术预见的定义当前学术界有不同的解释。技术预见是在技术预测基础上发展起来的，也可以说技术预测是技术预见的前期工作，它对应于技术预见活动中的"趋势预测"环节，但还没有上升到技术预见理念中的"整体化预测"的高度。相比较而言，技术预见含有更加广泛的内涵，除了要考虑技术自身因素外，还要系统地考虑经济与社会需求，资源与环境制约等诸多因素，它实际上就是要将技术发展路径置身于一个大系统中进行多纬度分析。

经过 50 年探索，技术预见内涵的界定逐步得到发展和完善。在经过多次国际会议交流及发表论文进行讨论后，多数专家学者认为英国 SUSSEX 大学科技政策研究中心本·马丁教授的描述可以作为技术预见的定义。有如下几方面的含义：必须对未来科学的技术进行系统研究；预见的时间跨度应该是长期的，可能为 5~30 年，通常为 10~15 年；预见是研究者、用户和政策制定者之间相互咨询和相互影响的过程，而非单纯的技术研究；预见的目的之一是及时确定对经济和社会的许多方面带来巨大好处的新技术群，这些技术目前仍然处于前期研究阶段，通过投入可以得到快速发展；另一目的在于战略研究，如特定的基础研究，可以为目前乃至将来遇到的实际问题提供坚实的知识基础；必须考虑新技术对社会的影响（好的或不好的），而不仅限于对工业和经济的作用。

技术预见的核心就是充分理解在技术政策形成计划和决策中应该考虑的塑造长远未来的各种力量及因素。技术预见过程在实践上包括预见和选择两个紧密相关的环节。预见是为了把握方向，选择是为了保证重点。技术预见对于科技创新具有重要的意义和作用，它将使科技创新符合时代发展规律，使科技创新的指向性更强，可以使创新的理论与实践有机结合，更具针对性和可操作性。

可见，技术预见所倡导的基本理念就是，在对科学、技术、经济和社会在未来一段时间整体化预测基础上，系统化选择那些具有战略意义的研究领域、关键技术和通用技术。技术的未来走向和发展战略是由科学驱动、经济拉动和社会需求等因素决定的，它们既可以决定技术的发展走向和发展规模，又可以决定技术的发展周期和发展高度。技术预见本质上就是在充分考虑各种因素的促进和制约条件下如何确定一个国家或地区的技术发展战略，如何选择最有利于实现国家经济和社会长期目标的技术。

2. 技术预见的特点及功能

技术预见与一般的技术预测相比，在目标、规模和方法上有不同。其特点主要体现在它的战略性、参与者的广泛性和预见的过程重要性。与此同时，技术预见在功能上起到了提供和交流信息、沟通思想、达成共识的作用。

战略性是技术预见产生的根源，前面已经明确指出了技术预见是战略性技术预测发展的结果。它不只是对已有技术发展趋势的外推，更强调对未来可能的技术突破、技术发展方向、在竞争环境中潜在的机会和挑战等的预见。这主要通过高层专家的远见卓识来实现。

技术预见的规模，即参与者的广泛性。由于技术预见的战略性和决策导向性，预见中必然要反映参与者的观点和思想。同时还要考虑社会多因素的影响和多方面的需求，才能获得为各部门都能接受的结果。技术预见应具有很强的信息提供和交流能力。技术预见不仅仅是以其结果来提供信息，而且是在它的全部过程中，向参与者和外界提供信息，因此它强调的是过程，而不是结果。

有很多预见已经与决策融合在一起，成为决策管理程序链的一部分，不单单获得信息、了解现状、与自身发展有关的环境，而且掌握了总体发展方向。从而对本部门、机构或企业确定目标而言，任何一个阶层的专家，对参与这一过程，比获得预见的结果更感兴趣。

3. 技术轨道

（1）技术轨道与技术范式

20世纪80年代以来，人们开始注意到技术创新具有连续性和衍生性。企业只要推出一项创新，就会有同一领域的多项创新出现；一个产业只要有一个企业创新，就会有多个企业进行相近的多项创新。同一企业、技术领域、行业，技术创新具有连续性与衍生性，这意味着创新者本身具有一定的思维定式，创新活动具有一定的技术定势，同一主体的创新具有引申性与延伸性。

思维定式与技术定势，实际上表现出一定的技术范式。或者说，技术范式包含了创新者的思考与技术本身特征的双重内容。就本质而言，技术范式是一定的新技术体系的规范化。只要一定技术体系相对地固定下来，在一定时期主导着人们的创新努力，那就可以认为这一体系已经构成了一种技术范式。一定的技术范式会给人们提出新的创新思路，为新的创新提供技术基础与前提，从而诱发、促成和实现众多的技术创新。当一定的技术范式或实现的技术创新较多时，就成为一种技术实现道路。技术创新具有连续性、衍生性及延伸性，通常特定企业、领域，产业的创新总是遵循着既定的轨道。称某一技术范式引发新的创新的功能为技术轨道，是因为它主导着特定企业、领域、产业中人们的创新努力。这就是 20 世纪 80 年代初人们关注技术轨道研究的缘由。在相当程度上，技术轨道反映产业技术演变的轨迹。反映特定产业技术轨道核心特征的是其产品的主导设计，诸如某类产品的基本结构、联结方式等。

（2）产业技术轨道的形成

技术轨道不是一个纯技术上的概念，而是从经济学角度来认识创新中技术演进规律的经济学概念。本质上是创新者在技术创新过程中必须遵循的技术经济规律。在特定产业，技术轨道的形成主要是由以下四个方面的作用决定的：

①科技的根本性进展

产业技术轨道是由技术选择方法、产品主导设计模式、核心技术路线、产品和工艺技术标准、技术整合方式惯性及主流的制造流程等要素有机构成的。因此，一种技术轨道的形成，必然依赖于围绕这些要素的科技进展，其中既涉及技术科学的进展，又涉及管理科学的进展，甚至涉及行为科学的进展。

②行业技术积累

产业技术轨道往往表现为建立在一定技术积累基础之上的同行创新者共同遵守的相对稳定的技术范式。因此，当一个行业的专门技术知识与技术能力积累达到一定程度时，基于进行商品化产品开发的方便，特别是受制于产业核心共性技术和工艺技术创新的进展，该行业企业就不得不规范自己的主导产品设计，从而自觉不自觉地培植同行企业共同的技术轨道。一个典型的例证是电话交换设备制造产业技术轨道的形成。

③市场需求递进扩张和品种扩展

如果市场对某个行业产品的需求不断扩张，生产者就得持续扩大生产批量。批量化销要求规范的产品结构设计和一致的加工工艺，于是生产者就不得不规范自己的主导产品设计和工艺设计。当这类规范进入相对稳定的状态时，该行业的技术轨道就形成了。一个典型的例证是，前些年，随着用户对制冷、空调等设备需求的增加，生产者不得不扩大生产规模。为了以尽可能大的批量组织生产，我国相当的制冷和空调设备厂商都在规范自己的主导设计和制造流程，进而推动了产业技术轨道的形成。另外，在同类产品市场上，用户对该类产品的具体要求并非一致，而是有功能、性能、低端、高端的差别化要求。生产企业既要满足用户差异化的需求，又不可能不顾规模经济性的要求逐一开发每种产品。这样，一种经济合理的选择就是就一类产品培植一种主导设计，然后通过对主导设计的局部调整来满足用户多样化的需求。

（3）产业技术轨道的延伸

顺轨创新具有高效率、低成本的优势，努力培育、拓展、延伸本行业某类产品创新的技术轨道，是不少同行企业共同的愿望。一类因素是技术轨道向前延伸的可能性。这主要是由技术轨道的刚性及其刚性的方向、该行业发展依赖的科技进展、行业性技术知识积累和技术能力积累，以及行业投资能力四者决定的。另一类因素是技术轨道向前延伸的必要性。这主要是由市场需求态势决定的。从产业经济学角度看，任何产业能够生存与发展，首先是因为市场对其产品有较大需求。换言之，如果某个行业产品失去了市场需求，其技术轨道也就没有延伸的必要。市场需求方向决定着该产业技术轨道延伸的方向，市场需求扩张的速率决定着技术轨道向前延伸的极限速率。

（4）产业技术轨道的转辙

特定行业的技术轨道不是一成不变的，而是会在若干因素作用下转辙，即由原来的技术轨道切换到新的技术轨道。理性地看，导致产业技术轨道切换、转辙的主要因素大致有三类。

其一，科学研究、技术攻关的新进展。一旦科学研究的新进展为产品创新、工艺创新、制造流程创新提供了新的思路，技术攻关为产品创新、工艺创新、制造流程创新提供了新的手段，特定行业产品的主导设计和核心技术体系即会发生根本性变化，或是引发企业进行提供新功能的产品设计，或是在不改变原有产品功能的前提下改变主导设计，或是改变产品和工艺技术标准，或是改变产品制造流程。电视机技术的发展使产业经历了从电子管到晶体管，然后是集成电路、大规模集成电路和超大规模集成电路的技术变革。相应于此，电视机结构的主导设计也发生了多代变化。由于电视机功能、性能、内部结构主导设计的变化，该行业不少企业也不得不调整自己的核心技术能力和技术范式。

其二，市场需求的重大变化。如果因为种种原因市场需求发生了重大变化，以致特定行业现有产品供给难以适应新的市场需求，则需求变化就可能诱发该行业的技术轨道转辙。其中的主要机理是，某个行业原有市场需求方向一旦发生重大变化，即会迫使该行业进行全行业的调整，推出系列化的创新产品，进而会迫使该行业改变自己的技术轨道。

其三，主导企业的技术轨道发生了跳跃。垄断程度高的行业，少数主导企业产业技术轨道发生转辙，是因为主导企业通常有较强的技术积累和研发能力，能够融通资本进行变革性的研究开发与商品化开发，主导企业一旦意识到自己的主导地位受到竞争者的威胁，即会选择产品差别化的竞争策略；为维持较长期的主导地位，主导企业通常会立足于根本性创新，以建立阻止他人与己竞争的技术壁垒。而根本性创新常常会改变主导企业的技术轨道。主导企业的根本性产品创新问世后，易于创造新的市场需求，并因此而在一定时期内获得超额利润。尽管一些主导企业努力设置自我保护的技术壁垒，但受超额利润的吸引，非主导企业中的能力较强者即会紧紧跟上，模仿主导企业的创新行为。由于模仿的是根本性创新，因此这种模仿往往是以改变非主导企业的技术轨道为前提的，而一旦对同一根本性创新的模仿达到一定程度，这时整个行业的技术轨道就可能发生变化。

当然，这里需要说明的是，根本性创新不一定都是由主导企业率先实现的，一些小企业亦可能实现未来影响产业技术轨道的根本性产品创新。无论哪一类企业率先实现了某种根本性创新，都会产生前述产业技术轨道转辙的现象。问题仅仅在于，主导企业推动和率先实现根本性创新的可能性更大一些，进而推动产业技术轨道转辙的可能性也大一些。

## 四、企业经济管理信息化技术选择指标体系

根据上面讨论的企业经济管理信息化技术选择应遵循的原则和方法，并结合其他学者的相关研究成果，我们构建了企业经济管理信息化技术选择的指标体系。该指标体系由竞争和科学导向两大类十五个指标构成。

### （一）竞争类指标

#### 1. 技术系统内部竞争类指标

技术传递性：采用文献调查的方法，从摘文数量、印文数量当中，剥离出单项技术在整个产业技术体系发展趋势当中的位置；生产设备与技术设备的可获得性：分析技术的自身可行性；技术轨道与技术路线图：综合考查产品性能指标、技术发展现状，刻画某项技术的技术轨道与技术路线图，作为技术选择的重要参考指标；技术的经济可行性系数：从人力投入、R&D 投入及具体技术指标、带来的投资收益等方面，考察技术的可行性；国家技术创新战略的影响效应：在产业系统内部从技术传递性与技术轨道、技术路线图等方面进行技术评价之后，从国家技术创新战略的高度，综合考虑整个产业系统当中的技术发展方向，对技术选择进行适度调整。

#### 2. 市场竞争类指标

产品构成比：在同行业中或同类产品当中，本技术产品的市场份额；预期产品产值：把握本技术产品的市场前景；竞争力系数：从产品质量、生产成本以及性能改进三个方面，架构技术产品的竞争力系数；经济效益系数：从预计利润总额和资本收益率、增加值比率三个方面，评价技术产品的经济效益总量规模及盈利能力。

#### 3. 社会效益类指标

环境评价系数：以国家环保政策为标准，根据具体技术给出环境污染评价系数；经济外汇净现值：考察技术的创汇能力；就业效果指标：考察技术环节就业压力的能力。

（二）科学导向类指标

技术的溢出能力：对其他领域当中技术创新的科学基础的建立的促进能力。从辐射的产业数量进行考查，考察的方面包括技术的形成、新材料的形成等，以评价相应高新技术的技术辐射能力；增强国家科学基础的能力：通过新显的研究方法、相关基础科研项目的数量、促进相关科学积累等方面，考察相应高新技术增强国家科学基础的能力；建立基础技术的能力：通过提供新型技术手段（信息技术的测量、检测等）、加强技术设备改造等方式，评价相应高新技术对提升基础技术的能力。

# 第三节　企业经济管理信息化的发展策略

## 一、服务体系构建

企业信息化是一项综合性的系统工程，需要良好的外部环境。应该支持和培育企业信息化服务体系的建设，充分发挥社会中介组织的作用，调动社会各个方面的有效资源为信息化服务。并应首先致力于咨询服务体系、人才培训体系和技术支持体系的建设。在咨询服务体系方面，可以通过专家的咨询和诊断，帮助企业找到管理中存在的问题，确定改进管理、流程重组的切入点，并通过对软件企业及产品的考察、认定，向企业推荐资信好、产品可靠性强、价格合理的软件商，帮助企业选择合作伙伴，提高企业信息化建设的成功率。在人才培训方面，应适应企业实际需要，组织多层次的培训，以培养复合型人才为目标。在技术支持体系方面，通过建立企业信息化服务平台，为企业承担网络设备、系统维护等业务托管服务，以发挥规模效益，降低系统运营成本为目标。

## 二、经济管理信息化人才的培养

### （一）人才构成与职责

1. 首席信息官（CIO）

企业必须首先有一个信息化的领导者与推动者，这个领导者就是 CIO，他对企业的信息资源管理负有全面责任。他要从企业的全局和整体需要出发，直接领导与主持全企业的信息资源管理工作。他必须是一个业务人员，充分了解企业的业务流程，因为 CIO 做贡献的能力是直接和他的业务知识，而不是他的技术能力成正比。他必须有充分的权力来推动信息化，要和企业的 CEO 配合无间，他要非常清楚企业的发展方向，并且明确，他正和 CEO 两个人共同向着这个方向努力。CIO 必须是真正的复合型人才，要既懂信息技术又懂企业管理，了解国内外信息技术发展及应用情况，理解企业信息化的内涵，清楚企业信息化建设和开发应用的策略、方法与步骤，全面负责企业信息化建设的规划、管理，领导企业内信息资源管理职能部门，统一领导与协调企业其他部门信息资源的开发、利用与管理工作，组织信息化建设工作的具体实施，指导企业信息系统的运行。

2. 管理人员与核心技术人员

这类人才是企业信息化工作的中坚力量。首先，企业需要具有一批核心管理人员，他们要能够正确熟练地运用企业信息化平台，辅助制定决策，组建基于信息化系统有效运行的工作团队，保证信息化系统最大的发挥效用。其次，企业信息化系统运用了大量的信息和通信技术，要保证系统的正常运行，需要强大的技术支持，信息化应用技术人员必不可少，这其中包括系统建设人员和系统维护人员。

系统建设人员需要熟悉计算机及网络知识，他们的职责是对企业的信息系统进行建设，使之有效运行。系统建设人员还包括系统分析人员、系统设计人员和程序员，等等。其中系统分析员在整个信息系统建设过程中起基础性作用，是系统开发者与实际应用者的桥梁，他们需要掌握计算机软件工程、企业管理、系统理论等多方面的知识，在工作中要从企业的各种业务需求中抽象出数据需求，并能够在这个过程中带领其他人员分析系统的现状，发现和更正企业经营过程中不合理的业务过程，确定系统的目标，进行可行性分析，把计算机技术与产品设计、制造工艺与生产经营管理技术结合起来，并与信息系统的使用者一起来开发新的系统和改进现有的系统。在工作过程中，他们还要和大量的企业管理人员及工作人员进行交流与沟通，因此还要求其具有较好的沟通能力。系统设计人员和程序员的工作是根据系统分析报告完成系统的逻辑设计。这就要求他们必须精通计算机语言、软件工程方法和管理信息系统原理。

系统维护人员的工作主要集中在系统建成后的使用阶段，任何复杂系统在建设中都不能保证绝对正确，其在运行过程中经常会出现各种软硬件问题，因此必须要不断地进行维护以保证物理设备可靠运行和系统数据的正确性，这就是系统维护人员的主要作用。为此，他们需要掌握各种计算机设备及网络系统，对其进行安装调试，对运行情况进行检控，及时维护，预防故障发生。

3. 执行层人员

执行层人员主要是指系统操作人员，这类人才是企业信息化工作的基础人员。他们是系统的直接使用者，因此他们必须能够正确掌握信息化工具，并对外部信息能够快速而准确地采集、录入系统和从系统中得到所需的管理数据，以保证企业各部门通过信息系统高效协同工作。企业信息化系统建好后最重要的是运用，他们必须能够真正理解企业信息化的内涵、正确掌握信息化工具、实施正确的安全策略并具有对外部信息能够做出快速而恰当反应所具有的协同工作的能力。

### （二）人才素质

#### 1. 丰富的知识

信息化人才，必须掌握充分的业务知识，这包括宽厚的基础知识、全面的数学方法和计算机应用技术，以及扎实的经济和管理知识和一定的人文社会科学知识，并能够在实践中正确运用，这是信息化人才发挥作用的基本条件。不同岗位的信息化人才，需要的知识构成是不同的，各类人才都有相应的知识，他们必须具备实际组织和建设信息系统的能力，并能够维护系统的正常运行。

#### 2. 敏锐的头脑

信息化人才需要有敏锐的头脑，才能对经济活动中出现的各种问题做出科学而正确的决策判断，提出正确的企业战略。而企业战略所研究的都是属于全局性、整体性和长远性的问题。科学的战略可以开拓企业的未来，引导企业走向成功。因此，信息化人才必须具有这种敏锐的头脑和胸怀全球的战略思想。

#### 3. 创新能力

创新是任何企业走向成功必不可少的要件，创新能力则是指复合型人才应能不断地激发创新意识、培养创新能力。企业信息化往往涉及企业流程的再造，这对企业而言，实际上是企业经营管理全面创新的一个过程，信息化人才必须充分发挥创新能力，使再造后的企业流程实现高效的运作。这要求复合型人才在实施企业信息化时，还要具备坚韧不拔的进取精神和不怕挫折的顽强毅力，敢于创新，才能创造出一个崭新局面。

#### 4. 学习能力

学习能力是指复合型人才应具备不断更新知识、学习新技术、新知识的能力。现在市场竞争越来越激烈，涉及方方面面，而信息化本身的含义，也在不断丰富，这对企业信息化人才的要求不断提高，因此，信息化人才必须不断自我增值，学习先进东西，才能保证企业的需要不断得到满足，才能使企业信息化顺利地实现并不断保持先进性。

#### 5. 沟通能力

企业信息化是一项复杂的大工程，是多种知识综合实践的过程，涉及多方的关系，无论是高层、中层还是执行层人员，都需要有良好的沟通能力才能使信息化顺利地进行下去。其整个过程，包括系统的建立、使用和维护都需要所有参与人员发扬团队合作精神，相互学习，进行有效沟通，以确保系统能得到充分发挥。

## 6. 责任心和事业心

企业信息化是一项庞大的、复杂而艰巨的系统工程。在推进信息化的进程中，可能会遇到各种各样的困难，这要求信息化人才必须具有强烈的责任心和事业心，无论遇到什么困难都能持之以恒、坚韧不拔，利用一切手段克服困难，才能保证信息化的顺利实现。

### （三）人才管理对策

由于以上因素的影响，对信息化人才的管理成为非常重要的一环。企业的制度、规则、惯例及文化等会培养出一种氛围，这是企业的行为，而这种行为会间接影响信息化人才的行为及能力的发挥。因此企业要想吸引人才，用好人才，必须在这方面多下功夫。具体措施有以下一些方面：

#### 1. 建立有效的激励机制与竞争机制

在管理中，要建立起良好的激励机制，采用多种激励手段，激发和调动人才资源的积极性。激励包括物质激励和精神激励两个方面。物质激励主要满足信息化人才对经济利益的追求，这是人才的基本需要。精神激励主要是满足信息化人才社会属性方面的需要，这一层次内容众多，非常复杂，也是形成企业特色的环节。同时还应该建立适度的竞争机制，根据信息化人才在工作中的表现，以及取得的成果，科学地对其进行评价，奖优罚劣，形成既有动力又有压力的适度竞争机制。在企业中建立这种良性竞争有利于员工奋发向上，积极进取，不断提高自身素质。

#### 2. 培育良好的企业环境

这包括两层意思，一方面是客观的工作环境，这是基本的条件，要给工作人员舒适的感觉，并尽量能够方便他们工作；另一方面是更重要的软环境，要让人才感受到企业是尊重知识尊重人才的，让他们觉得企业有足够的空间给他们发挥自己的才能，这样会激励信息化人才继续丰富自己，不断地自我增值，为企业将来的进一步发展积蓄力量。

#### 3. 塑造企业文化

企业文化的建设首先应该注重团队精神的培养，将各种类型的人才牢牢地团结在一起，为了实现企业信息化这一目标而共同努力；其次是良好的学习氛围，通过不断的学习和内部交流提高员工的素质；最后是创新精神，勇于进行创造性的活动，充分发挥企业成员知识结构的整体优势。企业应该多组织员工进行有益身心健康的体育活动，参加野外拓展训练，在活动中培养他们的团队精神和协作能力。

#### 4. 建立战略性人才储备

这是企业的后备策略，由于信息化人才严重供不应求，其竞争十分的激烈，企业的人才管理策略做得再好，也有失去人才的可能，为了防范这一风险，在失去人才的时候不至于造成太大的损失，使企业的信息化工作可以继续，就必须建立起人才储备。企业要对信息化人才市场的整体状况有所了解，一方面到高校去考察，吸收人才；另一方面也要密切注意竞争对手的动态，对同行业的人才给予关注，经常沟通，做好铺垫，以便在失去本企业信息化骨干的时候，能够及时地补充，保证工作的顺利进行。

## 三、基础设施建设

### （一）信息化建设资金的投入

企业信息化建设是一项投资需要很大的综合性工程。设备的购买、系统的建设与维护、人力的投入及专业机构的协作等都需要大量的资金投入。而从黑龙江省目前情况看，绝大多数企业信息化建设资金投入严重不足，并且缺乏长期稳定的资金渠道。这已经成为制约企业信息化建设的重要因素。

企业在信息化建设上的资金投入在一定程度上决定了企业信息化的规模和水平，因此必须强化企业自身的信息化投入，首先，应保证企业信息化建设的资金充足；其次，企业也可以设立专项资金，用于企业信息化的发展。企业的信息化建设需要大量的资金，如果资金不足，必须会制约企业信息化的发展，企业可以通过多元的投资体系，来增加信息化建设的投入资金。

企业信息化建设的核心内容是信息资源的开发与利用，企业在不断发展，企业信息化的技术也应当同步升级，因此企业信息化建设之后，仍要对其进行后续的技术升级投入，这是信息化能够取得成效的重要保证。企业信息化的技术升级投入是必需的，但是要避免这种投入的两个误区：一是认为信息化建设的投入是个无底洞；二是认为信息化建设就是购买和安装设备。这两种说法都是不恰当的，企业的信息化是企业不断地整合资源，提升自身整体素质的过程，企业需要认识到资源对航天科工企业发展的重要作用，重视信息化软件的开发、维护，使企业的资源、管理和技术都能够协调发展。

### （二）以信息资源集成为核心

企业信息资源集成管理与企业信息战略管理过程是同步的，更确切地说，信息资源集成管理是企业信息战略管理的主导方法和主要内核之一，是依据企业信息战略管理过程而展开的。信息资源集成是贯穿企业战略管理全过程的一种主导思维，信息资源集成思维的成熟与否和应用程度在很大程度上决定着企业战略管理的质量和效果。

1. 结合企业竞争优势培育和应用信息资源集成思维

竞争优势归根结底来源于企业为客户创造的超出其成本的价值，而超额价值产生于以低于竞争对手的价格提供同等的效益，或通过为客户提供独特的效益从而获得溢价，即竞争优势有两种基本形式，总成本领先和差异化。而这些都是综合企业内外部信息资源所打造的一种集成的优势或能力，正是集成使竞争对手无法简单地模仿，正是集成为企业提供了可持续发展的基础和潜力。

2. 结合企业核心能力培育和应用信息资源集成思维

核心能力是作为竞争优势来源的资源和能力的集合，核心能力同样是集成的产物，任何单一的能力不可能构成企业的核心能力。核心能力通常应具备 4 种特征，即增值性、稀缺性、难以模仿性和难以替代性。它是在创造性地利用资源的过程中形成的，是一种集成的综合能力。

3. 结合企业价值链的重组培育和应用信息资源集成思维

企业价值链是所有企业价值活动的组合与集成，企业价值链重组的基本方式包括：清除，取消不必要的功能和非增值活动；简化，化复杂过程为简单过程；整合，整合相关的特别是重复的功能和活动；自动化，运用信息技术实现企业流程的自动化；新增，增加企业不具备但又必需的新功能。联系竞争优势和核心能力进行分析，价值链重组是实现竞争优势和建设核心能力的手段，价值链重组的所有方式都是围绕竞争优势和核心能力进行的，都是一种集成行为。

4. 结合企业信息文化的建设培育和应用信息资源集成思维

信息文化的核心是信息价值观和信息规范。所谓信息价值观是指企业上下对信息、信息资源、知识及其价值和重要性的认知，其实质是确立信息资源观念，肯定信息的价值，尊重信息工作者。切实发挥信息在企业运行、管理和发展过程中的特殊作用。所谓信息规范是指企业在运行和发展过程中形成的用于控制、调整、干预企业信息行为的各种手段，主要包括信息法律、信息政策、信息标准和信息制度等。信息价值观和信息规范本身也是企业在长期的发展过程中所积累的资源，这种资源必须内化为企业管理者和员工的理想、目标、习惯及自觉的行为方式，才能充分地实现其价值。

5. 结合企业信息化规划培育和应用信息资源集成思维

企业信息化规划的内容主要包括信息化目标、信息技术管理、信息化愿景、信息资源管理、信息化战略、信息化预算、知识管理、信息化组织和信息化环境等。信息化建设一旦步入战略管理阶段，企业就要首先确立战略意识。目前我国企业信息化规划还远未成熟，追赶潮流的思维还比较严重，要改变这种现状，关键是要在信息战略中体现信息资源集成思维，并使这种集成思维成为服务和支持企业战略的指导思想。

（三） 信息资源共享

计算机网络基础设施是推进企业信息化建设的前提。良好的网络基础建设能够有效地将企业人、财、物等资源更好地优化配置，这是企业信息化建设要考虑的一个重要方面。

网络基础设施建设主要包括各种信息传输网络建设、信息传输设备研制、信息技术开发等设施建设。随着新经济时代的到来，传统的管理模式在企业运作中的弊端日益凸显出来。一方面各部门之间缺乏有效的信息交流手段，资源共享利用困难，影响企业的运行效率；另一方面信息的下行和反馈行为滞缓，不能高效率地组织好信息资源。这已经不能适应企业发展的需要，在信息化的建设中，就要认清这一缺点，利用现代信息技术来改善传统的生产经营管理模式，架构一个供大家共享资源的信息网络平台，理顺企业关系，使企业能够高效地运转，以充分发挥企业信息化各要素的作用。

具体来说，要在构建企业局域网建立企业信息数据库的基础上，积极建设企业骨干网，使局域网系统、数据库系统在统一的企业网络平台环境下，发挥各自的功能作用，并积极采用新的信息技术支持系统，不断优化局域网系统结构和功能，有效扩充数据库系统设置和功能，使企业的网络平台功能不断优化，信息化水平不断提高。

## 四、组织管理水平提升

### （一） 高效化组织体系构建

企业信息化是一项庞大的系统工程，需要强有力的组织保障。根据我国企业目前的情况，需要建立分工明确、责任到位的组织体系，才能适应企业信息化的需要。因此在企业信息化的过程中，要借助现代信息技术，引进现代管理理念，对不适应信息化要求的落后经营方式、僵化组织结构、低效管理流程等，进行全面而深刻的变革。首先是信息化组织的建设。该组织处于企业战略决策层，参与企业整体战略的制定，具体负责企业信息化的规划、实施，全面协调各部门的信息化建设。领导机构是企业信息化领导小组，由企业内高层领导、部门领导共同组成，负责整个企业的信息化战略规划审批；信息化的重大技术方案、管理及业务流程改革方案的讨论和决策；批准信息化实施方案、组织机构、管理制度、标准规范。技术机构方面，一般企业设立独立的信息技术支持中心，一些大型企业还在各部门设立专门的技术支持中心，作为企业信息化建设的主要技术力量。其次就是信息化的基层，包括业务部门的各个岗位，另有专职或兼职人员负责系统的维护工作，系统运行协调工作等。

## （二）科学化管理方式的应用

企业信息化建设的复杂程度较高，因此，在建设中要有"整体观、系统观"，采用科学的管理方式。首先，要实现工作管理标准化。要根据国家有关管理规范，结合本企业管理工作的具体情况，制定通用工作标准及管理标准，并在此基础上制定具体的工作标准。职工的工作内容及要求应定量化，使职工对其应尽的职责有较明确的认识，同时便于企业领导对下属进行考核，从而提高管理水平。其次，要实现企业信息标准化。信息标准化可使信息系统更好地捕获企业内部的生产和经营状况及外部的市场状况，及时提供变化信息，辅助企业领导对企业进行监控，在情况发生变化时，能够及时采取应对策略。信息标准化的具体内容有经济指标体系标准化、信息流程标准化、单据票据标准化、报表文件标准化、信息开发标准化及接口标准化，等等。最后，还要建立健全各项规章制度，实现定额、计量、标准、统计、物料及产品编码的规范化管理，提高定额、计量、标准的水平。数据的采集、统计和录入必须建立严格的责任制度，确保数据的真实性、准确性、一致性和适时性。建立应用信息技术的企业内标准和有关规章制度。

### 1. 提升信息化建设前的规划能力

到目前为止，已经有许多企业实施了信息化建设，但是大部分没有得到很好的效果，甚至有些企业失败。各企业失败的原因不同，但是都存在一个共同点，即：在企业进行信息化建设之前没有一个整体的规划。因此，各个企业应该将信息化建设规划作为信息化建设的首要任务。

对于企业信息化规划的制定，需要在对企业总体战略目标和业务规划深刻理解的基础上，并且分析了企业管理的现状、掌握了信息技术发展趋势、提出了企业下一步行动方案，以及确定了信息系统各部门的逻辑关系。只有这样才能在今后保证企业信息化建设的全面进行，符合信息化建设的基本纲领和总体方向。当然，事先的企业信息化规划不可能将所有的问题都考虑进去，毕竟企业信息化建设是一项非常复杂的项目。因此，企业信息化规划只能考虑到整体的大方向，对于具体细节的事项，就要根据具体事实进一步考虑。

### 2. 完善信息化的基础管理工作

企业信息化要得到顺利实施，不仅仅是软件一个方面的问题，还包括诸如数据积累、技术积累、人才积累方面的问题，如果基础数据收集不到，那么决策是很难执行下去的。因此，在企业的基础管理工作中，应贯穿信息化发展的标准，无论是对客户方面还是供应商方面，甚至要求自己的员工方面，都要采取统一的信息化标准。具体有两个基础的问题需要解决：首先在客户和业务数据方面，为了使企业建立良好的数据基础，必须要保证日常运营数据的质量；其次在员工的习惯培养方面，应培养员工运用统一的标准来记录关键信息的习惯。只有这两个方面的改善才能使得企业的信息化得到有效而快速的实施。

在企业信息化建设过程中，有些企业只注重系统的建设，忽略了数据的重要性。即使企业有再好的系统，如果没有准确的数据作为支撑，所有的努力也将是白费。因此，在实施信息化建设时，对于基础管理工作和原始数据的管理，必须严格把关。除此之外，需要加强库存、销售等各种费用的原始凭证管理，建立统一、完整的代码编制系统，确保速记采集的高效和真实。

3. 巩固信息化进程中的应用管理

一方面，随着企业的发展，企业的信息化建设需要不断更新，与企业的改组、改革相统一。企业的信息化建设不是简单地将计算机替代手工劳动，也不是把以往的管理方式平移到计算机网络上。真正的信息化是将先进的管理理念注入企业管理中，并且应用现代信息技术对不适的管理方式或者组织结构进行全面改革。另一方面，强大的基础管理也是企业信息化建设非常重要的部分。企业的信息化建设要求企业进行标准化、规范化的建设。因此，企业需要加强企业的基层管理，并通过企业信息化建设的契机，改掉过去在制度的规范、标准上的缺陷，使信息化的管理科学化。

4. 加强信息化实施中的管理变革

众所周知，企业的信息化建设中一个非常重要的因素就是企业自身的管理。要想把企业的信息化建设做好就需要一个良好的管理环境，即：从企业的基层管理到企业业务的各个流程，等等。但是，恰恰这些是我国很多中小企业所缺少的。因此，规范企业管理、完善企业管理制度、稳定管理机构等是让企业信息化建设顺利的必要条件。由于企业进行了信息化建设，企业以往的管理和服务方式都发生了很大的变化。企业的业务流程在信息化建设过程中得到优化和企业的组织结构进一步完善是企业信息化管理变革的核心。其中，业务流程的优化就是应用信息技术对企业的业务流程进行创新，使得企业的成本、质量等得以改善。当然，信息技术的应用与企业组织结构的变革是相互影响。所以，企业信息化建设需要考虑企业组织管理变革的能力。

5. 加速信息化实施的实时评估改进

在企业信息化建设过程中，企业需要一个不断更新的评价体系对信息化建设进行完善。从表面看，企业信息化评价体系是一个检验体系，实际上，信息化评价体系是企业信息化建设的指导体系。有效的企业信息化评价体系可以帮助企业自身发现信息化建设过程中存在的服务、效率、技术创新等各方面的问题，并且依据具体情况进行针对性的措施改进。

## （三）业务流程重组

企业业务流程重组是推动企业信息化建设的基础。从企业信息化的概念中可以看出，业务流程重组的地位非常重要，是企业信息化的基础。这就意味着要进行企业信息化建设，首先就要考虑如何对原有业务流程进行重组。黑龙江省不少企业的管理基础薄弱，管理模式落后，职能部门众多且各自为政，缺乏相互交流和整体的综合协调能力，企业创新意识和市场意识淡薄，这严重制约了企业核心竞争力的发挥。因此黑龙江省企业对业务流程重组的需要是迫切的。企业业务流程重组必须从企业全局的利益出发、采用新观念、运用现代信息技术对企业业务流程进行创新，注重企业业务流程的整体优化，通过突破原有的职能与部门界限，重新组织企业的业务流程，把原来分散的活动用流程的观点优化后组织起来，创造出新的"流"，为工作流的过程管理提供条件，使重建的组织成为面向流程的、以整体团队利益为中心的、高效的组织模式。

对业务流程的重组也包含着对数据流的改造。而对数据流的改造，应抛弃原有的框架，突破既定的结构和过程，扩大观察范围，从数据流的构成要素出发对数据流进行重新设计，以产生新的要素组合。一方面是流程要素间逻辑顺序的突破，企业应以加速数据流通为目的，改变流程要素的逻辑顺序，重新设计高效的信息流。另一方面是流程的并行，就是将有先后顺序且后者以前者为基础的串行流程改为并行流程，通过流程之间的信息交互来实现流程之间的匹配，以实现流程的突破性的改变，从而缩短整个流程时间，提高工作效率。

## 五、风险规避策略

### （一）宏观层面的风险规避

1. 努力形成企业信息化建设"咨询—监理—评价"的合理体系

由于"咨询—监理—评价体系"机制没有形成，造成缺乏严谨的科学论证，特别是重大信息工程，盲目上马，缺少"第三方"的监理，工程质量无法保证；在信息系统工程完成量的评测标准，企业信息化项目良莠难分，难以做到评价和验收，失败也就很难避免了。因此省市等政府部门应该加大对企业信息化的监管力度，除了处理在资金上的扶持外，还应该设立专门的咨询中心、监理机构及评价体系，做到"咨询—监理—评价"三位一体的体系，有效地保证了企业信息化的建设，提高信息化的成功率。

2. 树立典型案例、在推进企业信息化的过程中采用"标杆管理"方法

如果说以上那些政策是"推"的策略，那么这则是典型的"拉"的策略，即通过宣传信息化建设的成功案例，通过"现身说法"，提高企业对信息化建设的具体认识和体会。

尽管目前全省信息化建设的成功案例不是很多，但是可以考虑在一定的范围内，树立相对比较典型的案例，并通过适当的媒体宣传，加大其他企业对信息化成功案例的认识，并结合自己所在企业的实际情况，有目的地开展信息化建设。而标杆管理就是一个确立具体先进榜样，解剖其各个指标，不断向其学习，发现并解决企业自身的问题，最终赶上和或超过它的这样一个持续渐进的学习、变革和创新过程。标杆管理必须基于明确的目标，不能盲目地学习，即在实施过程中，一定要坚持系统优化的思想，即要着眼于总体最优，而不是某个局部的优化，以获得协同效应。其次，要制定有效的实施准则，以便循序渐进，避免盲目性。因此在这个过程中，必须要严格按照国家信息化体系的基本框架，即信息资源、国家信息网络、信息技术应用、信息技术与产业、信息化人才、信息化政策法规和标准等六个方面，来建立省市一级的标杆企业，作为其他企业的示范，使得企业信息化的目标和方法面更加明确。

### （二）微观层面的风险规避

#### 1. 加强规范化、标准化建设

企业中，企业总部和各级分公司、项目部、各业务流程（合同管理，经济管理，文档管理等），都必须走向规范化和标准化。信息系统编码方法要统一，由权威的编码认证部门进行认证，取消录入不规范的简写及按名称流通等手工管理的做法。此外，还应对企业信息的生命周期及在其生命周期的每一个阶段的管理问题做出规定。

#### 2. 信息化实施的效果评价和持续改进。

为了掌握信息化的实施效果，必须全面检测和科学评价信息化的运行情况，明确其所处的级别。

#### 3. 加强信息化项目的可扩展性

信息化今后的发展方向就是和其他软件及信息工具的集成。不同的集成度其价格差异很大，企业应根据自己的情况选择相应的产品。其次为产品是否支持二次开发，好的信息化软件系统结构应该是系统结构的核心逻辑和友好的客户界面的逻辑分离，这样为今后信息化软件的升级换代提供广阔的发展空间。最后是在产品的可操作性。目前在建筑施工企业的信息化程度较低，企业员工计算机水平相对较低的情况下，更要求信息化产品具有良好的可操作性。

### （三）操作层面的风险规避

#### 1. 实施人员的组织

实施人员对于系统的成功实施至关重要。由具有丰富系统项目实施和企业流程管理经验的咨询人员和企业内部的管理人员、业务人员以及技术人员一起组成项目实施小组，共同进行项目实施工作，可以提高系统实施的成功率，缩短实施周期，减少实施风险。由于集成化信息资源管理系统的复杂性，涉及的部门很多，许多实施工作需要各部门协作才能完成。因而，在实施项目的组织过程中主要解决的问题是协调部门之间工作、统筹安排跨部门的实施人员、避免出现争吵扯皮现象。建筑企业可以成立专门的信息化项目实施机构，选派一批既懂业务又懂计算机技术的人员作为信息化项目实施专门人员，并通过"送出去，请进来"的方式，开展相应的培训工作。

2. 时间和进度控制

企业信息项目的实施通常需要几年时间。在这一漫长过程中，进行项目管理、控制项目进度、确保整个实施过程中能够按照预定的时间表进行，对项目的成败至关重要。特别是在实施过程中必须要保证那些里程碑性目标按时达到，否则最终会造成项目半途而废或系统上线严重延误。为保证项目按计划顺利实施，如企业可以指定一名副总经理全程跟踪项目的实施情况，并把项目实施情况作为总经理办公会的主要议题，从人力和财力上给予大力支持。同时，如果条件许可，可以引入第三方监理机构对整个项目的实施质量和进度全程监控，保证项目实施的时间和进度依计划进行。

3. 实施成本控制

企业信息管理系统的实施成本通常包括：硬件费用、软件使用许可费用和软件培训费用、实施咨询费用及维护费用等。根据国外企业信息管理系统实施的成熟经验，一般实施咨询费用是软件使用许可费用的 1.5~2.0 倍。在实施过程中，如何合理分配实施费用，结合项目进度和时间安排，将实施成本控制在计划之内，是实施企业信息管理系统时需要认真对待的问题。由于不能按照项目时间进度计划开展实施，造成时间上的延误和实施成本上升，使系统最终上线也不能符合时间和预算的要求，客观上造成实施的不成功。实施成本的支出必要性要得到建筑企业领导和部门领导的一致认可，在进行项目预算时，公司可以会同公司财务部、审计部和专业咨询机构对实施费用的构成、使用计划、稽核方式进行详细的研究，制订详细的使用方案，确保项目的顺利实施。

4. 实施质量控制和实施结果的评价

除了需要对企业信息管理系统项目实施进行时间和成本的控制外，对实施的质量和最终实施的结果也需要做出相应评价。为保证项目保质保量、按时进行，建筑企业可以进行信息化项目实施咨询与监理机构的选聘工作，通过第三方咨询与监理机构的介入达到对项目的实施质量和效果进行实时监控。

# 第七章

## 企业经营管理 >>>

## 第一节 改革企业经营管理模式

### 一、21 世纪企业面临的竞争和挑战

社会发展到 21 世纪，科学技术飞速发展，全球化信息网络及全球化市场初步形成，使得以新产品为核心的市场竞争更加激烈，企业面临的竞争压力越来越大，主要表现在以下几点：

#### （一）全球经济一体化趋势给企业带来更大竞争压力

随着信息技术的发展及互联网的普及，世界已经发展成为一个紧密联系的统一体，国家和地区间的经济、技术壁垒逐渐消除。尤其是信息技术的发展突破了经济活动中时间与空间的限制，企业可以在更广泛的时空中寻找客户与合作伙伴。当然，企业也在全球化市场建立过程中，面临更多、更强的竞争对手。企业比以往有更多机会占领更大的市场，也更有可能因为竞争失败而被市场淘汰。经济一体化使得企业不得不面对更大范围内的市场竞争。

#### （二）产品研发压力增大

随着技术更新速度加快，新产品更新换代的速度会越来越快，产品的寿命周期缩短，对企业产品开发的能力要求越来越高。

与此同时，因为产品结构逐渐复杂化，产品功能越来越强，增加了产品研发难度。现阶段，很多企业开始认识到开发新产品在企业发展中的重要性，所以，很多企业不惜成本投入，然而资金利用率以及投入产出比不尽如人意。主要原因在于，产品研发难度增大，

周期加长，尤其是那些规模大、结构复杂及技术含量高的产品，研发过程不仅涵盖多领域，还要求多学科交叉。因此，恰当处理产品开发问题已经成为企业需要面对的重要事项。

## （三）用户个性化需求增长

用户的信赖是推动企业不断发展的重要因素，用户的信任不仅取决于产品质量，还需要依靠售后的技术支持及服务。很多著名国际企业已经在全球范围内建立起健全的服务网络，就是很好的例证。随着社会发展、产品市场繁荣，用户对产品和服务的要求与期望也更高，消费者的需求结构也发生了变化。第一，多样化和个性化的需求越来越多，这一需求带有较大的不确定性。企业要在新环境下谋求发展，就要扭转生产管理模式，从标准化生产向定制化生产转变，由以往"一对多"的生产模式向"一对一"的定制化服务转变；第二，不断提高产品的功能、质量及可靠性；第三，在满足个性化需要的同时，价格仍能保持批量生产时的低廉水平。

个性化需求使得多品种、小批量生产在企业生产中逐渐占据更重要的地位，同时也导致企业生产成本控制出现较大困难。而全球供应链的出现有效连接了制造商与供货商，为定制生产成本控制带来新思路。企业应该认识到，尽管个性化定制生产可以提高质量，提升客户满足度，但要保持相对低廉的价格，对企业经营管理提出了很高的要求。

## （四）产品品种数量增长带来库存压力

为满足消费者多样化需求，企业加大产品研发的力度，新产品上市周期缩短，产品品种、数量成倍增长，从而带来很大的库存压力。库存占用生产资金，又对企业资金周转率提出了更高要求。

## 二、全球竞争对企业管理模式提出挑战

管理模式是系统化的指导和控制方法，其将企业中的人、财、物及信息资源以一定的模式转化为市场所需的产品与服务。从企业建立的那天开始，质量、成本与时间就成为企业运作的核心，管理模式就是在这三者的基础上发展起来的。质量是企业的立足之本，成本控制是企业的生存之道，时间是企业得以发展的源泉。

如果产品质量不好，就无法获得消费者信任，企业也就不能在市场中立足；缺乏成本控制，企业就丧失了进行价格竞争的资格，无法保障生产过程有序运转；为满足消费者需求，企业需要在一定的时间范围内为消费者提供产品和服务，因此生产周期是企业能否发展的重要一环。

（一）转变企业发展模式

1. 从"纵向发展"向"横向发展"转变

出于资源占有及生产控制的需要，企业以往常常倾向通过向上下游延伸扩大自身规模，例如参股供应商或收购销售商，即"纵向发展"的模式。中国企业尤其是传统国有企业大都属于"大而全"和"小而全"的经营模式，就是"纵向发展"的典型表现形式。

比如，很多企业在发展过程中逐渐具备了零件加工、装配、包装、运输等能力，但产品开发与市场营销能力却没有相应提升，产品开发、生产和市场营销呈现中间大、两头小的"腰鼓型"模式。"腰鼓型"企业在新的市场环境下无法快速响应用户需求，因此失去了很多机遇。在市场比较稳定的条件下，"纵向发展"模式是非常有效的，然而在市场需求逐渐变化、市场竞争越来越激烈的情况下，"纵向发展"模式显现出诸多弊端，主要表现在以下几方面：

（1）企业投资负担增加

"纵向发展"要求企业投入较多资金，无论是新建工厂还是参股、控股其他企业，企业都需要拿出"真金白银"，占用了大量企业资源。

（2）企业需要经营不擅长的业务

"纵向发展"使得企业或者"大而全"或者"小而全"，管理人员膨胀，并花费大量时间、精力、资源在多项辅助性管理工作中，甚至忽略了关键性业务，最终导致企业丧失竞争优势。

（3）面临多业务领域竞争

"纵向发展"模式存在的另一个问题就是，由于企业业务链条长，需要在多个业务领域与不同的竞争对手展开竞争。企业的资源、管理精力有一定的局限性，"纵向发展"模式的结果可想而知。随着信息网络化的不断发展，企业之间开展业务合作更加方便，企业生存和发展更聚焦打造核心竞争力，集中精力夯实自身优势。因此，"横向发展"成为企业扩张的主流模式。这一模式的发展要点是做好核心业务，在产品价值链中深挖关键技术。

2. 企业资源管理核心从内部向外部转变

在生产计划和管理控制层面，企业在各个时期的发展重点是不同的。20世纪60年代之前，企业通过批量生产、安全库存与订货确定来保障生产过程的稳定；60年代之后，精细化生产等方式出现，提高了企业的经营效益；90年代后，全球经济一体化格局逐渐形成，消费者需求特征有很大改变，对企业的市场竞争能力提出了新的要求，传统管理思想已不再能与新的竞争形势相适应，市场要求企业能以最快的速度回应用户需求。想要达到这一目标，仍依靠企业现有资源是远远不够的。因此，纵向联合、横向深挖成为企业管理模式调整的必然选择。

## （二）供应链模式产生

### 1. 传统管理模式的盲区

在现阶段市场竞争格局中，仅依靠企业自己的资源是很难满足市场需求的，自身经营也很难取得理想效果。美国《21世纪制造企业的战略》一书中提出以虚拟企业或动态联盟为前提的"敏捷制造"概念指出，"敏捷制造"属于制造业在战略高度的一次变革，面对全球化竞争买方市场，企业必须能够快速重构生产单元，以充分自治性和分布式协同取代金字塔式多层管理结构，追求员工创造性的充分发挥，将企业间的市场竞争转化成有竞争、有合作的"共赢"。

### 2. 供应链管理

因为"纵向"管理模式存在很多不足，从20世纪80年代开始，很多企业从该类型经营管理模式中突围出来，开始运用"横向"管理模式。对企业管理来说，就是从企业内部扩张转向外部扩展，以共同利益为目标，实现企业之间的结盟。"横向发展"建立起由供应商到制造商到分销商的链条。在链条中，各节点企业需要实现同步、协调发展，也只有这样，才能使链条上的企业受益。因此出现了供应链管理模式。

敏捷制造与供应链管理都是将企业资源管理范畴由传统的单个企业扩展到整个社会，不同企业因市场利益达成战略联盟，联盟共同"解决"满足顾客需要的问题。

供应链管理需要运用现代信息技术改造业务流程，重塑供应商与企业及客户的关系，提升企业竞争力。运用供应链管理模式，能够使企业在较短时间内寻找到合作伙伴，通过更低成本、最快速度以及最优质量在市场中占据一席之地，受益的不仅是生产制造企业，还包括供应链上的企业群体。

## 三、新型企业管理模式和管理工具——ERP

ERP，即企业资源计划。这一概念是20世纪90年代由美国企业首先提出的。ERP还是一种企业管理思想，也是新的管理模式。作为企业管理工具中的一种，它的突出特点是必须基于先进的计算机管理系统。

### （一）ERP内涵

制造业企业的基本运营目标，是通过较少的资金投入获得最大利润。要达成这一目标，以下几个方面的任务是企业管理者必须面对的：一是制订合理的生产计划；二是合理地管理库存；三是充分利用设备；四是均衡安排作业；五是及时分析财务状况。

20世纪60年代，制造业从"发出订单—催办"的计划式管理模式中突破出来，设置安全库存量，为市场需求提前做好缓冲。70年代，企业管理者进一步认识到，必须有准确的订单交货日期，因此，出现了对物料清单进行精细管理和利用的计划，即MRP。

20世纪80年代，企业管理者认识到，制造业必须通过生产和库存控制集成的方法才能有效解决制造链条脱节的问题，所以，在资源计划中出现了MRPⅡ。90年代后，企业需要处理的信息量越来越大，资源管理的复杂性越来越高，以往的人工管理方式很难满足实际需求，因而出现了新的管理理论和计算机管理体系。

随着市场竞争越来越激烈，技术优势变得更加重要。企业没有技术优势，也就失去了竞争优势。所以，谋求技术优势成为企业发展的重点。企业管理也要与时俱进，与市场竞争需求相适应，为企业发展提供竞争制胜的武器。也因此，ERP才有了更加广泛的应用。

ERP在管理中的应用主要体现为四点：一是超越MRPⅡ与集成功能；二是支持混合方式制造环境；三是支持动态监控，帮助提升企业绩效；四是支撑开放性客户终端和服务器等计算环境。

ERP管理将企业内部制造流程与供应商资源结合起来，体现了按照用户需求进行生产的管理思想。它将制造企业流程看作紧密连接的供需链，包括供应商、制造工厂、分销网络及客户；将企业内部分为相互协同的支持子系统，例如财务、市场营销、生产制造及质量控制、服务和工程技术支持等。

企业资源可以简单地概括成三大流，即物资流、资金流与信息流，三者共同组成了ERP信息管理系统。ERP是以信息技术为前提建立的，通过现代化企业管理思想，对企业资源信息进行集成并为企业提供一定的决策、计划与控制的平台。

## （二）ERP应用

### 1. ERP的有关概念

（1）物料编码

物料编码也称物料代码，是计算机系统中物料的唯一代码，主要涉及物料技术信息、物料库存信息、物料计划管理信息、物料采购管理信息、物料销售信息及物料财务相关信息等。

（2）物料清单

所谓物料清单，是指对产品结构进行详细描述的文件。物料清单特别强调资料的准确性，要求重复率为零。此外，在BOM资料上，准确率要超过98%；库存数据的准确率要大于95%；工艺路线的准确率要大于95%。

（3）虚拟件

所谓虚拟件（SHI），是指为了对物料清单实施简化管理，在产品结构中出现的虚构物品，它们并不出现在图纸和加工过程中，其主要作用是便于管理，例如组合采购、组合存储和组合发料等。在处理业务的过程中，计算机系统只要对虚拟件进行操作就能够生成业务单据，为企业管理提供极大的便利。

（4）工作中心

工作中心是对生产加工单元的统称。由一台或者几台功能一样的设备以及员工、小组或者是工段组成的装配场地，甚至是一个具体的车间都可被看作工作中心，这一概念使生产流程大大简化了。

（5）提前期

生产准备的提前期是指由生产计划到生产准备完成的过程；采购的提前期是指采购订单下达之后到物料入库的阶段；生产加工的提前期是指从生产加工的投入开始到生产完工入库阶段；装配的提前期是指从装配投入到装配结束的过程。企业生产提前期是指整个产品生产周期，主要包括产品设计提前期、生产准备提前期、采购提前期、加工、生产等提前期。

（6）工艺路线

工艺路线是对物料的具体加工、装配顺序以及每道工序的工作中心进行说明，对各项工作的时间要求、外协工序时间以及费用进行的说明。

（7）主生产计划

主生产计划简称 MPS，这是对所有具体产品在不同时间段生产状态的计划。主生产计划是按照生产计划、预测与客户订单对未来不同生产周期的产品种类，以及数量进行规划，以便使生产计划有效地转换为产品计划，平衡物料与生产能力，落实时间、生产数量等信息。主生产计划是对企业一段时期中生产活动的具体安排，是通过生产计划和具体订单，以及对历史销售数据的分析综合制定的。

（8）物料需求计划

所谓物料需求计划，简称 MRP，是关于生产计划中所有项目采购进度的计划，主要解决五个问题，即需要生产什么，一共生产多少？需要运用什么？现在都有什么？还缺什么？怎样安排？物料需求计划是在生产计划确定之后制订的，这是生产部门有序运转需要严格遵守的计划。

（9）能力需求计划

能力需求计划，简称 CRP，是指对生产所有阶段和工作中必需的资源进行精确计算，最终获得人力负荷和设备负荷等数据，并依此制订的计划，企业据此实现生产能力和生产负荷之间的平衡。在能力需求计划中需要处理的问题有：物料需要通过哪个工作中心加工？工作中心可用能力有多少？各个时段的可用能力和负荷是多少？能力需求计划属于短期计划。

（10）粗能力计划

粗能力计划简称 RCCP，是指对关键工作能力展开评估后制订的生产计划，对象是指"关键工作中心"。主生产计划的可行性是通过粗能力计划校验的。粗能力计划评估按照以下步骤进行：一是建立关键工作资源清单；二是确定工作中心的负荷和能力，框定超负荷范围；三是确定负荷是由哪些因素确定的，需要占用的资源现状如何，以便管理者对工作中心的生产能力进行评估。

（11）无限能力计划

无限能力计划是指在制订物料需求计划的过程中不考虑生产能力方面的局限，对工作中心能力和负荷进行计算，获得工作中心负荷数值，出具能力报告。如果实际生产负荷大于能力，就需要调整工作中心的负荷。

（12）有限能力计划

有限能力计划是指在工作中心能力没有发生任何改变的情况下，生产计划需要根据优先级安排。如果工作中心的负荷已经满了，优先级别低的物料就会被推迟加工，也就是订单被推迟。这一计划不需要评估负荷与能力。

（13）投入产出控制

投入产出控制还被称为输入、输出控制，是衡量生产执行情况的一种方法，是计划和实际投入与计划和实际产出的控制报告。

2. 计算机技术中 ERP 的发展

计算机技术中 ERP 的发展主要表现在软件方面，例如客户终端与服务器的体系结构、数据库技术、图形用户界面、面向客户的技术及开放等。总而言之，ERP 彻底突破了以计划为生产核心的管理思想，更看中对企业供需链和信息集成的管理，能迅速提供企业内部、供销渠道、市场营销及金融动态等方面的最新信息，便于企业管理者分析处理，进而以最快的速度做出反应。

# 第二节　加强财务控制

## 一、财务控制

### （一）管理学视角的控制

现代管理学家亨利·法约尔被誉为现代管理理论的创始人，他对管理要素做了细致的划分，指出主要包括计划、组织、指挥、协调与控制几方面。他认为控制是为实现计划目标提供重要保证的实施手段，是对所有工作项目与计划实施内容符合与否的确定，是对所有计划的实施及所指定原则一致性的保证。在管理工作中，控制手段实施的目的是明确工作中存在的问题，弥补工作缺陷，以此提高工作效率。法约尔认为，正确控制手段的实施需要明确控制对象的工作范围，防止各部门领导干预基层工作，避免出现"双重领导"或者控制不利等情况。

在管理控制中，财务控制最为重要。但在管理实践中，管理者对财务控制工作的重视不够，缺乏专业性，是企业发展效益难以提高的重要原因之一。因此，加强财务控制工作，将其作为企业管理的独立一环很有必要。

### （二）财务、会计和审计学中的财务控制

《经济学大词典》将会计控制定义为通过会计信息与经营决策制订会计计划，明确会计预算，考核经营成果，推动生产活动与业务工作在既定范围内有效运行。

在近年来市场经济快速发展的背景下，财政部等为推动企业内部会计工作制度建设，促进内部会计监督工作更好开展，为社会主义市场经济秩序的良好运行提供保障，根据《中华人民共和国会计法》，颁布了《内部会计控制规范——基本规范（试行）》与《内部会计控制规范——货币资金（试行）》等管理条例。这些为企业财务管理工作规范化提供了重要指导，具有积极意义。

## 二、财务控制的主要手段

企业所有的财务活动都需要通过控制实现，企业通过规章制度对预算的实际运行过程进行控制，对结果进行评估，将评估结论反馈给管理层，推动企业管理不断接近、实现经营目标。通过对财务活动的管理实现企业的短期与长期发展目标，是财务控制的主要内

容。通常而言，财务控制具体的实施方式分为四种。

### （一）定额标准控制

将定额作为企业资金运动中的控制实施标准。凡是与定额相符合的业务即提供支持，确保资金充足；当业务超出定额要求时，需要对超出原因展开分析，采取有针对性的处理措施。

定额管理是企业通过明确的定时定量要求对财务工作实施管理，构建具有科学依据且行之有效的多种定额标准，根据其内在联系建立对应体系。根据管理内容，定额体系主要包括资金、费用成本、设备、物资；根据性质，定额体系又可划分为效率定额、状态定额和消耗定额。

企业实施定额管理需要保障两项基础工作，即计量与验收。计量工作对原材料的使用、物资采购、入库、使用以及出库、转移等各环节内容进行监管，对实施效果进行验收、评估。

### （二）授权控制

授权控制属于事前控制的一种，可以事先防范财务活动中不合理、不合法、不正确的经济行为，将其控制在活动产生效用之前。授权管理的实施方法是借助授权通知书明确责任事项与资金使用范围、额度。授权管理实施原则是对授权范围内展开的行动给予百分之百的信任，对授权之外的行为坚决制止。

授权分为两种形式：一般授权与特别授权。一般授权是企业内部基层管理者根据既定预算标准、计划内容与制度规范，在其权限范围内对合理合法的正常经营行为予以授权；特别授权指非常规经营行为需要对其展开专门研究之后再实施授权。与一般授权不同，特别授权是以某些特别的经营业务为对象，此类业务具有一定的独特性，通常不会有预算标准与计划内容作为参考依据，需要在实施中根据实际情况对其进行具体的研究与分析。

在企业财务管理中，一般授权普遍存在，通常将其权限授予基层管理人员即可，一般授权不仅提高工作效率，还能保证企业经营的灵活性与主动性。特别授权由于缺少参照依据与成熟规章，基层管理者无法直接对其负责，也不具直接处理相关业务的权力，需要高层管理者甚至企业领导者在专门研究后做出决定。

通常而言，大部分经营业务的授权都无法在一次过程中完成，而是需要经过两次或两次以上相关程序实现授权。例如采买业务，需要事先由物资使用部门填写购物申请，得到授权后递交采购部门，后者展开订货活动。物资到位后，需要向会计部门递交发票、运单与验收报告等信息资料，经过会计部门审查同意之后才可以付款，至此一次经营业务活动完成，授权也完成。换言之，采买业务的授权通常包含先后两次授权活动。第一次授权是在采购活动开始之前，对该活动的展开予以批准；第二次授权是在付款之前，对采购活动的结束提供保证。

企业经营活动中的授权控制需要确保以下方面：存在不合法行为不能授权，是最基本的授权控制要求。"责、权、利"三者结合为授权控制的基础，拥有授权权力的责任人要根据企业相关规定，在权限范围内展开授权活动，不能越权授权。未经授权，企业所有经营活动都不能付诸实施。这一授权原则能够确保企业经营活动的合理性与合法性，能够将不合规定的经营活动控制在实施之前，为企业安全、合法经营提供保障。

一方面是必须合规授权；另一方面，已被授权的经营活动必须严格执行，如果因故无法执行，需要及时向上级报告，不得擅自更改授权内容或方案，以保证经营活动按照授权方案展开。

### （三）预算控制

财务预算属于控制机制的一种，在实施过程中对预算主体与预算单位展开的经营活动起指导和调节作用，体现为"自我约束"与"自我激励"。换言之，预算起一种标杆作用，帮助预算执行主体明确目标，掌握现阶段发展状况，明确实现预算目标的路径。预算是否能够完成应与其自身利益相关联，因此预算控制是对预算行为的约束。同时，预算也是对财务预算主体实施有效考核的依据。因此，在企业整体发展中，财务预算不仅控制执行主体的行为本身，而且控制行为的结果，属于企业管理机制中的重要组成部分。预算控制的作用包含以下几个方面：尽可能为预算的实现提供保障；将预算目标与实际业绩进行比较，使高层管理者充分掌握企业业务经营情况；对目标与实际经营成果之间的差异展开分析，对差异产生的原因进行研究，以诊断企业经营中存在的问题；定期对实际与预算两种业绩展开比较，为企业经营效率的提高提供保障；强化企业的经营管理工作，提高企业运用效率。

企业应从三个层次构建规范化的预算管理体系：第一，在高层管理者中建立规范的预算体系观念；第二，在中层管理者中推行预算规范；第三，在具体业务部门建立规范的预算制度与预算管理办法。

财务预算以董事会、经营者，以及公司各部门包括所有员工的责、权、利三者关系为基本出发点，要使企业全体员工明确各自的预算权限、预算目标，以确保预算工作中的决策、执行、结果三者之间统一协调发展，推动企业整体效益的提高。

企业应将预算作为加强管理的重要手段。财务预算的本质要求是所有经营活动以财务目标为中心，促进经营策略在预算执行中有效落实。以预算目标为中心编制预算，所谓预算目标主要包括利润、成本、销售、现金流量等内容。当预算指标确定后，其在企业内部便被赋予了一定的法律效力，各部门为推动生产营销与相关活动的展开需要对财务预算中存在的可能性做全面考虑，以实现财务预算目标为中心推动经营活动的开展。

以实际效益为预算结果的考核依据，实施奖惩制度。企业最终决算与预算目标比较，根据各责任部门的预算执行结果，进行绩效考核。此外，预算委员会需要根据预算执行情况对出现偏差的原因进行分析，制定有针对性的改善措施，必要时对预算方案进行调整。

### （四）实物控制

企业实物包括资产、物资、会计账目等。对实物实施控制是为了对所有实物的安全性与完整性提供保障，避免出现舞弊等行为。实物控制工作内容包括：

1. 实物限制接近

实物限制接近该措施是为了防止或降低实物被盗或被损毁等情况出现，通过明确责任为实物实体提供保护。例如对接近实物的人员进行严格控制，必要时须经相关部门批准。通常而言，企业特别需要对两类实物实施限制保护：其一，现金。现金管理必须严格，只有专职出纳人员才可接近。应设置专职保管人员进行管理，未经批准，任何人员不准入库。其二，账目报告。包括与企业资金项目等相关的资料报表等，此类实物涉及企业发展状况，是企业商业机密，应该严格限制接近，未经批准无关人员不得接近与浏览，以避免篡改数据、销毁资料或数据不当外泄等情况的发生。

2. 实物保护

实物保护能够有效避免实物被盗或被损毁等情况发生。例如，安装保险门、保险柜等设备避免被盗；设置灭火器等消防设备，避免火灾发生等。对实物保护情况应定期进行检查，及时消除安全隐患，避免实物受损。

3. 定期清查

企业需要根据经营特点，定期对财务、物资等实际存储数量进行全面检查，通过定期盘点与轮番盘存相结合的方法，充分了解与妥善处理盈亏情况，确保实存数与账存数两者相符。

# 第三节　创新管理理念

管理者实施管理必然是在一定的管理理念指导下进行的。正确的管理理念能确保管理者准确分析企业经营中出现的问题，充分发挥企业管理职能。

### 一、观念创新

管理活动属于创新活动。创新是改变旧有事物，创造新事物、新规则，是发展的根本动力，是事物内部新因素与旧因素矛盾斗争最终形成事物发展的过程。

#### （一）创新的意义

思想观念影响人们的行为，社会变革以思想解放为前提，创新需要观念引导。企业管理理念创新就是通过新的思维方式分析与研究企业管理工作中的现实问题，并据此采取有针对性的措施，发展新途径，创造新成果，开拓新局面。

西方企业管理研究者曾提出：变化是企业发展中唯一不变的。不变是相对因素，变是绝对条件。企业发展就是不断改革组织结构与经营流程，以与消费者需求相适应。其中，变所体现的就是创新。社会发展，企业通过创新实现与时代发展同步；科技进步，企业通过创新将科技成果转化为市场需求。在激烈的市场竞争中，创新是企业制胜的关键因素，是企业发展的根本。

#### （二）创新的特征

创新具有一些突出特性：

1. 新颖性

创新是对没有解决的问题实现有效处理。创新不是模仿，是通过继承实现新突破，因此所得成果是前所未有的，是新颖的，包含以往没有的新因素。

2. 未来性

创新所解决的问题是以往所没有解决的，是面向未来的，重心放在未来。在管理活动中，创新者需要围绕未来发展制订计划、设计方案，推动企业在未来更好发展。

3. 价值性

创新成果具有普遍的社会价值，主要包含经济价值、学术价值、实用价值、艺术价值等。管理者通过制定与实施管理措施对以往没有解决的问题实现有效处理，就具备一定的创新管理价值。

4. 先进性

先进性的存在需要与旧事物相比较获得。缺少先进性的创新成果仅具新颖性与价值性，仍无法成为旧事物的替代物。就产品而言，不具备先进技术就无法在激烈的市场竞争中占据一席之地。

### （三）创新性思维的发展过程

创新性思维具有一定的复杂性。管理者充分掌握创新思维的特点能够有效促进成果出现。创新性思维的发展过程一般分为四个阶段：定向、逼近、成型与深化。

1. 定向阶段

在该阶段创新者主要是收集信息，对问题展开初步研究，包括问题的性质与多方面特点。创新者通过联想，从以往工作经验中获得启发，成为创新的重要依据。

2. 逼近阶段

创新者需要动员自身最大的能量，释放与运用所有能量和才能，对所追踪的目标进行研究、思考和冲击。逼近阶段属于整个过程中最为紧张的阶段。

3. 成型阶段

创新者需要灵感推动，灵感是经过深思熟虑获得的，在此状态下，创新者才思敏捷，产生新的观点，形成对应结论。灵感的出现可能十分突然，但是新观点与结论需要经过长期的积累才能形成。

4. 深化阶段

创新所得的观点与结论并非完善的，需要经过反复验证，经过丰富与完善，才能更好地建立。

创新性思维发展的四个阶段相互渗透与影响。一般情况下各阶段的次序不会颠倒，前一阶段的实施是后一阶段的基础，后一阶段包含着先前阶段的成果。例如，逼近阶段是对发展方向的调整，深化阶段会有新灵感与顿悟产生。有时前一阶段与后一阶段无法截然分割，甚至融为一体。创新性思维持续时间长短不一，主要取决于创新的复杂程度与思维能力的不同。创造性思维具有一定的复杂性，属于辩证思维活动，是对多种思维方法的综合运用，因此无法复制。

### （四）创新性思维的基本形式

创新性思维属于思维模式的一种，包含基本的思维形式，主要分为以下几个方面：

1. 理论思维

一般而言，理论属于原理体系，理论思维是理性认知经过系统化所形成的思维形式。理论思维具有一定的科学性与真理性。一旦理论思维出现混乱，或与客观规律不相符，运用的结果很可能是失败。

理论思维在实践中有广泛的应用。例如通过系统理论思维在系统工程中的运用，对系统内与之相关的问题进行有效处理的现代管理方法。系统工程属于科学方法的一种，借助系统工程可以实现对组织系统更好的规划，创造更为有效的方法。

## 2. 直观思维

直观思维通常是指人们在实践中大脑在外界事物刺激下所产生的感觉，其特点主要是生动性、具体性与直接性，是创造性思维的基础。直观思维一般是由人们的观察力、想象力与记忆力决定的。人们进行创造性活动通常是基于知识的积累，知识积累越多，其创造力则越会有深厚的基础。

## 3. 倾向思维

倾向思维也是思维的一种基本形式，即人们在展开思维活动时具有一定的目的性与倾向性。在创新思维活动中经常会运用倾向性思维。一般情况下，创新者接触某一事物会在大脑中产生一定的感觉，以此为倾向，在思考问题的过程中会不经意间突然产生灵感或者顿悟，最终创造或开拓新的思路、模式或方法。

人们对事物的认知并非完全呈直线形态，通常会有曲折，甚至会有多次反复，才可以获得对事物的正确认识和理解。不论过程如何，认知过程中都会有一定的改变，灵感与顿悟也会在无意中出现。

## 4. 联想思维

客观事物之间存在一定的联系，联系具有相互性，事物之间的联系会在人们大脑中产生不同的反映，并成为不同联想产生的依据。联想思维是指通过对某一件事物的认知引发关于另一事物的相关认识的心理过程。在思维过程中，运用联想思维十分频繁。比如看到一件物品想到与其相关的人、事、物，或者通过一件事情联想到与其相关的其他若干事情。联想思维在创造发明、对人的创造力的开发方面具有非常积极的意义。

## 5. 逻辑思维

逻辑思维是通过将科学方式与抽象概念结合，对事物的本质进行解释，对现实结果进行认知表达。逻辑思维存在于人们的认知过程中，通过概念对现实的反映进行判断与推理。逻辑思维属于严密性较强的科学思维形式，要求与客观规律相符合。在反映现实的过程中，这种思维能力的强弱一定程度上是与主体知识的丰富性相关的。它不仅会影响创造的成功与否，还关乎创造时间的长短。随着电子计算机技术的应用，逻辑思维在各个领域的影响越来越显著。

创新并非创新者主观臆想的结果。其产生过程需要大量观察与反复思考、分析，并根据事先收集的依据进行判断，展开推理。创新过程要求不断接受客观规律的检验，最终得到符合逻辑的结果。

逻辑思维在管理工作中被广泛应用。随着管理创新活动广泛开展，企业管理者主动培养员工的创新、创造能力；对企业未来发展展开研究预测，在这个过程中，逻辑思维能力的高下成为关键影响因素，也是提高管理水平的关键，因此对企业管理者而言是极为重要的管理工具。

6. 发散性思维

发散性思维是从不同的方向、不同的途径对管理中所获得的信息展开思考与重组，并以此为构建新管理模式的基础。在管理实践活动中，问题解决方案通常是由具备较强发散性思维能力的人提出的，发散性思维在处理实际问题时常常能另辟蹊径，实现对问题的完美解决。

## 二、过程创新

在企业实际管理中，"过程创新"作为一种新型管理理论与方法在美、日等企业中正在得到广泛应用。过程创新理论的产生与现代西方企业经营实践相适应，是对传统管理理论的完善与突破，是西方企业管理思想与方式变革的代表。

"过程创新"理论是由美国学者马歇尔·哈马提出的。马歇尔·哈马在自己的《过程创新革命》一书中对过程创新理论的基本概念做了全面解释。他指出，过程创新是为了推动管理活动中成本、品质、服务等多方面基准的有效调整与改善，是立足于管理基本原则，对传统理论的完善。在"过程创新"理论中，所谓的过程需要具备两个以上的要素，企业生产经营活动的展开由多个过程综合而得，包括管理过程与工作过程等。每个过程都需要由两个以上的环节或要素组成。例如企业订货管理的组成过程为订单接受、产品开发、按需制造、发货等。创新企业管理就是对管理过程中不合理的部分加以改善，通过以更为科学合理的方式取代传统过程，促进企业管理效率和经营效益的提升。

### （一）过程创新要与企业规范转变相结合

过程创新需要立足新的发展角度，对过去的工作方法与管理方法进行重新设计，本质是对企业传统管理理念的突破。企业在发展过程中逐渐形成一定的工作方法与管理惯例，随着这些方法和惯例应用时间的增长，其中的做法和程序成为一定的固有模式，或最终成为企业规范。过程创新实际是打破原有规范的制约，重新建立与企业经营现状相适应的新的规范。

### （二）过程创新要重视学习

打破旧观念接受新观念，摒弃熟悉的方法适应新方法，需要人们学习更多新知识、新理念、新方法。学习能够帮助人们正确认识革新的必要性、紧迫性，有助于旧规范的改变，有利于推动新管理方式在企业的应用。日本企业在发展中十分重视应用过程创新理论，例如成立学习小组，组长由总经理亲自担任。小组成员需要根据企业提出的创新发展目标广泛收集、学习新的理论和知识，学习过程与企业管理创新过程紧密结合，在小组成员中通过交流、讨论、思想碰撞等最终形成企业管理创新方案。

### （三）重视培养新型人才

过程创新需要人才支撑，开发人才是促进过程创新的重要一环。人是企业发展的原动力与主体，在过程创新理论观念中，与技术开发相比，人才开发更为重要。为了促进人才培养，企业需要营造良好的崇尚学习、尊重人才的氛围，给人才以更多表现机会。企业过程创新不能过多纠结成败，要为创新营造一个宽松的环境。在过程创新中，试验、失败，再试验，再失败，直至最后成功是自然规律。

### （四）领导班子是过程创新的推动者

过程创新与企业根本变化相关联，因此企业实施过程创新需要最高决策者的全力支持。实际上，企业实施过程创新大部分是由最高决策者发起的，但是过程创新的实施中，会涉及较多十分具体且针对性较强的工作内容，需要中层与基层责任者共同承担。在过程创新实践中，最高决策者所扮演的角色主要是思想家与教育者，具体的创新活动由下属员工展开。因此，领导者需要对下属授予更多权力，以促进其更好发挥主动性。在一些情况中，过程创新甚至需要企业全员参与。

### （五）加强研究开发是过程创新的保证

过程创新应用还能强化企业的研究开发能力，为企业的创新发展营造良好氛围。当然，研究开发不只是技术开发，还有工作方式的创新与管理工作内容的开发等多方面内容。过程创新的工作内容十分复杂，但这一理论的基本思想在企业组织中的运用取得了良好效果。因此在未来企业发展中，过程创新理论会获得更大的发展与应用空间。

## 三、系统观念

系统理论是一门关于系统构成、系统发展、系统演化的科学。系统理论的形成与构建对当代科学技术的发展产生了极大的影响。系统理论以自然科学为研究基础，通过将自然科学与社会科学、人文科学与技术结合到一起，实现对不同学科的完善与整合，推动现代科学知识体系的形成与发展。系统科学理论在现代管理实践中扮演着重要角色。系统理论以系统特征与系统概念为基础，指导企业管理系统的优化与整合。

系统是为达到特定共同目标形成的一种具有多要素的发展体系。系统的组成要素又被称为"子系统"或者是"分系统",是系统中的系统,也是系统理论研究的对象。不同的子系统构成的系统具有不同的特征。

## (一)系统特征

从系统理论看,一般系统主要具备六个方面的特征,即集合性、整体性、关联性、目的性、有序性与适应性。

### 1. 系统的集合性

系统的集合性主要表现在系统组织构造方面。系统是一个有组织的整体。从事物的形成过程来看,事物的一切组成部分是构成系统的基本要素,系统是各要素之间的集合。因此,系统的要素又被称为系统的子系统。

### 2. 系统的整体性

通常情况下,系统由两个或者两个以上的要素(子系统)构成,具有较强的综合性与整体性。系统的各构成要素虽然具有较强的个性,但它们按照一定的逻辑结构或者统一标准构成系统后,显现出明显的整体性特征。系统并非各要素的简单集合,否则它将不具备整体性与特定功能。因此,尽管系统中各项要素不具备完整性,但是多个不完整要素组合在一起,就形成了一个功能良好的整体系统;若多个要素都具备完整性,却无法组合在一起,也就无法形成功能良好的系统。

### 3. 系统的关联性

一般系统内各要素之间具有密切的联系,且各项要素之间能够相互作用,在系统中具有一定的依赖关系。因此,系统各个要素之间呈现既相互独立又彼此关联的状态。

### 4. 系统的目的性

系统在构建过程中具有一定的目的性,为达到某种目的而具备特定功能。譬如,企业为开展经营活动而设计、构建经营管理系统,就是利用企业现有资源,充分发挥各子系统的功能,实现对产品数量、成本、质量、利润指标的控制与管理。

### 5. 系统的有序性

系统的有序性是指系统在特定运行状态与结构形式下展现出的发展规律与秩序。系统按照一定的数量关系与组织规律,对系统结构、状态、运行方式、发展方向进行整合与处理,为企业发展提供一个有序的管理环境,使员工对系统有一个清晰、明确的认识与理解,从而有序地执行生产任务,完成经营目标。

### 6. 系统的适应性

系统的构建要有一定的层次性,以使复杂的内容变得清晰、简单、明了。系统是由多个子系统组建而成的,还可与另外一个系统构成更大的系统。子系统在系统内部形成一种相互联系、彼此依赖的共生关系，在系统外部形成一种相互作用的互补关系，使系统能够积极顺应市场变化，保障稳定运行。例如，企业管理系统具有较强的复杂性、开放性，能够实现能源输入、劳动力输入、信息输入、原材料输入等，并做好服务输出、产品输出。如果系统设计生产出来的产品无法适应市场需求，则要通过各项检查与试验，对生产计划和流程进行优化调整，实现对产品与服务的再造。

### （二）管理系统

在组织管理活动中，组织调度系统主要由行政管理与职能管理两部分组成。通常情况下，将组织系统中涉及的行政管理部门、职能管理部门、业务管理部门统称为组织的管理系统。在整个组织系统中，管理系统是核心，具备决策、计划、组织、协调及控制职能，能够将多个要素组合在一起，使其形成一个完整的体系，从而保障企业的日常运转。

管理系统各部分之间的关系、各部分之间的相互联系组成了整个系统的结构框架。可从管理层次与管理职能出发，对管理系统结构进行分类。从管理层次视角看，管理系统可分成基础管理系统、中级管理系统与高级管理系统三个层次；从管理职能视角看，可将管理系统分成决策管理系统、计划管理系统、组织管理系统、协调管理系统及控制管理系统。

#### 1. 基础管理系统

在组织管理系统中，基础管理系统是最基础、最根本、最原始的一种管理系统，主要涉及各项应用技术，因此也可称为技术管理系统或者操作管理系统。该系统为系统总目标的实现奠定基础。

#### 2. 中级管理系统

以基础管理系统为基础，通过组织、规划、管理，实现对基础管理系统的延伸与拓展，形成中级管理系统。该系统又被称为经营管理系统或者组织管理系统，为系统目标的实现带来动力，是高级管理的中间决策环节。

#### 3. 最高管理系统

系统的最高目标需要依靠最高管理系统组织、推动实现，该系统又被称为战略管理系统，属于管理系统的最高层次。其职能是以系统所具备的整体性为突破口，对系统发展建设中存在的战略性问题进行处理，为系统的运行与发展创造有利条件，充分发挥系统价值。

### （三）系统理论在组织管理中的应用

巴纳德是最早提出系统相关概念的学者，他首次提出"协作系统"这一理论概念，将其视为更大系统的从属单位，指出该系统是由多个生物系统、社会系统、物质系统共同组建而成的。协作系统由两个或者是两个以上的特定组织组成。系统理论逐步渗透到各项企业管理活动之中，在企业策略与管理中不断映射系统论的方法与观点。

从具体应用情况看，大致可归纳为以下三种情况。

情况一：对电力供应、信息计算等被称为"系统"的项目的研究中，或在政府机构、工业企业等组织的生产决策中，通过运用最新的分析方法与计算技术达到研究目的。现在，这种研究还延伸到程序分析、应用系统分析等领域。此类研究大体上均是解决单向复杂问题或者项目复杂问题，研究与企业组织管理之间没有直接关系。在开展此类研究时，需要制定与之相匹配的方法、程序，选择适当的研究手段，最后运用系统理论对研究结论进行分析与总结。

情况二：对组织管理展开研究时，相对比较独立的理论体系是吸收与借鉴系统理论基本概念的结果，并反过来成为系统理论的重要组成部分。管理科学拥有重要的核心力量，涉及管理幅度、管理评价、管理控制等多项内容，是管理学科所特有的，与其他学术领域没有直接联系。除此之外，无论是在管理学领域还是在其他学术领域，心理学、社会学、数学、决策论、信息科学等领域所涉及的系统理论内容与数学分析、实践应用之间有着密不可分的关系。

情况三：以一般系统理论为基础，构建具有完整性、全面性的系统管理理论。运用一般系统理论的原理、范畴，实现对企业管理系统的分析、组织与管理，涉及内容广泛。例如，利用系统理论术语阐述管理系统规律，分析企业管理过程，明确组织活动概念与发展前提。以一般系统理论为基础，对企业组织与管理进行系统性阐述，构建企业管理系统模型。以一般系统理论为切入点开展研究活动的管理学家，将企业视为一个同外部环境不断进行信息交换、能量交流的开放系统，是一个拥有信息反馈网络的可调节系统，是一个能够不断自我完善与发展的等级系统，是一个拥有多种发展渠道、可达到最终目标的应用系统，具有较强的复杂性、系统性、全面性与整体性。

# 第四节　人本管理思想在企业管理中的运用

随着知识经济时代的到来，全球经济一体化趋势明显加深。近年来，世界各国跨国公司都瞄准了中国市场，不断加大投资，给中国企业带来了巨大冲击。过去，我国企业大多采取粗放式管理模式，虽然改革开放后发展迅速，但大多并没有形成自己的核心竞争力，很容易受外部环境的影响。企业要想获得持续的竞争力，在激烈的市场竞争中求得生存与发展，必须不断加强企业管理。

人本管理将人作为管理中心，一切制度和方法都围绕人来制定、执行。传统管理将人作为实现企业目标的工具，人只是一种生产工具。人本管理将人作为目标的实现者，强调企业与员工"双赢"。将人作为管理中心，突破了以人为实现企业目标"工具"的局限性，充分尊重人，重视人的尊严、价值、思想，使人在特定工作岗位上发展自我、实现自我。企业的成功也是员工的成功，企业目标的实现也是员工人生目标的实现。

管理大师麦格雷戈曾说："当管理者为员工提供使他们的个人目的得以与公司的商务目标相一致的机会时，组织就会永远有效、有力。"人本管理不是简单的口号，也不是一些学者所言"以物为本"的对立面，而是人的思想与管理实践的完美结合，它注重以人为本的管理思想，管理规程和操作规范都基于这个思想前提形成。

人本管理是企业管理未来的发展方向，重视人本管理，将有助于企业管理者设计一套行之有效的管理体系，有助于极大地提高企业管理团队的工作效率，在企业内部形成良好的运行机制，培育一个有内在激励机制的、由价值驱动的工作环境，创立一项值得员工为之承诺付出的事业，进而实现组织目标。

## 一、如何实践人本管理

### （一）强调主体参与

以人为本的管理就是强调人在管理中的中心地位，通过对人的研究，激发人的主动性、积极性和创造性，从而提高生产效益。企业在生产管理中必须将员工看成管理的主体，实施管理的目的是充分挖掘员工潜能，并进而提高企业生产效益和管理效益。

### （二）尊重员工

"尊重"是企业管理者与员工间的情感纽带，只有给予员工充分的尊重与理解，才能使人本管理理念落到实处。俗话说："千里马常有，伯乐不常有。"员工的潜能是无限的，关键是企业管理者是否重视和能否激发员工潜能。企业管理的核心是人，把人管好了，才能使企业保持经久不衰的发展动力。

尊重员工，首先要为他们营造良好的工作环境，在心理上给予他们更多支持，充分发挥他们的积极性和创造力；其次要公平对待每一位员工。

## 二、人本管理与企业建设

在人本管理理念下，企业的终极目标也是员工的终极目标，两者相互促进，是"双赢"的关系。员工在和谐、温馨的工作环境中，才能感受到工作的乐趣，提高工作满意度，进而爆发工作热情。只有将理念"口号"转化成工作规范，转化成员工的行为习惯，员工才能自觉遵守，主动奉献。当员工的个人目标与企业目标高度融合时，就能实现两者的"双赢"。

### （一）制定企业愿景规划

为了更好地发展，企业往往会为自己规划极富挑战性的愿景，这是企业生存发展的动力。愿景能够凝聚人心，从而形成"众人拾柴火焰高"的合力，使员工为企业梦想努力奋斗。愿景规划要有一定的科学性，尽量简洁，主要遵循以下几个原则：一是简单明了，统摄企业整体理念；二是切忌浮夸，具体明确，能起到指导员工行动的作用；三是要具有一定挑战性，能激发员工的工作热情；四是具有可行性，员工通过努力可以实现。

### （二）确立核心价值观

企业的核心价值观是企业为了实现所追求的目标而形成的一种价值观念。核心价值观是企业哲学的组成部分，在企业内部出现矛盾时，核心价值观能起到疏解作用，它也是员工普遍认可的主张。

### （三）加大企业文化宣传力度

企业文化是企业核心竞争力的重要组成部分，企业应加大企业文化的宣传力度，使企业文化深入员工内心。宣传方法多种多样，例如企业可以印制宣传手册、员工手册、书籍等进行宣传；还可以建立企业门户网站，通过网站宣传企业文化。

### （四）提升企业领导执行力

企业文化的形成是企业上下协同的结果，以企业领导为先锋，员工为组织力量，形成一种默契的氛围。在企业文化养成过程中，领导非常重要，特别是有实力的企业家，他的一言一行、一举一动展现出的人格魅力在企业文化建设中将发挥重要作用。因此，企业领导者在企业文化建设中起到非常重要的作用。

### （五）规范劳动合同

企业应根据实际需要规范劳动合同，如对某些岗位实行"终生雇佣制"，这样可以培养一支技术高超、稳定、成熟的员工队伍，他们是企业的核心资产之一。对一些技术含量较低、流动性较强的岗位实行"短期合同制"，合同一般不超过 3 年，到期续订合同。一部分特殊岗位需要期限较长，可签订中期合同。利用长、中、短不同期限合同方式，将优秀人才保留下来，同时不断在劳动市场中寻找新人力资源，形成新老员工的合理比例，增强员工效能。

在激烈的市场竞争环境下，企业要不断增强自身竞争力。一个具有发展潜力的企业必然是一个学习型企业，通过学习不断增强自身实力，通过学习不断创新科技成果，使企业竞争力得到提升。优秀的员工也必然是创新型员工，企业应该尽最大努力支持他们，使他们发挥技术专长，让他们感受到自己的价值和企业对自己的重视。

以人为本不是以某个人为本，而是以企业全体员工为本。人本管理方法也不止一种，而应通过各种方法的组合，达到最好的激励效果。

# 第五节 新经济背景下企业人力资源管理创新

新经济时代与传统经济时代相对，体现了社会主义市场经济的特殊性。新经济时代强调技术和人才两大要素，企业要想提升自身竞争实力，必须应用现代信息技术，培养新经济人才。新经济时代对企业发展提出更高要求，为了适应国内外市场环境的变化，企业必须以人力资源管理为先导，推动人力资源管理创新。

## 一、新经济时代

### （一）内涵

所谓新经济时代，是指 20 世纪 90 年代后出现的、经济快速增长的大发展时代。新经济时代有三大标志：一是知识经济崛起，知识的重要性越来越突出，各国更加关注文化教育事业，提出终身学习和终身教育的理念。二是虚拟经济，经济的虚拟特征凸显，可以在虚拟数据支持下完成实体交易。三是网络经济，网络信息技术与经济领域的融合不断加深，催生了电子商务等新的经济模式。

新经济与传统经济相对，体现了历史的进步和社会的发展。改革开放以来，我国市场经济持续发展，全球化辐射效应更加明显。新经济以知识经济为基础，是经济全球化的重要表现方式。人们通过日常生活的变化时时处处能感受到新经济时代发展的威力，而企业在新经济时代则面临机遇、风险并存的局面。

## （二） 特点

新经济时代主要有如下几个特征：第一，网络信息技术飞速发展。网络经济是新经济时代的标志，在互联网的作用下，社会朝着信息化方向迈进，足不出户也可以遍知天下事。信息社会呈现出信息爆炸的趋势，企业需要分析整理的数据越来越多。第二，一体化趋势更加明显。各国经济互通，需求市场向全世界开放。在资源配置过程中，不论是国家还是企业必须扩大视野，更加注重其他企业、其他行业甚至他国资源的开发。新经济时代强调竞争的国际化，我国企业必须提升自身竞争实力，才能在更大的市场竞争中站稳脚跟。第三，经济发展速度加快。经济全球化势必加速经济发展，以我国为例，国内市场对国际开放，与他国经济合作逐渐增多，企业获得更大的发展空间，人才需求不断增加，技术创新步伐也不断加快。

## 二、新经济时代企业人力资源管理创新的必要性

### （一） 推动生产经营向纵深发展

新经济时代对企业提出更高的要求，如何提高管理水平，以管理机制带动经济发展，成为每个企业关注的重点问题。对企业个体而言，三大资源至为重要：一是人力资源，二是物力资源，三是财力资源。其中人力资源最为重要，物力资源和财力资源都以人力资源为支撑。新经济时代强调资源的优化配置，企业需要平衡劳动力和劳动资料之间的关系，不断尝试降低人力成本，将劳动力资源转换为经济效益。在传统人力资源管理中，企业以制度约束为主要甚至唯一手段，压抑了员工的积极性，阻碍了企业的可持续发展。推动人力资源管理创新，首先要使劳动力、劳动对象相适应，弥补制度约束管理模式的不足，让每个员工都能实现各司其职，人尽其能。

### （二） 提高运作效率

人力要素是企业之中最具活力的要素，每个个体都是独立存在的，都有自己的思维方式、独特情感，也有自己的个性尊严。企业担负着促进员工成长的重要职责，必须为每个员工创设良好的工作环境，激发员工潜能，发挥每个员工的聪明才智。新经济时代知识人才不可或缺，企业引进专业人才，可以创造更多智力成果，为企业赢得更大的经济效益。

新经济时代人力资源管理创新包括机制创新、理念创新、方法创新等多个组成部分。机制创新规范员工行为，增强员工责任意识；理念创新尊重员工的主体地位，满足员工的现实需要；方法创新提升员工的综合素质，提高员工劳动效率。想要促进企业发展，必须

以人力资源管理创新作为先导。

### （三）打造现代企业

新时代经济提出构建现代企业，首先要建立现代企业制度，优化企业管理内容和手段。人力资源管理是企业管理的重中之重，企业所拥有的人才质量越高，创造的产品越多元，竞争力越强。每个员工都承担着不同的工作职责。如企业领导者对企业的发展运营直接负责，需要提升企业的经济实力，制订严密的企业发展规划；基层劳动员工是人力资源管理的主体，需要在工作中全力以赴，完成工作任务。对人力资源管理体系进行创新，需要明确每位员工的工作职责，通过多种手段增强员工的向心力和凝聚力。

## 三、新经济时代背景下企业人力资源管理创新

### （一）创新要素

新经济时代，大多数企业已经认识到人力资源管理的重要性，并提出人力资源管理的现代化举措。

在人力资源管理创新过程中，应该关注以下两方面工作：一是培训，二是绩效考核。以培训为例，培训教育直接关系员工的个人发展，培训教育水平越高，员工的个人发展前景越好。很多企业在人力资源管理中忽视员工培训，不利于员工的个人发展。网络信息技术更新加速，人力资源管理也必须革新管理和方法。企业可利用信息科技手段，记录员工的个人信息，形成员工档案，并在档案中记录每一次员工培训的内容和成绩，不断推动员工个人发展。以绩效考核为例，企业以实现经营效益的最大化为目标，员工个人绩效越高，企业创造的经营利润越多。一些企业只关注眼前利益，忽略员工薪资待遇，挫伤了员工的工作热情，最终阻碍了企业的可持续发展。在人力资源管理中，企业应将绩效考核成绩与员工薪资联系在一起。这不仅能调动员工的积极性，还能提升员工对企业的向心力、凝聚力。以绩效评定薪资，还有助于挖掘员工潜力，以员工的自我发展带动企业的整体发展。

### （二）创新举措

企业应该注重理念创新。理念是行动的先导，可以指导员工的具体行为。在新经济时代，人本意识不断增强，以人为本的管理理念深入人心。企业领导层担当着企业发展的重任，需要不断更新管理理念，将员工放在企业管理的核心位置。不同员工有不同层次的需求：一些员工经济条件较好，更注重精神满足；一些员工经济条件较差，关注温饱及生活

水平的提升。企业领导层应该与员工建立良好的互动关系，把握员工现实需求，解决员工的后顾之忧。

为了让员工有一个良好的工作环境，企业应该不断创新内部文化。一方面，企业可以定期举办文艺演出、年会等活动，鼓励员工参与，增强企业凝聚力；另一方面，企业要加大对企业文化的宣传力度，弘扬社会主义核心价值观。

在人力资源管理创新的同时，企业应重视战略创新。人力资源管理具有战略性意义，企业应该及早设立战略管理目标，以业绩管理为主要手段。员工业绩是工作绩效的重要表现形式，也是发放薪资、奖励的依据。企业应合理设置各部门的工作任务，部门负责人再对工作任务进行细分，落实每位员工的权责。如果员工顺利完成工作任务，且业绩水平较高，企业应为这些员工提供物质奖励；如果员工没有完成自己的工作任务，业绩水平较低，企业应该对这些员工进行处罚。

为了加强员工管理，企业应该制订战略计划规划，确定绩效考核标准，并发挥模范员工的示范作用，鼓励其他员工模仿学习。为了壮大人才队伍，企业可聘请行业顶尖人才，为这些人才提供高薪酬和高福利待遇，支持有发展潜力的人才继续深造学习，从而吸引人才，为企业发展提供智力支持。

在全球化背景下，国与国之间的经济联系更加紧密，对企业发展也提出了更高要求。而企业发展的关键是人力资源管理。为了实现自身可持续发展，企业应把握新经济时代特征，大力推动人力资源管理创新。

# 第八章
## 国际化战略管理 >>>

20世纪50年代以来，市场竞争日趋激烈，许多企业为了寻求更好的生存或者进一步发展，纷纷把战略眼光投向更为广泛的国际市场，各国企业经营活动开始走出国门，扩大竞争范围，推动了全球化的进程。信息技术的迅猛发展、交通及物流行业的日益发达为企业实施国际化经营提供了关键性的基础保障。随着世界经济的发展，企业寻求国际化战略的行为也越发主动和频繁。由此可见，企业活动的国际化已经成为世界经济发展的必然趋势。

对于企业来说，国际市场极具诱惑力，其背后蕴含着巨大的商机，并且可为企业整体价值带来潜在的上升空间。然而，制定并实施国际化战略并不是一件易事，"一着错，满盘皆输"，企业面对的是一个比国内市场竞争更为激烈且复杂的国际市场，想获得可观的回报必然要付出更为艰辛的努力。"工欲善其事，必先利其器"，因此，企业在选择国际化经营的具体道路之前，冷静理智地分析自身的优势、劣势及辨别所处的国际环境，选择合适的进入方式，做到"全球化思维，本土化行动"，不失为一个明智之举。

## 第一节　国际化战略的经济价值

国际化战略是多元化战略的一种。因此，该战略要具有经济价值，就必须满足两个价值标准：能充分利用范围经济，对外部投资者来说实现范围经济成本巨大。当企业经营多个业务时，在战略联盟、企业多元化、并购战略背景下就会产生范围经济。当企业在多个区域市场经营时，也同样会产生范围经济。

要想成为有价值的国际化战略必须能使企业利用环境中的机遇或避免威胁。从这个意义上来说，在相对于没有实施国际化战略的情况下，国际化战略能使企业对外部环境迅速做出反应，降低企业成本或增强消费者的购买意愿。实施国际化战略的企业范围经济的潜在来源主要有以下几个。

## 一、获取低成本的生产要素

对于寻求国际化机遇的企业来说，获得新客户能够实现重要的范围经济。同样，获得低成本的生产要素如原材料、劳动力和技术也能实现范围经济。

### （一）原材料

获取低成本的原材料大概是企业开展国际化业务最传统的原因。获得低成本原材料也是企业开展国际化业务的一个重要原因。在一些行业（包括石油和天然气行业），获得低廉的原材料基本上是企业开展国际化业务的唯一理由。

### （二）技术

通过国际化经营，企业可以获得低成本的另一生产要素是技术。历史上，日本企业试图通过与非日本企业合作获得技术。尽管非日本公司往往在日本为其现有产品或服务寻求新客户，但是日本企业则利用国外企业进入日本市场的契机而获得国外技术。

这种模式不断地被反复采用，现在这种模式也出现在中国。政府政策使国外企业采用与中国企业合作的方式进入中国市场成为必然。在许多情况下，企业不仅帮助国外合作者进入市场，而且还学习并使用合作伙伴的技术。这种趋势暴露了知识产权保护不完善的弊端。

### （三）劳动力

获得廉价劳动力是企业开展国际化业务的一个重要目的。尽管获得低成本劳动力是企业国际化进程的一个重要决定因素，但是这不足以激发企业进入某一特定的国家。毕竟，相对劳动力成本会随着时间改变。此外，如果劳动力并不能有效生产高质量产品，那么廉价劳动力并不会给企业带来利益。直到最近，中国也没获得相关制造技术和发展相关配套产业，因而不能有效地生产高档运动鞋和登山鞋；而韩国却掌握了这些技术，因而能在运动鞋制造业赢得一席之地。然而，若某个国家拥有高学历、高素质人才，支持性技术和产业，那相对低廉的劳动力将吸引企业在该国开展业务。

## 二、培养新的核心竞争力

企业开展国际化经营最重要的驱动原因就是为了提高现有核心竞争力和培养新的核心竞争力。通过在国外市场开展业务，企业能对其核心竞争力的优势和劣势有更深入的了解。在新的竞争环境下运用这些竞争力，企业能不断完善其传统竞争力，培养新的竞争力。

国际化业务也会对企业核心竞争力造成影响。企业必须从国外市场中不断吸取经验。此外，一旦开发出新的核心竞争力，企业必须把它运用到企业的其他业务中以充分发挥核心竞争力的经济潜能。

## （一）从国际化业务中学习

从国际化业务中学习是一种自觉行为。许多在国际市场开展业务的企业一旦遇到困难和挑战就立刻放弃国际化进程。而其他试图开展国际化业务的企业却不懂得如何改进和完善核心竞争力。

一份针对几个战略联盟进行的调查研究，试图发现为什么联盟中的有些企业能够从国际化经营中不断学习成长，完善它们的核心竞争力并培养新的核心竞争力，而有些企业却不能。该项研究识别出学习意图、合作伙伴的透明度及学习接受能力决定了企业在国际化经营中的学习能力。

### 1. 学习意图

拥有强烈学习意图的企业比那些没有学习意图的企业更能从国际化经营中学到知识。此外，这种意图必须传递到每一个参与国际化活动的成员。从国际化经营中学习知识需要精心设计而不是默认其自然发展。

### 2. 透明度和学习

当企业与具有透明度的商业伙伴合作时，企业更可能从国际化经营中学到知识。一些国际化商业伙伴比其他企业更开放和易于接近。不同的可接近性反映了不同的组织哲学、实践和程序，以及与企业母国文化的差异。中国文化及其他亚洲文化都有其特定背景并深深植根于广泛的社会系统中。这使得很多西方经理人很难理解和领会中国商业实践和中国文化的微妙之处。因而，制约了西方经理人从中国市场的经营中学习或向他们的中国合作伙伴学习。

与此相反，许多西方文化知识往往不具有特定背景，也很少植根于社会系统，记录、传授和传播这样的知识成本低。在西方国家工作的日本经理人容易理解和领会西方商业实践，因而也更容易从西方国家业务和合作伙伴那里学到知识。

### 3. 学习接受能力

企业之间的学习接受能力也不同。一个企业的学习接受能力受其文化、运营程序和历史影响。有关组织学习的研究表明，在企业从国际化经营中学习之前，它们必须先做好组织忘记的准备。组织忘记要求企业完善或放弃传统的业务方式。忘记是很困难的，尤其是企业曾经利用旧的行为模式取得过成功，或者旧的行为模式反映了组织结构、管理控制系统和薪酬体系。

即使忘记是可能的，企业也可能缺乏学习所需的资源。如果一个企业动用其所有可用的管理时间、人才、资金和技术只是为了日常竞争，那国际化业务中的学习任务将会被忽略。在这种情况下，即使经理人明白通过国际化业务的学习来完善已有核心竞争力、培养新的核心竞争力的重要性，但是他们已经没有时间和精力这么做了。

即使经理人洞察到有许多知识需要学习，企业的学习能力也可能被妨碍。企业往往很难清楚地知道如何才能让企业从现有的状态转变到企业能够运用新的、更有价值的核心能力的状态。当企业现有状态和理想状态之间的差距很大时，会加剧这种困难。

### （二）在其他市场利用新的核心竞争力

一旦企业能够从国际化业务中学到知识，完善其传统的核心竞争力，形成新的核心能力，那企业就能把这些竞争力运用到国内外业务中以充分实现它们的价值。如果企业内部设置有恰当的组织结构、控制系统和薪酬体系，且有过在多个业务中运用核心竞争力的经历，那么该企业往往能抓住国际化业务中的机遇。

### 三、采用新方法利用现有核心竞争力

国际化业务也能为企业用新的方式利用其传统核心竞争力提供机会。这种能力与企业通过国际化业务获得新顾客的方式有关联却又有所不同。当企业现有产品或服务获得新顾客时，企业往往是在跨国界利用其国内核心竞争力。当企业采用新方式利用其核心竞争力时，它们不仅开阔了跨国界业务，也能在跨产品或服务中运用这种能力，这种方式在国内市场是不可行的。

### 四、现有产品或服务获得新顾客

激励企业寻求国际化战略给企业带来最明显的范围经济是该战略能为现有产品或服务带来潜在的新顾客，在某种程度上，就是国外顾客愿意且能够购买企业的现有产品或服务。实施国际化战略能直接增加企业的收入。当企业产品或服务处于产品生命周期的不同阶段时，获得这些客户能够帮助企业管理国内需求变化。另外，获得新客户能够增加企业的产量，如果生产过程受规模经济的影响，国际化战略也同样会对企业成本的降低产生影响。

（一）国际化和企业收入

如果国外市场的消费者愿意且能够购买企业产品或服务，企业在这些市场销售产品会增加收入。然而，能够在国内市场销售的产品或服务能否也在国外市场销售并不总是明确的。

1. 企业产品或服务要满足国外顾客的需求

国内和国外顾客的偏好有很大的差距。这些不同的偏好要求企业在实施国际化战略时对现有产品或服务进行很大的调整，这样国外顾客才会愿意购买这些产品或服务。

许多美国家用电器制造商在欧洲和亚洲拓展业务时就面临这种挑战。在美国，绝大多数家用电器（洗衣机、烘干机、电冰箱、洗碗机等）的体积都是标准化的，这些标准体积适用于各种新居、公寓。同样，欧洲和亚洲也拥有标准体积。然而，这些国家的标准体积要比美国的标准体积小很多。因此，美国制造商不得不对制造过程进行大幅度调整，从而使生产的产品吸引欧洲和亚洲的顾客。

不同的体积标准要求实施国际化战略的企业对销往国外的产品进行调整。然而，体积标准还是很容易测量和描述的。企业要想把产品或服务销往国外市场，各个国家不同的风格对企业来说是更大的挑战。

对于实施国际化战略的企业来说，现有产品或服务要想赢得新顾客并形成范围经济，那企业的产品或服务就必须满足国外市场顾客的需求、欲望和偏好，而且现有产品或服务至少不能比其替代品差，这一点现在已经很明确。寻求国际化机遇的企业不得不实施成本领先和产品差异化战略，调整产品以满足国外特定市场需求。只有这样，国外市场消费者才会愿意购买企业的产品或服务。

2. 影响国外顾客购买企业产品或服务的因素

（1）缺少分销渠道

分销渠道少会使国外顾客很难接触到企业现有产品或服务。在一些国外市场，存在丰富的分销渠道却受限于已有企业在这些市场的业务。许多欧洲企业在试图进入美国市场时就遇到这种情况。在这种情况下，需要寻求国际化机遇的企业或者构建自己的分销网络（成本巨大），或者与当地企业合作，利用已有的分销网络。在一个新市场利用已有分销网络的边际成本几乎为零。这样，通过与拥有分销网络的企业建立战略联盟通常要优于自己重新构建网络。

然而，一些寻求国际化机遇的企业面临的问题不是分销渠道受限于已有企业的业务经营，而是根本不存在分销渠道或是与国内市场分销网络的经营方式差别很大。当企业想把业务扩展到发展中国家时情况更糟。交通、仓储和零售设施的不完善使企业的产品或服务很难运送到新的市场区域。这类问题阻碍了企业在中国和俄罗斯的投资。

这样的问题不仅限于发展中国家。日本零售分销历来比美国或西欧系统更分散、更没效率。日本零售分销网络是由无数小型的家庭式业务控制，而不是大型杂货商店、折扣零售业务和零售超市。西方企业发现这个分销网络与它们国内市场的网络有很大差别，难以利用。但是宝洁和一些其他企业却打开了日本分销系统的大门，抓住了日本巨大的销售机会。

（2）国外顾客支付能力不足

如果顾客缺乏足够资金或硬通货，那么范围经济的潜在价值就难以实现。

消费者财富不足会制约企业把产品销往市场的能力。在一些贫困国家，对为富裕的西方国家所设计的产品或服务不大可能会有很大需求。在一个新国家开展业务，消费者财富水平是一个重要的经济潜在因素。麦当劳根据当地市场的人均收入来调整它所期望进入的市场内的餐厅数量。

即使国家有足够的财富创造市场需求，但是硬通货的缺乏也会阻碍国际化进程。硬通货能在国际货币市场流通交易，因而具有价值。当国际化企业在具有硬通货的国家开展业务时，企业可以把税后利润兑换成任何其他硬通货，包括其总部所在国家的货币。此外，由于硬通货的价值随着世界经济不断波动，企业可以通过在世界货币市场采用各种套期保值策略来管理货币风险。一些企业不仅仅是为了避免货币风险，而是试图从货币交易活动中获利。

当企业在缺乏硬通货的国家开展业务时，就不太可能获得这些优势。事实上，缺乏硬通货，企业在该国收到的现金支付在国外不具有太大的价值。尽管这些货币可以用于该国国内的其他投资，但国际化企业从缺乏硬通货的国家抽取利润的能力有限。在这种情况下，企业也难以避免货币浮动风险。硬通货的缺乏阻碍了企业及时进入许多国家，包括印度、俄罗斯和中国，即使这些国家对企业产品或服务有巨大的需求。

尽管反向贸易能使企业在缺乏硬通货的国家开展业务，但是企业也会因此遇到一些困难。尤其是为了开展业务，企业必须接受产品或商品的付款方式，然后再销售这些产品获得硬通货。这对于专门从事商品交易的企业来说可能不是问题。然而，没有商品交易经验的企业就会发现它们在某个国家销售产品或服务，结果换回来的可能是天然气、种子或藤条等类似的东西。如果企业对这些商品缺乏了解，就得雇用经纪人或其他顾问完成这些交易。作为一种促进国际业务的方式，反向贸易的成本会因此增加。

（二）国际化和成本降低

获得新客户能够增加企业现有产品或服务的销量。如果企业在生产过程方面对规模经济很敏感，那么销量的增加会降低企业成本，使企业在国内外市场获得成本优势。

多年来，许多学者指出国际化经营能够产生规模经济。其中绝大多数学者意识到要实现国际化经营的规模经济，需要高度的跨企业边界整合。整合必须集中在那些能够实现规模经济的业务中。例如，麦当劳试图通过成立一个统一的管理培训中心为其所有的国际化业务培训员工，进而产生基于培训的规模效应。浮法玻璃、彩色电视和化工企业都试图在国际化业务中实现生产制造的规模经济。

尽管在国际化业务中规模经济的潜在来源很多，但是最近的实证研究表明，国际化业务中最可能成为国际化规模经济来源的是研发和市场营销。该研究表明，在绝大多数国际化产业，规模经济正成为经济价值的一个非常重要的来源。

### （三）国际化和产品生命周期

获得新客户不仅能直接增加企业的收入，还能使企业通过产品生命周期来对其产品或服务进行管理。从国际化战略视角来看，最重要的发现就是同一产品或服务在不同的国家可能处于生命周期的不同阶段。因此，企业可以把其在国内市场某个特定产品生命周期阶段形成的能力和资源转移到处于同一阶段的国外市场。这会极大地提高企业的经济绩效。

## 五、企业风险管理

虽然企业运用不完全相关现金流实现跨业务的多元化能够降低企业风险，但是外部股东自身可以通过股票多元化的投资组合来更有效地进行风险管理。这样，如果雇用经理人的唯一目的是分散风险，股东对雇用经理人来管理多元化的投资组合业务并没有直接兴趣。这样的多元化能间接地受益于股东。在某种程度上，员工和其他企业股东更容易进行特定投资，而该投资在某种程度上又能为企业带来经济利益。

同样的结论可以运用到寻求国际化战略的企业中，不过有一个条件。当企业自身运用不相关的现金流在多个市场寻找业务机会以降低风险，而股东自己能够运用更有效的方式降低风险时，企业所追求的战略并不能直接给股东带来价值。然而在一些情况下，某个特定市场的股东在跨市场中很难多元化他们的投资组合。在某种程度上，阻碍单个股东多元化的壁垒并不能成为寻求国际化战略的企业的障碍，这样股东就能直接受益于企业多元化风险降低。通常，当存在国际资金流壁垒时，个人投资者可能无法跨国界多元化他们的投资组合。这种情况下，个人投资者可以通过购买跨国多元化企业的股票，间接多元化他们的投资组合。

实证证据表明，至少在一些国家存在国际化资金流壁垒，这些壁垒会增加个人投资者在国外市场的投资成本。这些壁垒包括不同国家的税收结构、不同的会计准则、不同的证券法规和不同的政策和经济体系。相对于国际市场股票，资金流壁垒使投资者在他们的投资组合中持有更多的国内股票。

也有实证证据表明，当存在资金流壁垒时，寻求国际多元化企业战略能够直接受益于股东。在这种情况下，如果给定其他条件，采取国际多元化战略的企业股票比那些没有采取这些战略的企业价格更高。

不过，实施国际化战略的企业应该谨慎对待降低风险的诱因。跨国的资金流壁垒并不稳定。随着时间的推移，这些壁垒有望随着世界经济增长、经济一体化的提高而降低。现在已经有各种各样的货币市场，个人投资者可以以低成本进入这些市场（通过共同基金直接或间接进入）。当资金流壁垒消失时，降低风险自身已经不能直接有益于持股人。这就意味着从长远来看，旨在降低企业风险的国际化战略不再直接给企业带来巨大的经济价值。企业具有降低风险的多元化动机，如果企业寻求国际化战略是为了利用其他的有价值的范围经济，那么该战略也会对企业风险水平的降低有影响。

## 六、本地化经营/国际一体化

对于寻求范围经济的企业来说，它们要权衡在国外市场中实施本地化经营的优势和在多个市场中实施一体化的整合优势。

一方面，本地化经营能够帮助企业满足国外顾客的当地需求，进而增加企业现有产品或服务的需求。此外，在新的竞争情况下，本地化经验还能利用企业的传统核心竞争力，因而能为企业提升核心竞争力、培养新的核心竞争力带来更多的机会。如果企业要在国外市场采用新方式利用其传统竞争力，那就必须详细掌握当地情况。本田之所以能够在美国市场利用其传动系竞争力，就是基于对当地情况的了解，并做到了当地化。

另一方面，只有当企业在其经营的市场中进行完全整合，才能充分利用规模效应在国外市场销售其现有产品或服务。获得低成本生产要素不仅能使企业在特定的国外市场获得成功，如果将这些生产要素运用到企业的其他市场中，还能使企业在其他所有市场获得成功。在特定的某个国内市场，采用新的方式培养新的核心竞争力、利用传统核心竞争力能使企业受益。然而，只有当范围经济从某个特定的国内市场转移运用到企业的其他市场时，才能真正实现范围经济的所有价值。

通常，人们认为企业只能在本地化经营和国际一体化之间做出选择。例如，爱嘉基（瑞士化工公司）、雀巢（瑞士食品公司）和飞利浦（荷兰消费电子产品企业）都突出强调其本地化经营。例如，雀巢在全球有 8000 多个品牌，但只有 750 个品牌在多于一个的国家注册，只有 80 个品牌在多于 10 个国家中注册。雀巢不断地调整其产品特性以满足当地消费者需求，采用能使当地消费者产生共鸣的品牌名称，并在各国建立了具有长期盈利能力的品牌。例如，雀巢在美国的炼奶品牌名称是康乃馨（因收购康乃馨公司而得名），在亚洲，同样的产品名称是倍爱。雀巢将品牌管理权力下放给各国经理人，经理人可以根据当地口味和喜好来调整传统的营销和生产战略。例如，泰国雀巢管理团队将以往注重咖啡的口感、香味和提神作用的营销策略转变为咖啡是一种促进放松、提升浪漫感的饮料。这种营销策略在充满城市压力的泰国引起共鸣，雀巢咖啡在泰国的销售大幅增长。

所有的本地化经营都是有成本的。强调本地化经营的企业很难实现原本在国际一体化战略中实现的规模和范围经济。很多企业注重获得规模和范围经济，因而更倾向于采用国际一体化战略。这样的企业包括 IBM、通用电气、丰田汽车公司和绝大部分制造主导企业等。

国际一体化企业将业务职能和活动转移到具有比较优势的国家。例如，大多数消费电子产品的组件制造是研究密集型、资本密集型，并受规模效应的影响。为了成功管理组件制造，绝大部分国际一体化的消费电子产品企业将组件工序转移到技术发达的国家（如美国和日本）。由于组装元件是劳动密集型，大多数国际一体化消费电子产品企业将元件组装转移到劳动力成本相对低廉的国家（如墨西哥和中国）。

把这些不同业务职能和活动转移到不同区域的成本之一就是这些不同的职能及活动必须能够衔接与整合。在某一国家集中生产特定元件是非常有效的。然而，一旦有误差的元件运到组装地或元件在不恰当的时间运到组装地，企业因不同国家的比较优势而带来的任何优势都可能丧失。运输成本也会降低国际一体化的收益。

为了确保国际一体化企业的各项业务相互协调，相对于本地化经营的企业来说，国际一体化的企业更倾向于生产标准化的产品、采用标准化的元件。标准化使这些企业实现了巨大的规模和范围经济，但不能对个别市场的特殊需求做出快速反应。当存在国际通用的生产标准时，如个人电脑行业和半导体芯片行业，标准化就不再是个问题。而且，当本地化经营只需对标准化产品做出一些小小的调整时（如改变插头形状或产品颜色），国际一体化将会非常有效。当然，如果本地化经营必须要非常了解当地情况并对产品做出较大调整时，对寻求国际化战略的企业来说，国际一体化会出现很多问题。

## 七、跨国战略

国际一体化和本地化经营的权衡问题可由跨国战略解决，该战略能同时利用国际一体化和本地化经营的优势。实施跨国战略的企业把国际化业务看成一个整合的分销网络，以及相互依存的资源和能力。在这种情况下，企业在各个国家的业务不再仅仅是只满足当地市场需求的独立活动，这些活动还是观念、技术和管理方法的集合，能够应用到企业的其他国际化业务中。换句话说，企业在不同国家的业务都可以看作企业构建新的核心竞争力的一次"尝试"。一些尝试会发挥作用并形成新的、重要的核心竞争力，而另一些尝试则不会给企业带来任何利益。

当企业在某个特定国家的业务在生产某种特定产品、提供某种特定服务或从事某项特定活动（这些活动能够被运用到其他国家业务中）时形成了竞争力，那该国业务就会因首个提供这种产品、服务或活动而实现国际化的规模经济。这样，本地化经营就是各国经理人不断在特定市场发掘新的竞争力，最大化企业收益的尝试。当各国业务形成独特竞争力并运用到其他国际化业务中时，企业就能实现国际一体化和经济效应。

管理同时追求本地化经营和国际一体化的企业并不是一项简单的任务，接下来将讨论企业面临的一些国际化挑战。

## 八、国际化战略中的金融风险

对寻求国际化战略的企业来说，实现范围经济是其经济价值的来源。然而，国际化战略的本质就是极具风险的，因而不可能实现所有的范围经济。除了具体实施的问题外，金融环境会显著降低国际化战略的价值。

企业在实施国际化战略过程中，经常会遇到的风险有汇率波动和通货膨胀。当企业开始实施国际化战略时，它们就面临金融风险，这在单个国内市场并不明显。特别是，汇率的波动会显著影响企业国际化投资的价值。在汇率波动下，原本亏损的投资开始获利（好消息），原本盈利的投资开始亏损（坏消息）。除了汇率波动外，各国不同的通货膨胀率也要求企业采取不同的管理方法、经营战略和会计实务。企业一旦开展国际化业务，这些金融风险都足以令人畏惧。

当前，企业可通过各种金融工具和战略来规避绝大多数风险。货币市场的发展及在高通货膨胀国家经营经验的积累大大降低了实施国际化战略企业的金融风险。需要注意的是，这些金融工具和积累的经验并不会自动为企业带来收益。实施国际化战略的企业必须形成管理这些金融风险的资源和能力。此外，当企业进入国外市场时，规避战略并不能降低企业的业务风险。

## 九、国际化战略的价值：实证证据

总的来说，对实施国际化战略的经济结果的研究没有统一定论。有些研究发现实施国际化战略的企业绩效优于那些只有国内市场的企业。然而，大部分研究并没有对企业国际化战略中试图实现的特定范围经济进行考察。此外，一些研究则试图采用会计绩效评价方法来评估国际化战略对企业绩效的影响。其他研究发现采取国际化战略的企业风险调整后的绩效与仅采取国内战略的企业相同。

这些矛盾的结论并不令人吃惊，因为国际化战略的经济价值取决于企业实施该战略时是否在寻求有价值的范围经济。绝大部分实证研究都没有对基于国际化战略的范围经济进行考察。此外，即使企业能够在国际化战略中真正实现范围经济，要想成为可持续竞争优势的来源，范围经济必须是稀缺的、难以模仿的，且企业能够组织起来充分实现这个目标。

# 第二节　国际化战略和可持续竞争优势

## 一、国际化战略的稀缺性

在许多方面，国际化战略对绝大多数竞争性企业而言已不具有稀缺性。有几个原因使得国际化战略变得很普遍。最重要的原因是国际化战略能带来巨大的范围经济。除此之外，国际经济组织的一些变革也促使国际化战略变得普遍。例如，世界贸易组织、欧洲共同市场、安第斯共同市场、东南亚国家联盟、北美自由贸易区以及其他自由贸易区的发展都大大降低了关税和非关税壁垒。这些变革不仅促进了合约国之间的贸易，也促使企业利用这些机遇扩大在这些国家的业务。

业务基础设施的改善也是促使追求国际化战略的企业数量增多的一个重要因素。交通（尤其是航空）和通信（网络）的发展使企业更容易监管和整合国际业务，这在几年前是不能实现的。基础设施的改善有助于降低企业实施国际化战略的成本，增加企业寻求机遇的可能性。

另外，各种通信、技术和会计准则的出现也促进了国际化战略的发展。例如，个人电脑行业已经出台了世界通用标准，同时，在这些电脑上运行的大多数软件都具有变通性和可交替性。例如，你可以在印度的一台电脑上写份报告，然后毫无困难地从法国的一台电脑中打印出来。实际上，英语已经成为全球通用的商业语言。非英语国家的文化要求管理者学习本地母语，不过运用英语是能够管理国际化业务的。

虽然越来越多企业实施国际化战略，但并不能因此判断这些战略在竞争性企业中就不再稀缺。国际化战略日益流行，但是稀缺的国际化战略至少仍以两种方式存在。由于大量商机遍布全球，实施国际化战略的企业并不一定会兵戎相见。前面介绍的稀缺性要求企业用于实施国际化战略的资源和能力都是稀缺的。如果在一个特定的国际化机遇中，恰巧只有少数直接竞争对手，那么稀缺性的标准就很容易满足。

即使一些企业争相利用同样的国际化机遇，稀缺标准同样能满足，只要某一企业在国际化竞争中采用的资源和能力是稀缺的。稀缺资源和能力包括独特的营销技能、高度差异化的产品、特殊技术、卓越的管理人才和规模经济。从某种程度上来说，在竞争性企业中，某个企业能够运用稀缺资源和能力实现一项范围经济，那它就能从国际化战略中获得至少是暂时性的竞争优势。

## 二、国际化战略的模仿性

### （一）国际化战略的直接复制

在评估国际化战略直接复制的可能性之前，必须先回答两个问题：第一，企业会试图复制有价值的、稀缺的国际化战略吗？第二，企业能够复制这些有价值的、稀缺的国际化战略吗？

毫无疑问，在没有人为壁垒的情况下，企业有价值的、稀缺的国际化战略所带来的利润会促使其他企业试图模仿实施这些战略所需的资源和能力。这使得许多行业都在采取国际化战略，包括电信业和食品加工业。

然而，试图模仿成功企业的国际化战略的竞争性企业并不意味着它们有能力这样做。在某种程度上，一家成功的企业在国际化进程中所利用的资源和能力具有路径依赖性、不确定性和社会复杂性，直接复制成本巨大，因而国际化战略可能成为可持续竞争优势的来源。事实上，我们有理由相信，在国际化战略中，可能至少有一些资源和能力的模仿成本是高昂的。

例如，详细了解国外市场情况要求企业的管理团队具有丰富的国外经验。一些企业的高层团队中可能具有这种经验，而其他企业可能没有。当然，对于管理团队中没有丰富的国际经验的企业来说，积累这种经验需要很长的时间。缺乏这种经验的企业只能从外部组织引进经理人，或在内部组织中逐渐积累这种经验。当然，所有这些活动的成本都很高。企业管理团队积累国外经验的成本可以看作直接复制成本。

### （二）国际化战略的替代战略

即使直接复制企业的国际化战略成本巨大，但是仍有替代战略能够制约国际化战略成为可持续竞争优势。特别是，因为国际化战略是企业一般性战略的特殊情况，其他任何企业战略，包括战略联盟、多元化和兼并都能在一定程度上替代国际化战略。

例如，通过在单一的国家市场内实施企业多元化战略，企业至少能够获得一些范围经济，尤其当该市场非常巨大且地理多样化。美国就是这样的一个市场。最初在美国东北地区从事业务的企业能够通过在美国南部西海岸或太平洋西北地区开展业务获得国际化收益。从这个意义说，美国地理多元化至少能部分替代国际化战略，这也就是为什么美国企业在国际化进程中已经落后于欧洲和亚洲企业。

然而，一些范围经济只能通过国际化战略才能获得。例如，由于绝大多数国家对资金流的限制很少，风险管理只对那些在有资金流壁垒的国家经营业务的企业股东有益。此外，相对于单纯的国内环境，一些范围经济在国际化环境下的潜在价值更大。例如，一般而言，采取国际化战略的企业比采取替代战略的企业在培养新的核心竞争力方面具有更强的能力。

# 第三节　国际化战略型组织分析

为了实现有价值的、稀缺的、难以模仿的国际化战略的所有潜在价值，企业必须具有一个合理的组织。

## 一、成为国际型组织：组织选择

当企业在跨国界多元化进行其商业业务时，企业实施的就是国际化战略。这样，企业就能以各种方式组织它们的国际化业务。一些最常见的方式如表8-1所示，包括简单的出口业务和管理外商独资企业等。这些选择体现了企业现有国际化活动的不同整合程度。随着企业日益融入国际业务，企业在国外市场的直接投资水平不断增加。这种投资称为对外直接投资。

**表 8-1　寻求国际化战略的企业的组织选择**

| 市场治理 | 出口 |
|---|---|
| 中级市场治理 | 特许经营 |
| | 非股份制联盟 |
| | 股权联盟 |
| | 合资 |
| 分级治理 | 兼并 |
| | 收购 |
| | 全资子公司 |

（一）市场治理、出口和国际化战略

企业在维持自身与国外顾客之间传统的正常市场关系时，仍能实施国际化战略。只要把企业产品或服务出口到国外市场并限制任何对国外市场的直接投资就能实现这个目的。当然，出口型企业需要一些合作伙伴在国外市场接收、销售和分销它们的产品。然而，出口型企业也能利用完全合同来管理它们和国外合作伙伴之间的关系，从而维持它们之间的正常关系——始终制约对外直接投资。

采用出口的方式来管理国际化战略的优势包括其相对较低的成本。以这种方式寻求国际化机遇的企业面临的风险相对小。刚实施国际化战略的企业可以利用基于市场的出口来探测国际化的深浅，考察是否有针对它们现有产品或服务的需求，积累一些在国外市场经营的经验，或发展一些对随后的国际化战略进程有重要作用的关系。如果企业发现国外市场对它们的产品或服务并没有太多需求，或发现它们并没有资源和能力在这些市场进行有效竞争，企业就应该暂停它们的出口业务。暂停出口业务的直接成本相当低，尤其当企业的出口量小，并且企业并没有为了促进出口而对工厂和设备进行投资。当然，如果企业限制了对外直接投资，暂停出口业务就不用担心投资亏损风险。

然而，限制企业国际化经营仅仅依靠出口的机会成本是很高的。在一些范围经济中，通过出口只能实现为企业现有产品或服务赢得顾客这一范围经济，而其他范围经济（这些范围经济能够增加企业抓住国际化业务机遇的可能性）是企业仅靠出口所不能实现的。对一些企业来说，获得新顾客所实现的利润就足够了，而出口是一个可行的长期战略。对于企业所能实现的范围经济来说，仅仅依靠出口会制约企业获取经济利润。

（二）中级市场治理、战略联盟和国际化战略

如果企业在国际化战略中不满足于市场治理，则有各种中级市场治理策略可行的战略联盟。这些联盟从简单的特许经营（即国内企业授权国外一家企业使用其产品和品牌，在国外市场销售其产品）到成熟的合资企业（即国内企业和国外企业共同创立一个独立的组织实体管理国际化业务）。采用战略联盟战略的企业数量增多是国际化战略普遍化的直接结果。战略联盟是企业管理国际化业务最常见的方式之一。

战略联盟的价值性、稀缺性、模仿性及组织性的绝大部分讨论同样适用于国际化战略中的战略联盟。然而，战略联盟作为一种合作战略，在国际化战略联盟的环境下，其管理挑战和机遇都在加剧。

例如，有学者指出机会主义行为（表现形式为逆向选择、道德风险、敲竹杠）会威胁国内战略联盟的稳定性。机会主义之所以是一个问题是因为战略联盟中的合作伙伴监测和评估另一个合作伙伴的绩效成本很高。显然，评价国际联盟合作伙伴绩效的成本和难度都要大于国内联盟。地理距离、传统商业实践差距、语言障碍和文化差异都使企业很难评估国际战略合作伙伴的绩效和意图。

尽管管理跨国界的战略联盟存在巨大的挑战，但是同时也存在巨大的机遇。战略联盟能使企业实现多种范围经济。此外，如果企业在管理战略联盟过程中形成有价值的、稀缺的和难以模仿的资源和能力，在国际环境下，联盟战略能够成为可持续竞争优势的来源。

### （三）分级治理、整合和国际化战略

企业可以通过在国外市场收购一家公司或成立一家新的全资子公司管理国外市场业务来整合它们的国际业务。显然，这两种国际投资都涉及企业长期的、巨大的对外直接投资。而且这些投资还面临风险。当国际化经营能够实现巨大的范围经济，且其他实现范围经济的方式无效或低效时，才会采取这样的投资。

尽管分级治理和国际业务整合成本高且具有风险性，但它们能为国际化企业带来一些非常重要的优势。首先，正如战略联盟，该方法也能使国际化企业实现范围经济。其次，相对于国际治理中的市场形势或中级市场形势，整合能使经理人运用更广泛地组织控制来制约机会主义威胁。最后，不同于战略联盟，国际业务整合能使企业从国际业务中获得所有的经济利润。

## 二、国际多元化企业的管理

在许多方面，国际业务的管理可以看作多元化企业管理的特殊情况。但是国际多元化企业管理又有其独特的机遇和挑战。

### （一）组织结构

寻求国际化战略的企业，主要有四种基本的组织结构可以选择，如表 8-2 所示。虽然每种组织结构都有一些特性，但它们都是事业部制结构的特殊情况。

表 8-2　寻求国际化战略的企业的组织结构选择

| 分权式联盟 | 战略和业务决策权都下放给各部门/各国家子公司 |
|---|---|
| 协同联盟 | 业务决策权下放给各部门/各国家子公司；战略决策权保留在企业总部 |
| 中央集权 | 战略和业务决策权都保留在企业总部 |
| 跨国结构 | 战略和业务决策权都下放到各业务实体 |

1. 分权式联盟

一些企业采用分权式联盟的方式来组织它们的国际业务。在这种组织结构中，企业在某个国家大的业务损益由一位部门总经理负责，该部门总经理通常是企业在该国的业务总裁。在分权式联盟中，不同部门/各国家子公司很少拥有共同的活动或其他范围经济，企

业总部的战略角色发挥有限。企业员工的职能仅限于从各部门/各国家子公司收集会计和其他绩效信息，并向相关政府官员和金融市场发布这些信息。在分权式联盟中，各部门/各国家分公司的员工甚至都没有意识到自己是大型国际多元化企业的一部分。在这种组织结构中，战略和业务决策权都下放给各部门总经理/各国家的业务总裁。在今天的世界经济体中，很少有完全的分权式联盟，但像雀巢、汽巴-嘉基和伊莱克斯这样的企业仍具有分权式联盟的一些特性。

2. 协同联盟

国际化企业的第二种结构选择是协同联盟。在协同联盟中，各国家的业务就是一个利润中心，部门总经理可能成为国家分公司的业务总裁。然而，在协同联盟中，战略和业务决策权并没有完全下放给部门总经理。业务决策权授权给部门总经理/各国家分公司的业务总裁，但是重要的战略决策权仍保留在企业总部。此外，协同联盟试图在各部门/各国家分公司之间利用各种共同活动和其他范围经济。有企业赞助的中央研发实验室、制造和技术开发活动、管理培训和开发作业在协同联盟中非常常见。在今天的世界经济中，有关协同联盟的例子很多，包括通用电气、通用汽车、IBM 和可口可乐。

3. 中央集权

国际化企业的第三种结构选择是中央集权。在中央集权中，不同国家的业务组成各自的利润中心，部门总经理可能成为国家分公司的总裁。然而，这些公司的绝大部分战略和业务决策都由企业总部做出。在中央集权企业，各部门或国家分公司的角色仅仅是执行总部做出的战略、策略和政策。当然，各部门/各国家分公司也是总部决策的信息来源。然而，在中央集权中，战略和业务决策权仍保留在企业总部。

4. 跨国结构

国际化企业的第四种结构选择是跨国结构。在许多方面，跨国结构都类似于协同联盟，两者的大部分战略决策权都保留在企业总部，业务决策权主要下放给部门总经理/各国家分公司总裁。然而，两者之间也存在重要的区别。

在协同联盟结构中，活动共享和其他跨部门/跨国界的范围经济由企业总部统一管理。对于许多这样的企业来说，如果研发是一种具有潜在价值的范围经济，则企业总部将负责创建和管理中心研发实验室。在跨国结构中，这些企业范围经济中心可能由企业总部来管理。然而，它们更可能由企业的特定部门/国家分公司来管理。例如，如果某部门/国家分公司在正在进行的业务活动中形成了有价值的、稀缺的和难以模仿的研发能力，那该部门/国家分公司就会成为整个企业的研发活动中心。如果某部门/国家分公司在正在进行的业务活动中形成了有价值的、稀缺的和难以模仿的制造技术开发技能，那么该部门/国家分公司就会成为整个企业的制造技术开发中心。

在跨国结构中，企业总部的角色就是持续监测在各个不同国家的业务经营，以获得能为企业其他部门/国家分公司带来竞争优势的资源和能力。一旦锁定这些特殊技能，企业就该决定采用何种最优方式利用这些范围经济——它们是否应该由单一部门/国家分公司来开发（获得规模经济），然后转移到其他部门/国家分公司；或者由两个或更多的部门/国家分公司联合开发（获得范围经济），然后再转移到其他部门/国家分公司；再或者在企业总部由整个企业来进行再开发。这种情况不会出现在分权联盟（分权联盟往往让单个部门/国家分公司培养自身竞争力），也不会出现在协同联盟，或中央集权（中央集权往往在企业层面开发适用于整个企业的范围经济）。成功运用跨国结构的企业包括福特（欧洲福特在汽车设计领域已成为整个福特汽车公司的领先者）和爱立信（爱立信澳大利亚子公司为瑞典公司开发出第一个电子通信转换器，企业总部把该技术运用到其他爱立信子公司）。

### （二）管理控制系统和薪酬体系

任何一种组织结构都不能在缺乏管理控制系统和薪酬体系的支持下独立存在。所有管理流程控制，包括部门的绩效评估、资金分配和部门间中间产品的转换管理，都对实施国际化战略的企业非常重要。薪酬管理中的挑战和机遇同样适用于国际化战略组织。

需要注意的是，在一些情况下，当最初用于管理国内市场多元化的组织流程扩展到国际多元化管理中时，许多管理挑战在国际化背景下变得更具挑战性。在国际多元化企业，这会加重高层管理者选择控制系统和薪酬体系的负担，控制系统和薪酬体系关系到能否激励各部门/各国家分公司之间相互合作进而实现范围经济——这是企业实施国际化战略的最初动力。

# 第四节 国际化经营战略实施的关键问题

要有效地实施国际化经营战略，就必须充分认识到国家和文化的差异，在众多的考虑因素中，需要重点注意以下四项要素。

## 一、战略伙伴选择

战略联盟实施的关键在于当地合作者的选择。联盟双方不但要考虑各自的战略目标，而且还要考虑各自的资源。

## 二、组织结构设计

国际企业的组织结构设计主要考虑以下两个因素：①行业及所处国际化经营的阶段。②集权和分权。不论是对多国市场还是全球市场的企业，集权和分权都是尤为重要的问题。这是因为：一方面，需要适应当地环境以取得最好效果；另一方面，需要大力协调，使整个企业活动一致起来，以求效率最大化。

企业的国际化经营一般要经历以下五个阶段，每个阶段对组织结构的要求是不一样的。

第一阶段，通过本国的代理商出口部分产品，所有的出口事务通过设立出口部来解决。

第二阶段，企业建立自己的销售机构，并在其他国家设立办事处，以减少中间商。这时，企业建立出口事业部管理国外销售办事处。

第三阶段，企业在主要国家投资建立生产设施。这时，企业建立国际部负责国外的业务。

第四阶段，企业在东道国设立分支机构。这时，企业在投资国建立生产部门和其他管理职能部门（如研究开发部、财务部、营销部等）。

第五阶段，企业有全球的人事、研究开发和财务等战略。这时，组织结构的设计应从全球角度来考虑，企业的组织结构大多数以地区、产品线和职能组合形成矩阵式。

## 三、外汇风险管理

外汇风险管理主要包括经营风险、交易风险和折算风险等。

经营风险是指由于东道国突发性事件，使企业经营性现金流量发生变化。它可以通过经营多元化和融资渠道多元化来防范。

交易风险是指已达成协议而尚未结算的外币交易，因汇率波动而发生汇兑损益。它可采用套期保值、外汇期权、合理选择币种、提前错后收付等办法来防范。

折算风险是指会计报表中不同货币之间换算造成的损益。它是纯粹会计上的损益，并无实质性的影响。

## 四、文化价值与管理

美国学者霍夫斯塔德用了五个指标对管理文化与价值观进行分析和比较：权力距离、回避风险、个人——集体、刚性——柔性和人本——物本。

霍夫斯塔德认为，由于文化不同，管理风格和人力资源管理也应适合于他国的具体情况。现在，国际企业倾向于从投资所在国聘用管理人员。据一份调查显示，一个国际经理人员应具备的素质有：战略意识、新环境的适应能力、对新文化的敏感性、与国际人员工作的能力、语言技巧。

# 第九章

# 企业创业战略管理 >>>

创业战略是创业者基于对目前资源和形势的分析结果对企业远景的规划和行动思路。创业战略决定了创业企业成长的方向，为创业者一步一步地实现创业目标提供行动思路和计划。

创业者从长远的、全面的角度研究分析创业企业的生存与发展问题，制定出创业企业的发展战略，它是创业企业谋求长期生存和发展的基本手段。

## 第一节　我国当前的创业环境与政策

我们正处在一个创业环境日益宽松、创业机会日趋增多的创业时代。发展创业型经济，不仅是创新型国家建设的重要举措，还是中国在 21 世纪全球经济战中赢得胜利的重要法宝。

### 一、当前创业环境分析

全球化和信息技术革命的浪潮正席卷人类生活的各个领域，推动经济、社会、技术、文化等诸多方面的变革，改变了人们的生活方式和工作方式。这些不断变化的环境趋势，为我们提供了前所未有的市场型创业机会、技术型创业机会和政策型创业机会。主要表现如下。

第一，外部环境（技术、市场和政策等）的变化、市场信息的不对称、产业结构的调整、社会人口的变化，以及尚未得到满足的原有需求或因尚未解决的问题所引发的新需求，为我们提供了市场型创业机会。市场型创业机会的主要来源有：凭借高技术手段才能满足的需求、市场环境变化引发的消费新需求、发达国家和地区对落后区域的示范效应或者产业转移所带来的市场需求。

第二，技术的发展趋势为我们创造或带来技术型创业机会。新的技术突破，特别是"非连续性创新"为创业者提供了创业的"技术来源"。寻找技术型创业机会的主要路径有：显示新功能的新技术的出现、新技术替代旧技术、"竞争前技术"的新突破、国家或区域之间"技术势差"引发的技术转移与扩散、新技术带来的新的技术问题。

第三，政策变化带来的政策型创业机会。政策变化使得创业者可以去做原本"不允许做"的事情，促使创业者去做原本"不必做"的事情。政策型创业机会主要从经济体制的变革、宏观发展战略的调整及产业规制政策的变化中产生，这些政策变化为创业者提供了有利机遇和通道。

众所周知，创业不仅需要恰当的时机，还需要获取创业的资金、人才、信息、技术、环境、政策等诸多方面的资源。在全面贯彻落实党提出的"提高自主创新能力，建设创新型国家"和"促进以创业带动就业"及"大众创业，万众创新"的战略背景下，创业者获取创业资源的有利通道业已形成，时机业已成熟。创业环境中的融资、人才资源、信息资源、技术资源及国家和地区创业政策等资源越来越丰富。例如，获取创业资金的有利通道，不仅有银行贷款、机构或个人的风险投资等融资渠道，还可以申请获得各种政策性低息贷款或无偿扶持资金（如科技部中小企业创新基金提供的资金）。另外，从相关网站和行业协会能够很方便地获取与企业产品有关的科技成果信息，以及产、供、销、人、财、物等方面的市场信息；从国家到地方各种利基创业扶持政策、创业孵化服务基地等资源层出不穷。总之，在我国获取创业资源的有利渠道越来越多，而且越来越轻松易得。

## 二、创业政策

随着创业环境不断优化，中国迎来了一个前所未有的"创业黄金期"。国家和地方政府出台了很多支持和促进创业行动的政策及法律法规。这些有助于优化创业环境的政策主要体现在利基创业扶持政策、新创企业支持政策及中小企业延伸政策三方面。

### （一）技术型利基创业扶持政策

我国的利基创业政策主要是针对特殊人群提供一系列的创业扶持措施，旨在激励特定人群增加创业活动。

技术型利基创业政策一般扶持那些拟创办技术型企业的科研工作者、发明者、大学毕业生等群体，旨在促进最具成长潜力的高科技型企业创建和成长。我国的技术型利基创业政策主要是针对大学生创业的优惠政策和创建高科技企业的优惠政策。

1. 鼓励大学生创业的优惠政策

为鼓励大学生自主创业，我国出台了《关于引导和鼓励高校毕业生面向基层就业的意见》《关于对从事个体经营的下岗失业人员和高校毕业生实行收费优惠政策的通知》《关于改进和完善小额担保贷款政策的通知》等文件，明确规定给予大学生自主创业资金、税费、社会服务等方面的扶持。针对自主创业的毕业生可提供贷款。对到西部和县及县以下的基层创业的高校毕业生，在其自有资金不足时，可按规定向银行申请小额担保贷款。

2. 创办高科技企业的优惠政策

创办高科技企业的优惠政策主要体现在金融支持、税收优惠、产业集群发展、中介服务等方面：一是出台金融支持政策；二是税收优惠政策；三是产业集群发展。政府通过集群式创业的方式，增强创业企业对信息、社会网络、孵化平台等资源的可获得性。

（二）新创企业支持政策

新创企业支持政策旨在从创业扶持政策和构建创业服务体系等方面，降低创业成本，以帮助创业者创办新企业。

1. 创业扶持政策

为贯彻落实党提出的"实施扩大就业的发展战略，促进以创业带动就业"的总体部署，国务院出台了相关创业扶持政策。例如，国务院出台的《关于促进以创业带动就业工作的指导意见》文件中明确要求，各地要为创业者提供政策咨询、项目开发、创业培训、创业孵化、小额贷款、开业指导、跟踪辅导等服务，从创业意识、创业能力和创业环境着手，营造以创业带动就业的新局面。

2. 构建创业服务体系

为鼓励、培育和孵化更多有创业意愿和创业能力的创业者，营造一个劳动者勇于创业、政府扶持创业、全社会促进创业的氛围，走出一条通过扶持劳动者创业，在实现自身就业的同时带动更多的劳动者就业的新路子，各级政府部门积极构建创业服务体系，成立了专门的创业指导服务机构。例如，建立了由企业家、专家学者及政府工作人员组成的创业天使导师服务队伍，为广大创业者提供创业指导的"绿色通道"，在项目开发、方案设计、风险评估、开业指导、融资服务、跟踪扶持等方面提供"一条龙"的创业服务；搭建全民创业信息服务平台，为全民创业提供政策法规、投资信息、创业项目、创业培训、创业诊断等服务和指导；依托创业园区、再就业基地，建立创业实训基地，构建创业孵化基地、大学生创业园、科技孵化示范基地等创业平台和载体。建立创业服务的担保体系，形成以政府投入为引导、企业投入为主体、民间资本和社会各方面共同参与、运作规范、监控有效的企业信用担保体系。这些创业服务体系的建立，极大地优化了创业环境，促进了新企业的创建。

## （三）中小企业延伸政策

中小企业延伸政策是针对已存在的中小企业提供的环境政策、金融服务政策、税收优惠政策等方面的服务。

### 1. 环境政策

进入 21 世纪以来，我国相继出台了《关于鼓励和促进中小企业发展若干政策意见的通知》《中华人民共和国中小企业促进法》《关于鼓励支持和引导个体私营等非公有制经济发展的若干意见》等相关政策和法律法规，明确要求各地方政府、各职能部门加大对中小企业的扶持力度，采取增加中小企业的创业资本、获得政府订货合同、提供经营管理指导（讲座、会议、短期教育课程、咨询服务）等措施，使中小企业获得诸多援助、指导、扶持和保护，从而促进中小企业成长。

### 2. 金融服务政策

我国还相继出台了《关于进一步改善对中小企业金融服务的意见》《关于加强和改进对小企业金融服务的指导意见》《关于进一步加强对有市场、有效益、有信用的中小企业信贷支持的指导意见》《关于中小企业信用担保体系建设相关金融服务工作的指导意见》《中小企业发展专项资金管理办法》《关于加强中小企业信用担保体系建设意见的通知》等文件，分别对中小企业的信贷支持、中小企业信用担保体系、中小企业发展专项资金等的规范和管理进行了规定，要求各地金融机构加大对中小企业的金融支持服务力度，促进中小企业健康、快速发展。

### 3. 税收优惠政策

为推动中小企业的发展，国务院、财政部、国家税务总局等部门出台了《关于个人独资企业和合伙企业征收所得税问题的通知》和《关于个人独资企业和合伙企业投资者征收个人所得税的规定》等文件，对个人独资企业和合伙企业停止征收企业所得税，以公平税负，促进个人独资企业和合伙企业的发展，并通过多部法律和政策对安排国有企业下岗职工和下岗失业人员再就业的中小企业，予以减免税收的优惠。

# 第二节 创业企业的成长阶段与战略管理

企业成长是一个规模扩张和结构转换的互动过程。企业如同人的生命一样，有一个从产生到消亡的过程。企业持续成长也就意味着企业生命周期的各个阶段的顺利延续与递进。由于我国新创企业平均寿命短，不少企业只能停留在某个阶段，无法顺利地过渡到下一阶段，也就不能实现持续成长的目标。如何做一个长寿企业，成为许多创业者关心的问题。创业者如果没有把握好企业生命周期规律，就很有可能断送原属于自己的财富和梦想。因此，探究企业持续成长的内在规律，有利于延缓企业的衰老，实施新创企业的可持续发展战略。

## 一、企业成长的四阶段

我国学者结合企业实践提炼出许多企业生命周期模型，对企业成长所经历的阶段及各阶段的特点予以不同的划分和描述。通常将企业分为初创期、成长期、成熟期和衰退期四个阶段。

尽管周期中每个阶段的突出特征都表现为需求增长或下降的不同比率，然而在整个周期中，企业和产业结构的其他特征也会发生变化。随着产业经历这样一个生命周期，产业内企业的数量和规模分布、企业竞争模式、进入障碍、供方和买方的作用等也会随之改变。

### （一）初创期

不确定性和动荡性是产业初创期的两大特点。比如汽车产业早期是创业者采用不同技术方法和战略的试验阶段，使用汽油引擎技术作为动力的企业不仅互相竞争，而且也与那些试图开发电力或蒸汽动力车型的企业竞争。不同方法之间的竞争是产业初创期的主要竞争方式。很显然，某种方法会在市场中获胜，这个时期的成功取决于对正确方法的选择，选用方法失误将导致很多企业失败，电动小汽车企业就是早期汽车技术之争的牺牲品。

如果企业想在产业的早期阶段有所作为，就必须把多种技术和战略性资产整合在一起。

新的风险事业获得成功的共同要素是发明一项新技术、新产品或新方法，然而，发明只是早期企业所要完成的部分任务，更大的挑战还在于理解创新带来的机遇，并将资源整合起来以抓住这个机遇。由于可供选择的竞争方法之间存在冲突致使环境极不确定，因而在新兴产业中很难计划新的风险事业。要想吸引局外企业投入大部分新投资活动所需的资源，首先要说服它们本企业选定的方法有望获得成功。

在新兴市场上，企业家和投资者面临四个方面的不确定性，即技术、市场、组织和战略。

#### 1. 技术的不确定性

重大的技术变革可能创造出新的产业。固态物理学在电子开关和放大方面的应用创造了半导体产业，信息技术产业兴起于电脑技术的变革。正因为新技术能催生新的产业，早期参与者必须在哪些技术将会普及的问题上下赌注。部分赌注是纯技术性的。技术能发挥什么作用？在创新的发现阶段，新技术的可行性总是十分模糊。在晶体管发明之前，谁也不知道固态器件是否能增大电流。当美国国防部要求 IBM 公司和其他研究实验室开发一种新型计算机器时，谁都没有料到它的前途会远远超过用于加减计算的机器。现在谁也不知道对付艾滋病毒的预防疫苗何时或是否能开发出来，更不要说治愈了。如果存在几种相互冲突的技术设计，问题会变得更加复杂，此时的问题不仅是什么东西管用，而且是哪种设计比其他设计效果更好。

2. 市场的不确定性

如果一种产品有别于当前市场上的产品，很难预测它的需求到底有多大。然而，更多的情况是企业过高估计最终需求。工程师们过分迷恋于自己的新技术，误以为整个世界都会欢迎这种技术。新技术成本的不确定性估计使市场接受程度问题变得更为复杂，企业应该为新产品定多少价呢？为能吸引大量购买者，成本和价格需要降得多快呢？只有当企业克服了技术不确定性并把产品打入市场，它们才能解决需求的不确定性问题。

3. 组织的不确定性

在产业初创期，竞争企业之间的相对能力及理想的组织设计都具有不确定性。技术也许可行，但本企业能够开发吗？本企业能在别人之前开发出来吗？什么样的组织结构将最成功？对于新企业而言，组织设计尤其会受到财务问题的困扰，初创企业必须确定如何顺应关键资源拥有者的各种需求。而老企业进行一项新投资，其组织问题就要围绕新投资是否适合现有组织加以考虑，由现有事业部管理这项投资，还是另外成立一个自主性或半自主性的实体捕捉这个机会？

4. 战略的不确定性

选择最好的经营模式需要投下战略性的赌注，在这个市场上什么样的战略逻辑最成功？企业是应该像福特公司那样通过专业化实现规模经济，还是应该像通用汽车公司那样追求产品差异化实现范围经济呢？率先进入市场是竞争优势的最重要来源吗？质量卓越但后进入市场的产品能赢得市场吗？

## （二）成长期

在产业生命周期的第二阶段，市场增长加速。在最初的创新得到市场认可后，需求快速增长，因为首次购买者信服于产业导入阶段早期采用者的概念验证而涌入市场。新的购买群体，称作早期多数采用者，引领着大众消费的浪潮。早期多数采用者也看到了从使用新产品或服务中能得到的益处。

随着早期多数采用者的增加，一个产业标准（或者主导设计）标志着市场在产品工业特性和设计选择上的标准一致性。像 IBM 个人电脑一样的统一标准，确保产品的所有组件不管是谁组装都能组装得好。这也有助于合理化新技术，减少不确定性和困惑。因此，标准的或主导的设计常常占据大部分市场份额且持续很长时间。微软英特尔标准开启了个人电脑行业的指数增长，它现在占据约 90%的市场份额。

由于在成长阶段需求很强劲，水涨船高，有效率和无效率的公司都能生存发展。而且，当业务标准化程序开始形成实施，企业开始收获规模效益并成长，价格开始下降。流通渠道也因此得到扩展，后续资金也大量可得。

虽然主导设计的出现促进了互补资产的发展，但企业有时选择不支持某些新标准或应用。

当产业标准或者主导设计在一个产业中建立起来以后，竞争点从产品创新转移到过程创新。产品创新，正如其字面含义，具体体现在新产品上——喷气式飞机、电动车和笔记本电脑。而过程创新是指使用新的方法生产现有产品或传递现有服务。过程创新得益于互联网、精益生产、六西格玛、生物技术、纳米技术等方面的进展。比如靠生物技术起家的基因泰克公司，是第一家使用基因工程开发诸如人胰岛素和人体生长激素等新药品的企业。

## （三）成熟期和衰退期

和初创期或成长期相比，产业生命周期的成熟阶段表现出更大的稳定性，以大企业间的并购为表现形式的持续合并常常与产业由成长期向成熟期的转变相伴而行。产业进入成熟期时，盘踞于市场上的领导者已占据牢固地位，其市场份额也相当稳定；创新趋于渐进式，即对现状进行完善和改进。企业的关注点是在固定范围内维持竞争优势。

在产业成熟期，和那些历史更长的在位企业相比，新进入企业失败率更高，这是"新创者缺陷"的又一个例证。然而，缺陷不在于年轻本身，而是由于老企业比新企业更容易回避竞争，因为老企业规模更大并且已经确立更牢固的市场地位。企业年龄本身不一定能提高企业生存的可能性。

在衰退期，产业的需求最终会下降，某些地方市场需求下降是由于购买者数量减少，而其他市场则是因为购买者口味发生了变化。然而，大多数产业衰退是因为新技术带来消费者更为偏好的替代产品或服务，如轻型马车及马车夫成为汽车产业的牺牲品，唱片被光盘取代，等等。无论原因如何，企业都可能面临对其产品或服务的需求迅速萎缩的局面。

一旦发现所属产业的需求正在衰退，企业一般有两种普遍但又常常被误导的反应。一种是立即退出，企业认为正在衰退的产业无利可图。但情况并非如此，对在位企业而言衰退可能依然有利可图。例如，真空管是被半导体技术完全替代的产品，其制造商在这个逐渐衰退的产业中仍然收益颇丰。如果这些企业完全受销售额的驱使，它们可能已经放弃这个产业，白白牺牲高额利润。

另外一种常见错误是尽可能原地踏步，为保持销量而奋力厮杀。随着需求减少，潜在性产业收益必然会下降，如果产业内的企业拒绝接受销量下降这一事实，反而强化竞争，那么它们所保持的潜在性产业收益的份额也会随之降低。如果产业内的主要竞争者意识到销量下降不可避免，不再为保持销量而疯狂竞争时，原地踏步才有利可图；如果所有企业都意识到衰退具有持久性，这种情况更有可能发生。假如企业误以为衰退只是一种暂时低迷，它们会为争夺市场份额而厮杀。它们之所以如此冲动是想弥补暂时损失，以便在需求复苏时能占据一个有利位置。一旦它们认识到需求再也不会恢复，它们已无可挽回地丧失了获利机会。

如果在位企业的退出成本很低，对潜在性产业收益的竞争也会趋于更加缓和。随着需求减少，要保证留下的企业仍能获利，有些企业不得不退出。退出成本会阻止企业将生产能力撤出产业，即使没有这些成本而将产能退出产业能给企业带来利润，情形也是如此。退出成本有几种形式：企业拥有的某些资产在当前产业之外有时一文不值或价值极低，如专门化的工厂或设备一旦退出当前的用途，可能就没有什么价值。对不具有其他价值用途的资产进行的投资就是所谓"沉没"成本，沉没成本产生退出成本。有时本产业与另外一个产业的联系也会产生退出成本。

一旦成长率减慢，产业进入成熟期或衰退期，企业维持竞争优势的能力便决定它生存和继续繁荣的能力。成长的缓冲效应也许能使效率欠佳的企业照样表现出色，或者能掩盖企业产品线质量缺陷，但这种成长的缓冲效应现在已不复存在，任何竞争上的不足都会导致严重损失。管理者的任务就是要深化竞争优势，驾驭竞争环境以避免激烈竞争。企业必须随时准备应对全面的竞争战，但不应该发动激烈竞争。

## 二、进行战略性创业

创业描述了人们自担经济风险进行创新的过程——创造新产品、新过程，有时是新组织。如果成功，创业不仅促进竞争过程也在整体上为个体创业者和社会创造价值。创业者通过对想法和发明进行商业化而创新。约瑟夫·熊彼特认为，创新至少和发明是一样困难和高要求的。创业者因此也是革新促进者，他们使得破坏性创新发生。他们寻求或创造新的商机，然后整合所需资源来利用这些机会。这些新商机创造了就业机会和社会价值。

### (一) 战略性创业的含义

战略性创业是指应用战略管理的工具和概念追求创新。我们可以将战略管理的工具和概念应用到创业中来，以便从创新中获得竞争优势。因此，战略性创业的首要问题是如何把创造新机会或利用现有机会的创新行为与我们为追求竞争优势而采取的战略行动相结合。宝洁在清洁剂领域的持续创新就是战略性创业的例子。因为宝洁的经理们从战略分析、战略制定和战略执行的角度来考虑研发什么样的新型清洁剂、何时推出新产品及如何实施必要的组织变革。每一个新产品的推出都是一个创新之举，因而也是运用战略管理概念计划并实施的创新行为。

为了深入研究战略性创业，我们现在来探讨可能用到的不同种类的创新，以及每一个种类的战略含义。

### （二）创新的种类

我们越能正确地理解创新的不同种类，就越能准确地分析它的战略含义。我们尤其需要知道应该从哪些方面评价创新。

有洞见地对创新进行分类的方法之一是从技术和市场维度衡量创新的新颖程度。这里，技术指的是达到商业目标的途径和材料。举例来说，苹果结合不同的科技（软件、硬件、微处理器、互联网等）来生产和递送一系列移动设备和服务。我们也想理解创新的市场——比如，一个创新是否被引进一个新的或现有的市场——因为点子或创意只有在成功商业化后才能变成创新。

#### 1. 渐进创新和根本创新

渐进创新直接在企业现有的知识基础上稳定改善所提供的产品或服务。它用现有技术，以现有市场为目标。

根本创新则是利用新方法和新材料，或是源自完全不同的知识库，或是源自企业现有知识库与新知识流的重新结合，或是采用新技术应对新市场。一旦企业的一个突破性创新获得了市场认可，企业就倾向于推进渐进式创新而不是根本创新。随着时间的流逝，这些企业成为行业的稳健成员。

#### 2. 结构创新和破坏性创新

企业也可以通过将现有技术引入新市场来实现创新的目的。这样做通常需要对技术组件进行重新组合，言下之意是，改变这个产品的整体"结构"。结构创新指一个新产品以已知的组件，基于现有技术，被以新颖的方式重组以创造新市场。

比如，在20世纪80年代，施乐是世界顶级的复印机生产商。它生产大容量高品质的复印机，通过服务合同租赁给消费者。虽然这些机器是高端市场的理想选择，施乐却忽视了中小企业的需求。通过结构创新，日本新入行的佳能公司能够重新设计复印机，使得复印文件不需要专业服务，而将可靠性直接植入机器，使用者可以自行替换例如墨盒等组件。这使佳能公司能运用"剃须刀和刀片"的商业模式，对复印机收费相对低廉但对墨盒收取高价。施乐公司没有预见到的是，复印机的组件可以以不同的方式重新组合在一起，更方便用户的使用。

破坏性创新利用新技术来对现有市场发起攻击。它从下到上打入现有市场，破坏性创新能够成功的一个原因就是它依靠隐秘攻击：它从底部打入市场，首先占据低端市场。很多时候，现有企业没能保护低端市场，因为低端市场通常利润很低。例如，电弧炉的出现就是一个破坏性创新，它使得纽柯和查帕拉尔这样的小型钢铁企业与美国钢铁公司或者伯利恒钢铁公司等大型综合性钢铁公司相比，能够以低成本小批量生产钢材。一开始，小型钢铁厂生产的钢材质量差，只能在市场最低端竞争：钢材（钢筋）用于浇铸混凝土。一旦小型钢铁厂进入子市场，综合性钢铁企业由于高昂的固定成本，在成本上就不能有竞争力了。由于子市场属于低利润市场，现有企业很容易就把它让给了市场的新进入者。然而，打入子市场却为新技术搭起了一个"滩头堡"，便于新进入者掌握更多的市场技能，建立起规模经济，降低成本，并进一步提升品质。新进入者随之就将利用其破坏性技术，继续由下至上，一个一个子市场打入现有企业的领地。

破坏性创新获得成功的另一个原因在于现有企业通常对变化反应迟钝。聆听当前消费者心声的企业，会持续投资于现有技术和现有产品的渐进变革。当一个更新的技术成熟起来并被证明是更好的解决方案时，这批消费者会发生转移。然而，到那个时候，现有的企业还没有准备好一个基于破坏性技术的有竞争力的产品。尽管顾客导向的使命陈述比产品导向的使命陈述更可能阻止企业落后，但是这样的陈述也不能保证一个企业会在面对破坏性创新的时候坚持住。

第三种防御破坏性创新的方式是利用反向创新而不是等其他人对你这样做。在反向创新中，一个企业会特别为像中国和印度这样的新兴市场研发产品，然后向美国或者欧盟这些发达市场引进这些创新。

### 三、企业成长的具体战略

主要包括内部成长战略和外部成长战略。

#### （一）内部成长战略

内部成长战略主要依靠企业内部活动，如新产品开发、其他的产品相关战略和国际扩张等。很多企业都通过内部成长战略实现了成长。内部成长的独特性在于企业主要依赖自身竞争力、商业活动和员工成长。由于内部成长不受制于外部干预，通常被称作有机成长。几乎所有企业在生命周期早期阶段都以有机方式实现成长。

尽管非常有效，但内部成长是有限制的，当企业到达成熟阶段后，很难通过内部方式维持成长。

### 1. 新产品开发

新产品开发包括设计、生产和销售新产品（或服务），是增加企业收入和盈利的一种方式。尽管新产品开发能产生大量回报，但这是一种高风险战略。最关键的是开发创新性的新产品，而不是开发同质性产品并进入早已饱和的市场。如果正确实施新产品开发，就会产生巨大的成长潜力。

### 2. 其他的产品相关战略

在进行新产品开发时，企业通过改进现有产品或服务、提高现有产品或服务的市场渗透或采用产品扩张战略来实现成长。

#### （1）改进现有产品或服务

通常，企业可以通过改进已有产品或服务增加收入，如提高产品质量、改变容量、改进耐用性或制作得更时髦一些。改进产品意味着提高价值和价格潜力。企业常犯的错误是对改进已有产品或服务机会没有警觉性。与从头开发新产品或服务相比，改进已有产品或服务的成本要低很多。

#### （2）提高现有产品的市场渗透

市场渗透战略努力通过更多的营销活动或不断提高的生产能力和生产效率来增加产品或服务的销售。一般而言，产品市场份额的提高是通过增加广告支出、开展促销活动、降价或扩大销售队伍的规模来实现。

#### （3）扩张产品线

产品线扩张战略需要制造其他规格的产品吸引不同的客户或者生产相关产品出售给同样的客户。例如，如果企业生产低端产品，生产其他类型的产品可能会获益，换句话说，应该生产高端产品。这是生产单一产品的企业扩张产品种类而不招致额外开发费用的战略。计算机制造商为如何执行产品线扩张战略提供了很好的例子。每个计算机制造商都会销售几种不同版本的台式机或膝上计算机。这些同一种计算机的不同版本代表着在处理速度、存储器容量、显示器尺寸、制图能力及其他特征上的普通、较好以及最好的选择。至于生产相关产品出售给同样的客户，很多企业开始提供一种产品或服务然后扩张进入相关领域。

## （二）外部成长战略

外部成长战略依靠与第三方建立的关系，如合并、兼并、战略联盟、合资企业、许可证经营和特许经营。因此，合资企业、许可证经营和特许经营既被用来进入国外市场，也被看作实现外部成长的途径。

与缓慢的内部战略（如核心产品开发和向国外市场的扩张）相比，追求外部成长的战略要构建面向成长的更快速合作方法。外部成长战略将小企业和大公司放在同等的位置上。例如，在被迪士尼收购之前，制作 Finding Nemo 和 Wall-E Monster 动画的小型动画制作室皮克斯公司与迪士尼公司建立了很多关键的战略联盟。通过与迪士尼的合作，皮克斯公司有效获得了迪士尼公司的指导和专业技术知识，并进入了迪士尼的销售渠道。在与迪士尼合作期间，皮克斯公司变得很强大，能够与大公司更有效地竞争。与迪士尼的关系帮助皮克斯公司成长并提高了在市场上有效竞争的能力，以至于成为一个非常有吸引力的收购对象。同样，通过兼并其他小企业，相对年轻的皮克斯公司得到了很多专利和专有技术，而这些专利和专有技术需要大公司花费多年才能独立研制出来。

1. 兼并与收购

很多创业企业通过兼并与收购而成长。兼并是将两个或多个企业合成一个新的企业。收购是一个企业直截了当地购买另一个企业。在一项兼并中，继续存在的企业称作兼并方，被兼并方称为目标企业。创业企业更多的是参与兼并而不是收购。

2. 许可证经营

许可证经营是一家企业允许另一家企业在严格界定的条件下使用其特定形式的知识产权。

许可证经营主要有两种类型：技术许可经营及商品与符号许可经营。

（1）技术许可经营

技术许可经营是许可证授予商把根据实用专利而控制的专有技术进行许可证经营。

与大企业签订许可证经营协议可能需要严格的协商。创业家应仔细调查潜在的许可证接受方，确认他们在支付许可费上有很好的信用记录，并且容易打交道。为了获取这种信息，最好让许可证接受方提供证明材料。在首次与许可证接受方见面时，创业家一定不要过多泄露关于其专有技术的信息。这种挑战意味着要实现满足潜在许可证接受方的兴趣同时又不会泄露太多机密之间的平衡。

（2）商品与符号许可经营

商品与符号许可经营是许可证授予商把通过注册商标或版权而控制的商标或品牌进行许可证经营。

商品与符号许可经营的关键是要抵制住商标许可范围太广的诱惑，应只许可给相关并吸引顾客的产品类型。如果企业将商标许可的范围太广，企业可能会丧失对产品质量的控制，而顾客则把商标同产品同等看待，结果会降低企业品牌的声誉。

### 3. 战略联盟与合资企业

战略联盟和合资企业开始变得很流行，主要原因是人们已经意识到依靠"单打独斗"企业是不能成功的。同其他成长形式一样，战略联盟和合资企业也有优势和劣势。

其优势主要表现在：

（1）获得特定资源

为了得到特定资源，如资本、掌握特殊技能的员工或先进的生产设备，企业进行战略联盟和建立合资企业。

（2）规模经济

在很多产业，高固定成本要求企业建立合作关系以扩大生产规模，这是建立规模经济的一种方式。

（3）风险和成本分担

战略联盟和合资企业允许两个或多个企业分担某项特定商业活动的成本和风险。

（4）进入国外市场

与国外的当地企业建立合作关系通常是进入国外市场的唯一可行方式。

（5）学习

战略联盟和合资企业一般会提供给参与者"学习"合作伙伴的机会快速进入市场。拥有互补性技能的企业，如一家技术先进的企业和另一家市场进入能力很强的企业，通过合作可以加快进入市场的速度，从而获得先行者优势。

（6）压制或阻碍竞争对手

通过战略联盟和合资企业，企业能够获得竞争力和市场力量，可以用来压制或阻碍竞争对手的行动。

其劣势主要表现在：

（1）丧失专有信息

合作伙伴可能会获取企业的专有信息，而合作伙伴可能现在已经是竞争对手或将来可能会变成竞争对手。这是常见的担忧。

（2）管理复杂

由于战略联盟和合资企业要求两个或多个企业的共同努力，这就变得很难管理。经常会发生挫折和代价极高的延迟。

（3）财务和组织风险

战略联盟和合资企业的失败率很高。

（4）依赖合作伙伴的风险

如果一个合作伙伴过分依赖另一个合作伙伴，就会出现权力不平衡。这种情况会加大强有力的一方投机的可能，从而利用了合作伙伴。

（5）决策自主的部分丧失

合作进行计划和决策可能会导致决策自主的丧失。

（6）合作伙伴之间的文化冲突

联盟伙伴之间的企业文化会发生冲突，使联盟的实施和管理变得很困难。

（7）组织灵活性的丧失

与一个企业建立合作关系可能就不能与另一个企业建立合作关系。

# 参考文献 >>>

[1] 陈建明. 经济管理与会计实践创新 [M]. 成都：电子科技大学出版社，2017.

[2] 王涛. 经济与管理论文集 2017 版 [M]. 北京：对外经济贸易大学出版社，2017.

[3] 颜廷君，顾建光. 中国经济与管理 2017 第 1 辑 [M]. 北京：中国书籍出版社，2017.

[4] 邓志阳. 综观经济与管理邓志阳文选 [M]. 广州：暨南大学出版社，2017.

[5] 厉无畏. 创意经济与管理 2017 年第 1 卷总第 3 卷 [M]. 上海：东华大学出版社，2017.

[6] 唐娟，周海荣，朱靖华. 企业经济管理的信息化研究 [M]. 长春：吉林文史出版社，2017.

[7] 朱伏平，杨方燕. 经济管理 [M]. 成都：西南交通大学出版社，2018.

[8] 王关义. 经济管理理论与中国经济发展研究 [M]. 北京：中央编译出版社，2018.

[9] 蒋硕亮. 公共经济与管理·政策分析系列公共政策学 [M]. 上海：复旦大学出版社，2018.

[10] 成定平. 经济管理类核心课程系列规划教材统计学 [M]. 杭州：浙江大学出版社，2018.

[11] 张国平，岳炳红. 高等教育"十三五"规划教材经济管理系列管理学第 2 版 [M]. 北京：北京交通大学出版社，2018.

[12] 郑长德. 博弈论及其在经济管理中的应用 [M]. 北京：中国经济出版社，2018.

[13] 郭泽林. 新形势下企业经济管理的创新策略 [M]. 北京：九州出版社，2018.

[14] 殷博益. 21 世纪经济与管理精品丛书市场营销学第 3 版 [M]. 南京：东南大学出版社，2018.

[15] 王宛濮，韩红蕾，杨晓霞. 国际贸易与经济管理 [M]. 北京：航空工业出版社，2019.

[16] 颜廷君，顾建光. 中国经济与管理 2019 第 1 辑［M］. 北京：中国书籍出版社，2019.

[17] 高军. 经济管理前沿理论与创新发展研究［M］. 北京：北京工业大学出版社，2019.

[18] 徐力新. 医院经济管理系统理论指引与实务指南［M］. 广州：暨南大学出版社，2019.

[19] 姜方桃，邱小平. 经济管理类专业"十三五"规划教材物流信息系统［M］. 西安：西安电子科技大学出版社，2019.

[20] 蒙慧. 普通高等教育经济管理类"十三五"规划教材人力资源管理［M］. 武汉：华中科技大学出版社，2019.

[21] 孙晓彤. 高等学校应用技术型经济管理系列教材会计系列高等学校应用型经济管理规划教材会计英语［M］. 上海：立信会计出版社，2019.

[22] 杨睿娟. 普通高等教育"十三五"经济与管理类专业核心教材人力资源开发与管理［M］. 西安：西安交通大学出版社，2019.

[23] 王远主. 环境经济与管理［M］. 中国环境出版集团，2020.

[24] 李涛，高军. 经济管理基础［M］. 北京：机械工业出版社，2020.

[25] 徐厚宝，闫晓霞. 微积分经济管理上［M］. 北京：机械工业出版社，2020.

[26] 石振武，程有坤. 道路经济与管理［M］. 武汉：华中科技大学出版社，2020.

[27] 潘清泉. 高等学校应用型经济管理专业"十三五"规划精品教材管理心理学［M］. 武汉：华中科技大学出版社，2020.

[28] 张巍. 普通高等教育"十三五"经济与管理类专业核心课程规划教材市场营销［M］. 西安：西安交通大学出版社，2020.

[29] 陈德智，毕雅丽，云娇. 金融经济与财务管理［M］. 长春：吉林人民出版社，2020.

[30] 赵高斌，康峰，陈志文. 经济发展要素与企业管理［M］. 长春：吉林人民出版社，2020.